资源错配对中国全要素生产率的影响及其成因研究

—— 张江洋 ◎著 ——

Ziyuan Cuopei Dui Zhongguo Quanyaosu Shengchanlü de
Yingxiang ji Qi Chengyin Yanjiu

东南大学出版社
·南京·

图书在版编目(CIP)数据

资源错配对中国全要素生产率的影响及其成因研究 / 张江洋著. -- 南京：东南大学出版社，2025.1

ISBN 978-7-5766-1413-8

Ⅰ.①资… Ⅱ.①张… Ⅲ.①资源配置-影响-全要素生产率-研究-中国 Ⅳ.①F249.22

中国国家版本馆 CIP 数据核字(2024)第 089607 号

责任编辑：周 娟　　责任校对：韩小亮　　封面设计：王 玥　　责任印制：周荣虎

资源错配对中国全要素生产率的影响及其成因研究

Ziyuan Cuopei Dui Zhongguo Quanyaosu Shengchanlü de Yingxiang ji Qi Chengyin Yanjiu

著　　者	张江洋
出版发行	东南大学出版社
出 版 人	白云飞
社　　址	南京市四牌楼 2 号(邮编：210096　电话：025 - 83793330)
网　　址	http://www.seupress.com
电子邮箱	press@seupress.com
经　　销	全国各地新华书店
印　　刷	广东虎彩云印刷有限公司
开　　本	700 mm×1000 mm　1/16
印　　张	12
字　　数	300 千字
版　　次	2025 年 1 月第 1 版
印　　次	2025 年 1 月第 1 次印刷
书　　号	ISBN 978-7-5766-1413-8
定　　价	59.00 元

本社图书若有印装质量问题，请直接与营销部联系，电话：025-83791830。

序言

改革开放以来,中国经济在经历了30多年持续高速增长之后,自2010年逐渐进入了以"中高速、优结构、新动力、多挑战"为特征的经济"新常态",发展方式迫切需要从规模速度型向质量效率型转换。2015年11月10日中央财经领导小组第十一次会议提出,"着力加强供给侧结构性改革,着力提高供给体系质量和效率,增强经济持续增长动力"。2015年12月21日中央经济工作会议进一步要求"在理论上作出创新性概括,在政策上作出前瞻性安排,加大结构性改革力度,矫正要素配置扭曲,扩大有效供给,提高供给结构适应性和灵活性,提高全要素生产率"。可见,通过供给侧改革矫正中国供给主体之间的资源错配进而提高全要素生产率(简称TFP),是实现中国经济增长方式向质量效率型转换的重要途径。

现有资源错配的研究集中于行业内企业间、行业间资源错配对TFP影响两个领域:理论上,忽视了对地区间资源错配、能源错配的研究;实证上,数据多局限于制造业,且数据时效性不强,在区域经济新格局下资源错配对制造业TFP影响的区域差异仍有待检验。基于此,本书以降低中国供给主体之间的资源错配进而提高TFP为出发点,首先,在梳理国内外已有研究成果的基础上,提出了资源错配对中国TFP影响的理论框架,并拓展和构建了相应的理论模型。其次,以中国制造业、中国经济的微观数据为实证对象,应用这一理论框架全面检验了资源错配对中国制造业TFP的影响及其区域差异、对中国经济TFP

的影响。最后,在深入分析资源错配成因的基础上,提出降低中国供给主体之间的资源错配,释放供给侧改革资源配置效率红利的政策建议。本书的主要贡献包括四个方面:一是从多视角出发,提出了一个更为完整的资源错配理论框架,拓宽了现有的研究视野;二是将能源扭曲引入行业内企业间、行业间资源错配理论模型,突破了仅研究资本错配、劳动错配及产出扭曲的局限,丰富了资源错配的研究对象;三是构建了地区间资源错配理论模型,揭示了它对TFP的影响机制;四是全面检验了资源错配对中国TFP的影响,从多方面完善了现有的实证研究。

  本书得出了丰富的研究结论。第一,通过降低资源错配,释放中国供给侧改革的资源配置效率红利,进而提高TFP的潜力巨大。第二,行业内企业间资源错配对TFP的影响巨大,中国经济中各行业、行业内企业间资源错配差异显著。最为严重的行业是信息传输、软件和信息技术服务业,其次是房地产业。2008—2014年间,中国经济的资源错配呈现出恶化、改善、恶化的趋势。不同类型行业内企业间资源错配对TFP的影响差异显著。行业内企业间资源错配对中国制造业TFP影响行业和区域差异较为显著。其对重工业TFP的负面影响显著大于轻工业。第三,无论是中国制造业,还是中国经济,均存在着较为严重的行业间资源错配,并存在行业和区域差异,不同类型行业间资源错配对TFP的影响差异显著。第四,地区间资源错配对中国TFP存在显著的负面影响,资本错配对TFP的影响远大于劳动错配对TFP的影响。同时发现各省内县域间的资源错配对TFP的影响呈现出较为显著的差异,经济强省并非效率强省。第五,行政性垄断是行业内企业间、行业间、地区间资源错配的共同影响因素,它的增加会显著恶化资源错配进而对TFP造成巨大的影响。资源的调整成本是行业内企业间资源错配的主要影响因素。行业间资源错配的影响因素与行业特征密切相关,行业间资本、劳动错配共同影响因素包括行业国有企业比重、行业集中度两个指标,前者是正相关,后者为负相关。地区间市场分割是地区间资源错配主要影响因素。

目录

1 绪论 …………………………………… 001
   1.1 选题背景和问题提出 ………………… 001
   1.2 概念界定 ……………………………… 007
   1.3 研究方法与技术路线 ………………… 009
   1.4 研究内容和创新点 …………………… 012

2 文献综述 ……………………………… 016
   2.1 资源错配对全要素生产率的影响：间接研究法 ………………………………… 017
   2.2 资源错配对全要素生产率的影响：直接研究法 ………………………………… 026
   2.3 资源错配的测算方法 ………………… 036
   2.4 文献评述 ……………………………… 038
   2.5 小结 …………………………………… 040

3 理论框架与理论模型 ………………… 041
   3.1 理论框架 ……………………………… 041
   3.2 行业内企业间资源错配对全要素生产率的影响：理论模型 ……………………… 045
   3.3 行业间资源错配对全要素生产率的影响：理论模型 ……………………………… 055
   3.4 地区间资源错配对全要素生产率的影响：理论模型 ……………………………… 060
   3.5 小结 …………………………………… 063

4 行业内企业间资源错配对全要素生产率的影响：实证检验 ………… 065

4.1 行业内企业间资源错配对中国制造业全要素生产率的影响
………………………………………………………………………… 065

4.2 行业内企业间资源错配对中国制造业全要素生产率影响的区域差异
………………………………………………………………………… 078

4.3 行业内企业间资源错配对中国经济全要素生产率的影响 … 105

4.4 小结 ………………………………………………………… 111

5 行业间资源错配对全要素生产率的影响：实证检验 ………………… 113

5.1 行业间资源错配对中国制造业全要素生产率的影响 ……… 113

5.2 行业间资源错配对中国制造业全要素生产率影响的区域差异
………………………………………………………………………… 119

5.3 行业间资源错配对中国经济全要素生产率的影响 ………… 123

5.4 小结 ………………………………………………………… 126

6 地区间资源错配对全要素生产率的影响：实证检验 ………………… 128

6.1 数据、变量与参数 …………………………………………… 128

6.2 实证结果与分析 ……………………………………………… 130

6.3 小结 ………………………………………………………… 137

7 资源错配影响因素分析与政策建议 …………………………………… 138

7.1 资源错配影响因素分析 ……………………………………… 138

7.2 降低资源错配进而提高全要素生产率的政策建议 ………… 157

7.3 小结 ………………………………………………………… 162

8 研究结论与研究展望 …………………………………………………… 163

8.1 研究结论 ……………………………………………………… 163

8.2 研究展望 ……………………………………………………… 168

参考文献 ……………………………………………………………………… 170

致谢 …………………………………………………………………………… 185

1 绪 论

1.1 选题背景和问题提出

1.1.1 选题背景

1) 中国经济增长动力的来源及经济新常态下经济运行面临的挑战

经济增长动力的来源一直是经济学研究的热点和难点问题,如果这一问题能够得到有效解答,那么将有助于各国通过转换经济增长动力实现经济起飞。要解答这一问题,则需了解经济增长的动力来源。从经济增长分解的构成来看,一国无非通过增加生产要素的投入和提高 TFP 两个路径来实现经济增长。国外的理论和实证研究结论表明:与生产要素投入相比,TFP 对经济增长的贡献更加重要。例如,Klenow 和 Rodriguez-Clare 以 98 个国家的数据为实证对象,运用 Mincer 的方法重新测算了人力资本后,对各国经济增长分解的实证结果表明:1985 年各国 TFP 的差异能够解释 50% 以上人均产出的差异,1960—1985 年,经济增长率的差异主要归因于 TFP 的差异[1]。Hall 和 Jones 研究发现:国家间的人均收入差异来源于劳动、资本等资源投入和 TFP 的差异,但 TFP 相对于要素投入更加重要。TFP 的差异主要源于制度和政府政策,其内在机制是不同的制度和政府政策决定了不同的经济环境,而经济环境的不同决定了资本投入和 TFP 的差异,最终导致了人均收入的差异[2]。Caselli 的实证研究表明:在解释各国人均差异时,TFP 至少和资本积累同样重要[3]。

然而,对改革开放以来中国经济增长动力的实证结果却表明:TFP 的增长并非中国经济增长的主要动力,要素投入的持续增加,特别是资本投入的增加才是。Krugman 和 Young 的实证结果均表明:中国的经济增长动力主要来源于要素投入的增加而非 TFP 的提高[4-5]。王小鲁、梁昭、蔡昉、王德文研究指出:中国 TFP 增长率低于 1.5%,对经济增长的贡献少于 20%,经济增长的主要贡献来自要素投入,主要是劳动(劳动参与率的增长、城乡劳动力迁移、教育的改善)和资本[6-8]。林毅夫、苏剑的研究同样表明:改革开放以来,中国经济增长主要由资本驱动,其次是TFP,劳动的贡献最小[9],资本对经济增长的贡献高达80%,而TFP的贡献只有10%—20%[10]。

自2010年以来,中国经济逐渐进入新常态,以高投资、高出口为特征的粗放式经济增长方式遇到了诸多挑战:

(1)经济增长速度由过去的高速增长向中高速增长转变。改革开放至2010年,中国多数年份经济保持两位数左右的高速增长,平均增速高达9.8%。2010年以后,经济增速"换挡"到7%至8%的中高速增长区间。

(2)人口红利逐渐消失,资本边际报酬开始出现递减,依靠投资实现经济增长将难以为继。随着以劳动力短缺和劳动成本持续提高为特征的刘易斯转折点的到来,以及以人口抚养比不再降低为表现的"人口红利"的消失,中国经济逐步进入从二元经济发展阶段向新古典增长阶段转变的时期。在这个转变过程中,资本边际报酬递减现象开始出现,靠大规模的政府主导型投资保持经济增长速度的方式,不再具有可持续性,中国经济发展阶段已经到了向TFP驱动模式转型的阶段。根据相同的逻辑,当"人口红利"消失之后,劳动力短缺和工资上涨现象日益普遍化,这时不仅继续依靠资本和劳动要素投入推动经济增长的方式不可持续,而且一味用提高资本劳动比的办法改善劳动生产率,也会遇到资本边际报酬递减的困扰。如果不能够把经济增长转到TFP驱动型的轨道上,减速乃至停滞从而落入中等收入陷阱或高收入陷阱就不可避免[11]。

(3)总需求结构不合理,资本形成和出口已很难维持中国经济今后20年的快速增长。资本形成比例已经基本达到极限,2011年居民消费比例仅为29%,远低于发达国家和同类发展中国家。此外,中国出口额占世界总出口额的比重已从1992年的3.42%上升到2012年的11.91%[12]。

(4)经济运行效率不高。主要表现在两个方面:第一,生产率不高。以能源利用效率为例,2010年中国单位国内生产总值能耗是世界平均水平的2.2倍,美国的3倍,德国的5倍,日本的6倍。2014年,中国GDP占全球总量的13%,但消耗了世界能源总量的22%,消耗了全球钢铁总量的50%、石油总量的18%、煤炭总量的50%、水泥总量的53%。第二,资源配置效率不高。市场尚未在资源配置中起决定性作用,供给主体之间的资源配置扭曲现象较为严重,僵尸企业大量存在。

（5）经济运行效率难以满足不断上涨的供给成本。主要体现在以下几个方面：一是劳动力和工资成本。人口红利逐渐下降，老龄化趋势提前到来，工资、社会保障福利逐渐增加。二是环境成本。与改革开放初期相比，现在环境成为越来越稀缺的资源，对经济发展形成了硬约束。因此，环境成本亦逐步增加。三是技术进步带来的成本。与改革开放初期的技术进步相比，现在的技术进步与发达国家的差距越来越小，引进、消化、再创新的技术进步空间日益缩小。技术进步越来越要靠自主研发和创新，然而，在各种技术进步方式中，自主研发和创新投入最大、周期最长、成本最高。

（6）环境污染严重，环境承载能力已达到或接近上限。主要表现在以下几个方面：一是空气污染。中国300多个地级以上城市中80%未达到国家空气质量二级标准。在长三角、珠三角，特别是京津冀地区，大面积雾霾频繁发生。二是土壤污染。部分地区的污染比较严重，主要是工矿废弃地的污染十分突出。三是水污染。在全国198个城市4 929个地下水监测点位中，地下水质量明显恶化，较差和极差水质的监测点比例为57.3%，而较好及较好以上水质的监测点比例仅为42.7%。四是农村环境问题。当前，农村不仅面临城市和工业污染转移的现实问题，且污染源的比例逐步上升，开展环境整治的村庄比例大概只有10%。

2）中国未来经济增长动力的转变：向TFP驱动转变

显然，中国当前粗放式的经济增长模式是不可持续的。那么，面对这些问题，提高TFP无疑成为未来实现经济持续增长的必然和唯一选择。通过TFP的增长推动经济增长，不仅可以抵消资本边际报酬递减的不利影响，提高经济潜在增长速度，实现经济可持续增长[13]，而且有利于消化不断上涨的供给成本、提高资源利用效率进而实现绿色增长。那么，如何提高中国经济的TFP？通过对TFP来源的分析，我们发现提高资源配置效率和生产效率是两个重要的途径。

3）当前中国经济增长动力向TFP驱动转变的努力——深化改革提高资源配置效率和促进技术进步进而提高生产效率

关于转变经济增长方式，实现经济增长动力向TFP驱动转型，很早就受到了中国政府的重视。早在1995年，中国共产党十四届五中全会就提出"积极推进经济增长方式转变"，2007年中国共产党第十七次全国代表大会再次强调"加快转变经济发展方式"。尽管取得了一些成效，但尚未根本实现经济增长方式的转变。2012年,随着中国新一届领导班子的产生,以习近平同志为核心的党中央面对金融危机背景下更为复杂的内外环境,更加积极地采取了一系列改革措施促进经济增长方式向质量和效率型转变。2013年,中国共产党第十八届三中全会公报和《中共中央关于全面深化改革若干重大问题的决定》提出:经济体制改革是全面深化改革的重点,核心问题是处理好政府和市场的关系,使市场在资源配置中起决定性作用,让一切劳动、知识、技术、管理、资本的活力竞相迸发,让一切创造社会财富的源泉充分涌流。坚决破除各方面机制体制弊端和各种形式的行政垄断,大幅度减少政府对资源的直接配置,推动资源配置依据市场规则、市场价格、市场竞争实现效益最大化和效率最优化。清理和废除妨碍全国统一市场和公平竞争的各种规定和做法,严禁和惩处各类违法实行优惠政策行为,反对地方保护,反对垄断和不正当竞争。国家保护各种所有制经济产权和合法利益,保证各种所有制经济依法平等使用生产要素、公开公平公正参与市场竞争、同等受到法律保护,依法监管各种所有制经济。2014年《政府工作报告》提出,使市场在资源配置中起决定性作用和更好发挥政府作用,破除制约市场主体活力和要素优化配置的障碍;要在稳增长的同时,推动发展从主要依靠要素投入向更多依靠创新驱动转变。2015年4月,中共中央政治局召开会议,在研究当前经济形势和经济工作时再次强调:把创新驱动发展作为经济实现动力转变的关键。2015年11月10日中共中央财经领导小组第十一次会议的召开则标志着中国宏观调控从过去注重需求管理向注重供给管理转变,会议明确提出,"在适度扩大总需求的同时,着力加强供给侧结构性改革,着力提高供给体系质量和效率,增强经济持续增长动力"。2015年12月21日中央经济工作会议进一步要求"在理论上作出创新性概括,在政策上作出前瞻性安排,加大结构性改革力度,矫正要素配置扭曲,扩大有效供给,提高供给结构适应性和灵活性,提高全要素生产率"。可见,通过供给侧改革,矫正中国供给主体之间的资源错配进而提高TFP,是实现中国经济增长动力向TFP驱动转变、可持续发展的重要途径。

事实上,从以往中国经济增长的经验来看,改革开放的过程本身就是一个资源配置优化的过程,是一个逐步从计划经济向市场经济转变的过程,是一个从政府配置资源到市场配置资源不断转变的过程。资源配置效率的改善对中国TFP的提高做出了重要的贡献[14]。改革开放之前,中国经济是以国有经济为主体的一元公有制经济,非公有制经济的比重几乎为零。在这种所有制结构下,资源配置效率极为低下,严重束缚了中国经济的活力。改革开放之后,随着经济体制的变迁和所有制结构的变化,资源配置方式发生了重大转变。市场价格取代计划价格成为资源配置的主要手段,大大减少了产出的扭曲。行政政策对劳动力流动的限制减弱,使得劳动的流动性增加,同质劳动的报酬差距缩小,减少了劳动投入的扭曲。同时,政府对资本市场管制的逐步放宽,使得企业的借贷更趋"公平化",从而减少了资本投入的扭曲。其间一个突出的特点是国有企业的比重下降而非国有企业的比重上升,大量的资源从国有企业流向了非国有企业[15]。

显然,从TFP的来源看,新常态下中国政府正在通过市场化改革和提高创新能力来实现经济增长动力向TFP驱动转变。前者通过深化改革,特别是供给侧结构性改革,让市场在资源配置中起决定性作用,降低供给主体之间的资源配置扭曲,提高资源配置效率,从而提高TFP;而后者通过"大众创新,万众创业",直接推动技术进步,进而提高TFP。然而,现有的理论和实证表明,技术进步尽管可以提高TFP,但这一方式不仅成本高,而且需要经过长时间的积累;此外,它对国家间TFP差异的解释作用大小仍存争议。那么,从供给侧出发,通过深化改革降低供给主体之间的资源错配,会带来多大程度资源配置效率的提升进而促进TFP的增长呢?

4) 资源错配理论不仅能够解答中国供给侧改革的资源配置效率红利有多大这一重大问题,而且为中国经济增长动力向TFP驱动转变提供了一个新的思路

如何提高TFP不仅是学术界的研究热点和难点,且是每一个国家关心的问题。对于一个国家的TFP源自何处,学术界尝试进行了大量的理论和实证研究,近期取得了突破性进展。如果以Hsieh和Klenow(下文简称HK)2009年的资源错配文献为界[16],之前的研究认为各国间TFP的差异来源于技术的差异,造成这种差异的原因包括两方面:一是Phelps,Aghion,Howitt,Parente,Prescott,Comin,Hobijn认为与其他国家相比,该国的代表性企业不能迅速应用更高生产率的技术[17-20];二是Parente,Prescott,Schmitz,Bloom,Van Reenen等认为该国的代表性企业不能有效地运用现有技术[21-25]。HK之后的研究则从资源错配的视角出发探讨国家间TFP的差异,这一研究取得了丰硕的成果。资源错配理论表明:资源错配是国家间TFP差异的主因。HK在该领域的奠基性文献,建立了一个从微观、中观到宏观层面最优决策下异质性垄断竞争的模型,直接测算经济体中所有错配因素形成的资源错配对TFP的影响。研究发现:如果1998年中国制造业达到美国1997年的资源配置效率,则中国制造业总量TFP可增加50.5%,资源错配可解释两国大约49%的TFP差异。

1.1.2 问题提出

从研究背景发现,中国过去以投资为主导的粗放式经济增长模式是不可持续的,实现经济增长动力向TFP驱动转变成为中国未来实现经济可持续增长的关键和必然选择。自2012年以来,中国政府实施的关于继续深化改革和提高创新能力的政策,正是为了实现经济增长动力向TFP驱动转变。那么,通过深化供给侧结构性改革降低资源错配能够多大程度提高TFP呢?近期资源错配理论的出现则能有效地回答这一问题。接下来非常重要的问题是:中国的资源错配与西方有何不同?又如何准确而系统地进行研究?中国的资源错配影响因素是什么?

从资源错配的原因看,政府失灵和市场失灵使经济的资源配置效率不能实现帕累托最优,是造成资源错配的根本原因。作为成熟市场经济的西方经济体,资源错配更多地来自市场失灵,而作为转型经济体的中国,则受来自政府失灵和市场失灵的双重影响,再加上我国的中国特色社会主义市场经济,又有着自身的特征。那么,除了现有研究指出的行业内企业间资源错配、行业间资源错配会对TFP产生影响之外,在中国是否还有其他层面的资源错配会对TFP产生影响?除了资本、劳动会对TFP产生影响之外,作为能源消费大国,能源错配会对TFP产生多大的影响?近期中国资源错配对TFP的影响有多大,是改善了还是恶化了?区域经济新格局下资源错配对TFP的影响有何区域差异?行业间的能源错配对TFP的影响会有多大?除了所有制、企业规模、企业年龄等影响因素外,是否还存在其他更重要资源错配影响因素?这些问题亟须从理论和实证上进行系统的研究,同时这些问题也是中国通过降低供给主体之间的资源错配实现经济增长动力向TFP驱动转变的重大现实问题。厘清有关资源错配对中国TFP的影响正是本书的研究初衷和出发点。

1.1.3 研究意义

为了解答上述问题,首先,基于中国资源错配的特征事实,从理论上提出研究资源错配对中国TFP影响的理论框架,填补地区间资源错配和能源错配的研究空白;其次,应用该理论框架从行业企业间、行业间、地区间的资源错配出发,利用历史数据和近期数据,全面检验了资源错配对中国制造业和中国经济总量TFP的影响;最后,系统地总结和分析了行业企业间、行业间、地区间资源错配的影响因素,并提出了相应的政策建议。因此,本书具有十分重要的理论和现实意义。

1) 理论意义

第一,基于中国地区间资源错配的特征事实,从地区间资源错配这一新的视角剖析了地区间资源错配对 TFP 的影响机制,构建了相应的理论模型。这不仅有助于更系统地研究中国的资源错配对 TFP 的影响,拓展了研究中国资源错配的视角,而且与行业内企业间、行业间的资源错配共同形成了一个完整的研究资源错配对中国 TFP 影响的理论框架。第二,将能源引入生产函数,分析了能源错配对行业内企业间、行业间 TFP 的影响机制。这不仅拓展了资源错配的研究对象,而且使得模型更加贴近现实,有助于更加准确地测算资源错配对 TFP 的影响。

2) 现实意义

第一,基于地区间资源错配的理论模型,全面测算了省际内县域间的资源错配对中国经济总量 TFP 的影响,这不仅抓住了中国转型时期市场分割阻碍资源有效配置的事实,而且能科学判断地区间资源错配的现状,加强对当前地区间资源错配的认识。第二,利用最新的微观数据,全面测算了行业内企业间、行业间资源错配对中国制造业和中国经济总量 TFP 的影响;同时,考察了区域新格局下资源错配对中国制造业总量 TFP 影响的区域差异。这不仅是对理论的验证和支撑,而且提高了研究的时效性,并为制定差异化的资源错配矫正政策提供了实证依据。第三,在现有资源错配影响因素实证研究的基础上,系统地总结和分析了行业内企业间、行业间、地区间资源错配的影响因素,为有效地降低资源错配进而提高 TFP,实现经济的转型升级,提供了切实的实证依据。第四,对于供给侧结构性改革意义重大。本书所构建的理论框架正是基于中国供给主体之间(行业内企业之间、行业之间、县域之间)的资源错配特征事实,测算了纠正供给主体之间的资源错配后的资源配置效率红利,解答了当前中国供给侧改革的资源配置效率红利有多大这一重大现实问题。

1.2 概念界定

1.2.1 资源和资源错配

1) 资源

借鉴 HK 的做法,资源在本书中指资本、劳动、能源。在有的文献中,资源也被称为要素或生产要素,本书将它们作为同一概念。

2) 资源错配

(1) 资源错配的概念

为了厘清资源错配(有的文献中也称为资源误置或资源配置扭曲)的概念,首先要区分要素配置扭曲理论和资源错配理论。前者将要素市场扭曲分为绝对和相对扭曲,要素市场绝对扭曲是要素边际产出与产品的价格不相等导致的[26],而要素市场相对扭曲是不同部门的要素边际收益的比率不同造成的[27]。资源错配理论则主要形成于 HK。要素配置扭曲理论和资源错配理论的主要区别有两点:一是前者并未形成从微观到宏观层面完整的理论框架;而后者构建了一个从微观企业到中观产业再到宏观经济的系统性理论框架。二是前者在扭曲的程度、大小的研究上发展缓慢,其缺点是无法有效测算完全竞争下的要素边际收入;而后者则可实现对扭曲的测算,并计算出对 TFP 造成的影响。

综上所述,本书将资源错配定义为:由制度安排、政府管制、市场势力、对外贸易、信息不对称等政府失灵和市场失灵因素造成的供给主体之间(行业内企业间、行业间、地区间)在配置资源时不能按照等边际收益产品的原则配置,由此造成对帕累托最优状态的偏离,进而形成资源错配。

(2) 资源错配的类型

本书研究的是内涵型资源错配,是指供给主体间的资源边际产品收益不相等时,则存在资源错配,如果重新配置资源,则仍可实现产量的增加,即提高 TFP。现有的资源错配文献多集中于此。而外延型资源错配是指即使行业内企业间或行业间的资源边际产品收益相等,如果重新配置资源,则仍可实现产量的增加,即提高 TFP。产生这种现象的原因可能是:边际报酬递增或进入壁垒等[28]。

1.2.2 全要素生产率

效率是经济学中广泛使用的概念,主要是指帕累托效率(帕累托对效率的定义:对于某种经济资源的配置,若不存在其他生产上可行的配置,使得该经济中所有个人至少和他们在最初时情况一样好,且至少有一个人的情况比初始时更好,则此时资源配置就是最优的)。效率概念包含两部分:技术效率和配置效率,前者指现有资源最优化利用的能力,即在给定各种投入要素的条件下实现最大产出;后者指在一定的要素价格条件下实现投入(产出)最优组合的能力。生产率可分为单要素生产率和 TFP。单要素生产率是指产出与单个要素投入的比率,反映每种投入要素的生产效率。TFP 是指产出与全部要素投入的比率,反映了所有投入要素的生产效率。前者易于理解和测算,但是无法全面、客观地反映现实生产;而后者是广义的生产率,其与前者的差别在于考虑多种要素的投入,较为全面地反映了生产过程中各种投入要素共同作用的结果。

综上,结合资源错配的概念,本书中的 TFP 是指全要素生产率,它的增加来源于纠正资源错配后资源配置效率的增加而非技术效率的增加。

1.2.3 资源错配对全要素生产率的影响及其度量

1) 资源错配对 TFP 的影响

本书参照 HK 模型中纠正资源错配后 TFP 的潜在收益的定义,将资源错配对 TFP 的影响定义为:最优 TFP 与实际 TFP 之比减去 1,其含义是纠正资源错配后 TFP 在现有的基础上可增长的百分比。其中,最优 TFP 是指不存在资源错配时 TFP 的理论值,而实际 TFP 是指产出与投入要素之比。

2) 资源错配的度量

依据资源错配对 TFP 影响的含义,本书以该值的大小度量资源错配的大小。资源错配对 TFP 影响越大,表明纠正资源错配后 TFP 的增长空间越大,即资源错配也越严重,反之亦然。

1.3 研究方法与技术路线

1.3.1 研究方法

1) 经济模型

经济模型运用数学的手段发现那些现实世界不易觉察的经济变量间的关系,是对现实经济社会的抽象。本书经济模型体现在下述两个方面:一是借鉴 HK 模型,构建了地区间的资源错配理论模型,剖析了地区间资源错配对 TFP 的影响机制;二是将能源错配引入行业内企业间和行业间的资源错配理论模型,研究了能源错配对 TFP 的影响机制。经济模型方法的应用体现在第 3 章。

2）比较静态研究方法

比较静态分析是静态经济模型所使用的一种分析方法。这种方法主要研究外生变量变化对内生变量的影响方式，以及分析比较不同数值的外生变量下内生变量的不同数值。比较静态分析与静态分析方法一样抽象掉了时间。从均衡状态的研究角度来看，比较静态分析考察当原有的条件发生变化时，原来的均衡状态会发生什么变化，并分析比较新旧均衡状态。本书采取比较静态分析测算单个要素错配对 TFP 的影响，例如假设模型中仅存在劳动扭曲，用以测算劳动错配对 TFP 的影响。比较静态研究方法的应用体现在第 3、4、5、6 章。

3）资源错配的间接研究方法和直接研究方法相结合

Restuccia 和 Rogerson 在研究资源错配的文献综述中指出，当前资源错配的研究方法分为间接和直接两种[29]。前者是指测算所有资源错配影响因素形成的资源错配对 TFP 的影响；后者是指测算某一种错配影响因素形成的资源错配对 TFP 造成的影响。前者的优点是可以直观地得到资源错配对 TFP 影响的总程度，缺点是无法解答是什么因素导致了资源错配；后者的优点是能考察资源错配的影响因素，缺点是无法测算所有错配影响因素形成的资源错配对 TFP 的总体影响。

针对上述两种方法的优缺点，本书将两者相结合。首先，应用间接研究方法测算资源错配对 TFP 的影响，间接研究方法的应用体现在第 3、4、5、6 章；其次，在资源错配直接研究法实证结果的基础上，系统而深入地总结和分析了中国资源错配的影响因素。这将为降低 TFP 直接提供政策依据，直接研究方法的应用体现在第 7 章。

1.3.2　技术路线

本书以"测算资源错配对 TFP 的影响、分析资源错配的影响因素、提出降低资源错配的政策建议"为研究主线，构建了本书的技术路线图（图 1-1）。

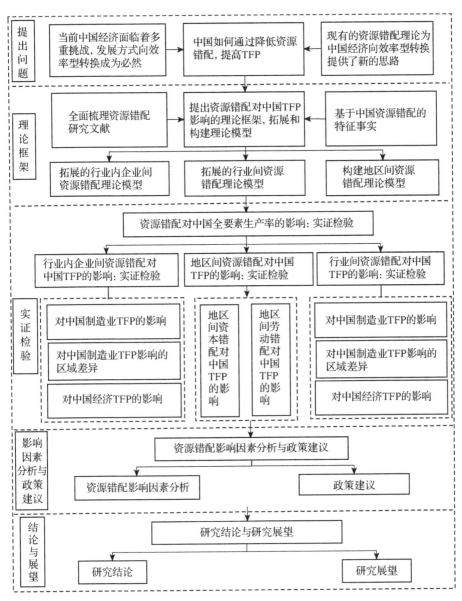

图 1-1 技术路线图

1.4 研究内容和创新点

1.4.1 研究内容

首先,本书在资源错配文献综述和述评的基础上,基于中国资源错配的特征事实,提出了一个系统的资源错配对中国 TFP 影响的理论研究框架,并建立了相应的理论模型,填补了现有研究的不足;其次,以中国制造业和中国经济为实证对象,应用该理论框架全面地检验了行业内企业间、行业间、地区间资源错配对中国制造业及中国经济 TFP 的影响;最后,在现有资源错配间接研究方法实证的基础上,系统地分析了行业内企业间、行业间、地区间资源错配的影响因素。因此,本书的研究内容安排如下:

第 1 章为绪论。首先,在介绍论文时代背景和社会背景的基础上,提出了亟须解决的理论和现实问题,进而论述了选题的理论和现实意义;其次,界定了研究中的相关概念,并针对要解决的问题,提出了相应的研究方法,构建了技术路线图;最后,介绍了本书的研究内容,并总结了本书的创新点。

第 2 章为文献综述。从资源错配的间接研究方法、直接研究方法、资源错配的测算方法三个方面出发,全面、系统地归纳和梳理了现有资源错配的研究文献。首先,从资源错配、资本错配、劳动错配、其他错配四个方面梳理了当前资源错配间接研究领域的文献;其次,从贸易壁垒、信用市场不完善、劳动制度、其他因素四个方面归纳了资源错配直接研究领域的文献;再次,总结了资源错配的三种测算方法,提出了本书选择的测算方法;最后,通过文献述评指出了本书所要拓展的主要方向。

第 3 章为资源错配对 TFP 影响的理论框架和理论模型。首先,基于中国资源错配的特征事实,提出了本书的理论框架;其次,依据理论框架拓展和构建了资源错配对中国 TFP 影响的理论模型。具体的为:第一,引入能源错配,拓展了行业内企业间、行业间资源错配理论模型;第二,基于中国地区间资源错配的特征事实,构建了地区间资源错配理论模型,剖析了地区间资源错配对 TFP 的影响机制。这一理论框架将有助于更加系统和完善地研究中国供给主体之间资源错配对中国 TFP 的影响。

第 4 章为应用理论框架中拓展的行业内企业间资源错配理论模型,检验了行业内企业间资源错配对中国制造业和中国经济总量 TFP 的影响。首先,以 2004—2007 年中国制造业微观数据为实证对象,测算了行业内企业间资源错配、资本错配、产出扭曲、能源错配对中国制造业总量 TFP 的影响;其次,测算了区域新格局下行业内企业间资源错配对中国制造业总量 TFP 影响的区域差异;最后,将中国 2008—2014 年上市公司的微观数据作为中国经济的样本,测算了行业内企业间资源错配、资本错配、劳动错配对总量 TFP 的影响。

第 5 章为应用理论框架中拓展的行业间资源错配理论模型,检验了行业间资源错配对中国制造业和中国经济总量 TFP 的影响。首先,以 2004—2007 年中国制造业微观数据为研究对象,测算了行业间资源错配、资本错配、劳动错配、能源错配对中国制造业总量 TFP 的影响;其次,测算了区域新格局下行业间资源错配对中国制造业总量 TFP 影响的区域差异;最后,将中国 2008—2014 年上市公司的微观数据作为中国经济的样本,测算了中国经济 14 个行业间的资源错配、资本错配、劳动错配对中国经济总量 TFP 的影响。

第 6 章为应用理论框架中构建的地区间资源错配理论模型,检验了地区间的资源错配对中国经济总量 TFP 的影响。首先,以 2008—2013 年中国县域微观数据为实证对象,测算了地区间资源错配对各省及中国经济总量 TFP 的影响。其次,进行了稳健性检验。

第 7 章为资源错配影响因素分析与政策建议。首先,通过对资源错配影响因素的分析,揭示了资源错配的成因。分别从行业内企业间、行业间、地区间三个方面总结和分析了现有资源错配影响因素的实证结果,并从资源错配的行为主体政府、企业、政府与企业交互作用三个方面对影响因素进行了归类,总结了三者之间共同的影响因素。其次,在资源错配影响因素分析的基础上,分别从降低行业内企业间、行业间、地区间及其三者共同的影响因素四个方面出发,提出了全面降低中国经济资源错配、提高 TFP 的政策建议。

第 8 章为研究结论与研究展望。首先,总结了本书的研究结论;其次,指出了本书研究的不足,并提出了未来值得研究的三个方向。

1.4.2 创新点

本书根据已有文献中有待继续深入的问题,拓展和改进了行业内企业间、行业间的资源错配理论模型,构建了地区间的资源错配理论模型,以中国制造业和中国经济总量的微观数据为实证对象,测算了资源错配对 TFP 造成的影

响,并系统总结和分析了资源错配的影响因素。本书的创新体现在以下四个方面:

(1) 从多视角出发,提出了一个更为完整的资源错配理论框架,拓宽了现有的研究视野,对当前的供给侧改革具有重大意义。虽然已有文献从企业、行业视角考察了资源错配对TFP的影响,但忽视了从地区视角研究这一问题,这也就忽视了中国地区间市场分割对资源配置效率的影响。因此,本书从企业、行业、地区三个视角研究资源错配对TFP的影响,不仅能全面反映中国行业内企业间、行业间、地区间资源错配的特征事实,而且有利于对比这三个不同层面的资源错配对TFP的影响差异,从而抓住中国资源错配的主要矛盾;这不仅为本书的实证研究奠定了理论基础,而且契合了"矫正要素配置扭曲,提高TFP"的供给侧改革思想,为测算中国不同供给主体之间(企业、地区、行业)的资源配置效率红利提供了全新的视角。

(2) 将能源扭曲引入行业内企业间、行业间资源错配理论模型,突破了仅研究资本错配、劳动错配及产出扭曲的局限,丰富了资源错配的研究对象。首先,能源是生产函数中重要的要素投入,早已受到了经济学家的广泛重视;其次,中国作为一个能源消费大国,能源的有效配置对于降低能源强度、提高能源效率、实现绿色发展意义重大。因此,研究能源错配,剖析行业内企业间、行业间能源错配对TFP影响的内在机制,提出能源错配对TFP影响的测算方法,不仅是对现有资源错配理论的重要完善,有利于提高模型的现实解释能力,而且反映了中国能源错配的特征事实,为降低能源错配进而提高能源配置效率提供了理论依据。

(3) 构建了地区间资源错配理论模型,揭示了它对TFP的影响机制,填补了这一研究空白。中国地区间市场分割现象由来已久,但用资源错配理论解释这一现象尚无人涉及。为此,本书基于张五常教授《中国的经济制度》的研究结论(县是中国一级的商业机构,县域间的竞争是解释中国经济增长奇迹的关键),提出县域是中国重要的微观供给主体,是地区间市场分割的基本单位。因此,地区间的市场分割表现为县域间的市场分割,它对TFP的影响机制是:县域间市场分割阻碍了资源从低效率县域向高效率县域的流动,破坏了县域间资源等边际报酬配置的原则,形成了县域间的资源错配,通过加总进而形成省际、经济总量的资源错配。如果高效率县域能获取更多的资源,那么不增加资源投入,就能通过改善县域间的资源配置效率提高经济总量的TFP。

（4）全面检验了资源错配对中国 TFP 的影响，从多方面完善了现有的实证研究。实证角度上，从横纵两个维度（"四大板块"和"四个支撑带"）检验了行业内企业间、行业间资源错配对制造业总量 TFP 影响的区域差异，并以区域内资源错配最低的地区为参照，校准了其他地区的实证结果，有效地控制了测量和参数设定误差。实证对象上，采用县域微观数据，首次检验了地区间资源错配对经济总量 TFP 的影响；采用中国上市公司微观数据作为中国经济的样本，检验了行业内企业间、行业间资源错配对经济总量 TFP 的影响，不仅提高了研究的时效性，而且拓展了资源错配的实证对象。实证方法上，采取比较静态分析法，能对比不同类型资源错配对 TFP 的影响，为着力降低最严重的资源错配提供了实证依据。实证结果表明：纠正这三个层面的资源错配后 TFP 均有较大的增长空间；行业内企业间资源错配显著大于行业间、地区间资源错配；这三个层面资源错配的共同影响因素是行政垄断。中国经济行业内企业间、行业间资源错配分别在 2013 年、2014 年开始恶化；这两类资源错配最为严重的地区均是东部地区和京津冀经济带，最为严重的行业分别是信息技术服务业和金融业；资本错配显著大于其他类型的错配；能源错配对 TFP 的负面影响不容忽视；资源错配表现出显著的行业差异和区域差异。样本期内，地区间资源错配逐年降低；地区间资源错配最为严重的省份为吉林省；地区间资本错配显著大于劳动错配；地区间资源错配的影响因素与地区间市场分割的影响因素密切相关。

2 文献综述

在一个经济体里,资源有效配置会使产出最大化,并且须具备如下两个条件:一是经济能选择出最佳企业生产,二是将资本和劳动等资源在部门间或企业间或地区间按照等边际原则配置。如果不满足这两个条件,那么会形成资源配置扭曲,降低资源配置效率,并表现在较低的总量TFP上。不能满足这两个条件时形成的两类资源错配是不能选择出最佳企业进行生产的选择错配效应和直接引致的资源错配效应。因此,资源错配研究的基本问题是:一是如何度量资源错配,资源错配对总量TFP的影响有多大?资源错配在解释国家间或地区间的TFP差异时是否重要?二是哪些因素会形成资源错配?其对TFP传导的内在机制是什么?

为了解答上述问题,Restuccia和Rogerson在其文献综述中总结到:学者们采取了间接研究方法解答第一个问题,采用直接研究方法解答第二个问题。资源错配间接研究法的主要目标是度量经济体中的资源错配,测算经济体中的所有错配因素导致的资源错配对总量TFP的影响。该方法并不侧重研究某一个错配因素对总量TFP的影响,它通过引入代表经济体中所有错配因素的错配因子试图测算所有错配因素形成的资源错配对总量TFP的影响以及传导机制。虽然该方法能够识别所有可能导致要素错配的因素对TFP产生的净影响,但是不能考察具体的资源错配影响因素。该领域当前主要研究了资源错配、资本错配、劳动错配以及其他错配对总量TFP的影响。资源错配直接研究法的主要目标是直接测算某一个因素导致的资源错配对TFP的影响及其相应的传导机制,虽然该方法能测算某一个特定政策或者制度导致的资源错配对总量TFP的影响,但是现实中却有很多因素导致了资源错配,比如降低贷款利率、特定的税收优惠、补贴、减少竞争的措施等,不仅要一一识别,非常困难,而且存在要素间扭曲相互抵消的可能(比如相反的扭曲方向)。因此,该方法难以全面衡量经济体中所有错配对总量TFP的影响。该研究领域当前主要考察了贸易壁垒、信用市场不完善、劳动制度及其他错配因素形成的资源错配对总量TFP的影响。[29]

本章在 Restuccia 和 Rogerson 文献研究思路基础上，首先，结合本书研究需要，从资源错配的间接研究方法、资源错配的直接研究方法、资源错配的测算方法三个方面总结和梳理现有文献，文献研究框架如图2-1所示；其次，对现有文献进行了文献述评。文献综述不仅厘清了资源错配对 TFP 影响的研究现状，而且为本书的研究指明了方向。

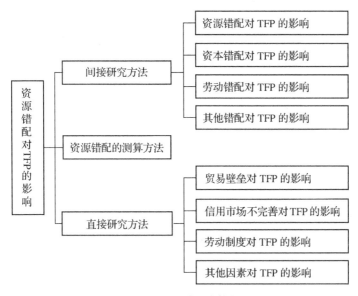

图 2-1　文献研究框架

2.1　资源错配对全要素生产率的影响：间接研究法

2.1.1　资源错配对全要素生产率的影响

1) 国外研究现状

HK 在该领域做出了开创性的研究，他们建立了一个包含资本和劳动投入的垄断竞争模型，假设经济体中存在产出和资本扭曲，以工资作为劳动投入控制人力资本的差异，通过对中国、美国、印度制造业的实证研究发现：资源错配对 TFP 影响巨大，并能有效解释国家间 TFP 的差异。为了控制测量及设定误差导致测算的 TFP 影响过大，以美国制造业的资源配置效率为参照，发现如果中国和印度的资源配置效率和美国 1997 年制造业相同，则资源有效配置后

1998年中国制造业总量TFP可在现有基础上增长50.5%,1987年印度制造业的总量TFP可在现有基础上增长40.2%,资源错配造成的制造业总量TFP影响可解释大约49%的中国(1998年)和美国(1997年)的TFP差异,可解释大约35%的印度(1987年)和美国(1994年)的TFP差异。在此基础上,他们还探讨了资源错配的影响因素,以行业全要素生产率TFPR的方差为被解释变量,以企业所有制、企业规模、企业年龄、地区为解释变量(均为虚拟变量),发现企业所有制对TFPR的方差贡献最大(印度为0.58%,中国为5.25%),而企业年龄(两国均不足1%)、企业规模(印度为2.52%,中国为2.21%)、地区(印度为0.86%,中国为1.58%)对TFPR的方差解释十分有限,这四个因素一起对TFPR方差的解释程度非常低,印度为4.71%,中国为10.01%[16]。Bartelsman和Haltiwanger及Scarpetta认为资源的有效配置总是使得企业规模和它的TFP呈正相关,以两者的协方差度量资源错配是合理的(即OP协方差),从而为测量资源错配提供了一种新的方法。通过对美国和其他七个欧洲国家(包括中东欧的转型国家)的实证研究发现,资源错配对TFP产生了巨大的影响,如果资源得到有效配置,产出可以在现有的基础上增加15%。[30]Brandt和Tombe及Zhu在HK的基础上,以中国非农业部门为研究对象,运用1985—2007年的数据,对部门间资源错配、时间维度的资源错配、空间维度的资源错配的效应进行了测度,突破了测度制造业资源错配的限制。他们认为中国资源错配的根源是国有部门和非国有部门间存在资源错配,其建立的模型包含了国有和非国有部门。他们测度了省份间的资源错配和省内部门间的资源错配对总量TFP的影响。如果资源有效配置,那么中国非农业TFP将提高20%,省份间的扭曲在样本期间基本保持不变;尽管省份间有着较大的劳动力流动,但省份间劳动错配导致的TFP损失依然很高,其原因在于省份间TFP差异较大;在1985—1997年间省内资源错配程度大幅下降,平均每年对TFP的增长贡献为0.52%,但是随后10年间,资源错配程度又呈现增加的趋势,平均每年造成0.5%的TFP损失;省内资源错配是国有和非国有部门间资本错配导致的,近年来呈现显著的增加趋势。[31]Bollard和Klenow及Sharma运用印度1990—2004年正规部门的制造业数据(选择企业员工数在200人以上的样本),该样本期间的生产率,与1980—1992年相比,得到了较大的提升[32]。该文的实证结果表明:与许多经济学家认为这段时间的改革有助于降低资源错配相反,资源错配的降低仅仅能够解释小部分TFP的增加,其增加来自企业自身效率的改进或者使用了更好的技术,或二者兼而有之。Ziebarth 使用 HK 的测算方法,以 19 世纪美国制造业普查数据为实证对象,结果发现:美国这一时期的资源错配效应与当前印度和中国的资源错配效应相当,然而,当时美国的经济并未表现出像中国和印度这样的政策和制度扭曲,这一发现说明资源错配与 TFP 之间有更为复杂的传导机制[33]。Jovanovic 通过建立一个包含异质企业和工人的从微观到宏观的世代交替增长模型,将资源错配对 TFP 的影响,进一步拓展到对经济增长的影响,发现更有效的资源配置将促成更快的长期增长[34]。Inklaar 和 Lashitew 及 Timmer 针对 52 个发展中国家的实证研究发现,如果纠正劳动和资本错配,TFP 可以平均增加 60%以上[35]。Hosono 和 Takizawa 应用 HK 模型,以日本微观企业数据测算了资源错配对 TFP 的影响。研究发现:一是如果日本的资源配置与美国相同,那么日本的总量 TFP 可再提高 6.2%;二是资源有效配置情况下的生产率有效分布将比现实中的分布更加分散;三是随着生产率的增长,资源错配对企业的进入退出产生了显著的影响,融资约束是扭曲的重要因素。[36]

Aoki 首次研究行业间的资源错配对 TFP 的影响。他构建了一个 N 行业的一般均衡模型,用以测算行业间资源错配对 TFP 的影响,而且能分解出行业间资本错配和行业间劳动错配对总量 TFP 的影响。假设 N 个行业内企业的生产函数相同且完全竞争,行业间存在资本和劳动扭曲,以一次性税率的形式体现,该模型的优越性体现在不对总生产函数的具体形式做出假设的情况下,也可测算行业间资源错配对 TFP 的影响。应用这一模型,以日本和美国的行业数据为实证对象进行了实证检验,结果发现:资源错配可以解释它们之间总量 TFP9%的差异,这表明行业间资源错配并非国家间 TFP 差异的主因。资本错配较为严重的行业是运输业和金融业,而劳动错配较为严重的行业是农业和金融业。[37]

Duranton 等借鉴 Bartelsman 和 Haltiwanger 及 Scarpetta 测算资源错配的方法,以产出和企业实际生产率的协方差表示资源错配程度,以印度制造业微观数据为实证对象,检验了土地、建筑物和其他生产要素的错配效应。他们的研究贡献体现在下述三个方面:一是运用大量的横截面和面板数据,实证上提供了要素企业间错配和人均产出的直接证据,并发现要素错配比产出错配更为严峻。二是给出了政策和要素错配的直接证据,要素错配并非外生决定而是被政策影响的。扭曲是资源配置效率的决定因素,政策是扭曲的一个来源。好的政策将降低扭曲,改善错配。土地和建筑物错配指数与当地的房地产政策和税收改革密切相关。三是强调了土地和建筑物在错配中的特殊作用,如果企业没有土地的话,后续的雇佣劳动和租赁机器是毫无意义的;同时,土地也是企业外部融资的重要抵押物,良好的土地政策不仅使得土地得到更好的利用,而且能降低土地交易中的扭曲。有效的产权保护及其他政策有助于土地市场的良好运行。该文的实证结果表明:降低一个标准差的土地和建筑物错配程度将使得人均产出增加25%,这相当于增加了6倍的供给;同时发现土地和建筑物错配比其他错配类型更加重要。[38] Shenoy建立了一个模型,将总产出分解为总生产函数、企业平均生产率、要素配置效率,该模型能分别测算要素市场(雇佣劳动和租用土地、资本)和金融市场(融资和保险)失灵导致的扭曲对产出的影响。该文以某地的大米市场为实证对象,选择大米市场的原因是每个农民的边际产品收益可准确测算,垄断和税收扭曲较小,要素转换成本低,使得模型参数校准引起的虚假错配达到最小。实证发现:资源有效配置后大多数村庄的产出增加不足15%。通过对总增长的分解发现与要素积累和农业技术对增长的贡献相比,错配对增长的贡献相对较小。[39]

2) 国内研究现状

HK的文献是研究行业内企业间资源错配的一篇奠基性文献,在国内研究中被广泛借鉴和得到了一定的拓展。王文拓展了HK的理论模型,采用中国工业企业1998—2007年的微观数据进行了实证检验,实证结果表明:一是在1998—2007年间,港澳台和外商投资企业的资源误配程度最低,如果达到港澳台和外商投资企业的资源配置水平,国有和集体企业、法人和私人企业的TFP将在现有基础上分别增加40%—60%、10%—25%;环渤海和东南地区的资源误配程度最低,如果达到环渤海和东南地区的资源配置水平,东北、中部、西南和西北地区的TFP将在现有基础上增加。二是中国工业的资源误配程度在1998—2003年间呈现出较小幅度的下降趋势,在2004—2007年间则有轻微加重的趋势。不同类型所有制之间的资源误配造成的TFP影响大于不同地区之间和不同行业之间的资源误配。三是扭曲性政府政策、信贷约束、劳动流动摩擦和企业(家)的风险规避倾向是中国工业资源误配的主要来源。[40] 龚关、胡关亮针对HK模型的不足,在理论上突破了企业生产函数规模报酬不变的限制,以要素边际产出价值的离散程度衡量资源错配,如果资源有效配置,1998年中国制造业总量 TFP 将提高 57.1%,2007 年将提高 30.1%[41]。邵宜航、步晓宁、张天华应用 HK 的模型,采用中国工业企业 1998—2007 年二位代码的微观数据对 HK 模型进行了再测算,发现资源错配对中国 1998 年工业企业 TFP 造成了 215.5% 的影响,样本期内资源错配呈现先改善后恶化的态势,大企业的资源配置效率逐渐改善[42]。资本错配对 TFP 的影响显著大于产出扭曲导致的错配对 TFP 的影响。李静、彭飞、毛德凤采用 HK 的方法,运用 2007 年中国工业企业微观数据,实证分析了资源错配及其对企业 TFP 的影响。结果表明:国有、集体企业的资源错配较为严重,港澳台投资企业和外商投资企业则较低;中西部地区资源错配程度高于东部,中部高于西部;重工业企业资源错配高于轻工业。如果资源有效配置,工业企业的总量 TFP 可提高 51% 以上,其中国有和集体企业的总量 TFP 有望分别提高 45% 和 18% 以上。[43] 韩剑、郑秋玲基于 HK 模型,将资源错配测算扩展到行业间层面,比较了中国各地区资源错配程度的差异,并对影响资源错配的政府干预因素做了回归检验。发现中国总体和行业内资源错配程度先降后升,行业间资源错配程度则缓慢上升,行业内和行业间错配分别造成了实际产出和潜在产出之间 30.25% 和 4.72% 的缺口。中西部地区的资源错配程度明显高于东部地区;财政补贴、金融抑制、行政性市场进入壁垒对行业内资源错配具有显著影响,而劳动力流动管制、金融抑制则对行业间资源错配作用明显。[44] 盖庆恩等在 HK 模型的基础上考虑进入退出因素,从广义视角研究了要素市场扭曲对 TFP 的影响,该文采用 1998—2007 年中国工业企业数据做了实证检验,发现若资本有效配置,制造业 TFP 平均可提高 57.79%,其中直接效应、间接效应提高的百分比分别为 31.46%、26.32%;若劳动有效配置,TFP 可提高 33.12%,其中直接效应、间接效应提高的百分比分别为 11.42%、21.69%[45]。靳来群、林金忠、丁诗诗拓展了 HK 的理论模型,构建了所有制差异所致资源错配的理论模型,采用中国工业企业数据检验了要素价格因所有制差异而导致的资源错配程度。研究结果表明:尽管中国所有制差异所致资源错配程度总体上呈下降趋势,但资源错配情况依然严重。1998—2007 年所有制差异带来的制造业 TFP 损失每年都在 200% 以上,其中劳动错配、资本错配带来的 TFP 损失分别约为 100%、50%。[46] 张庆君从实际产出与最优配置条件下产出比较的角度出发构建错配指数,并进一步将资源错配分解成产业内、产业间错配,利用中国工业企业数据库 40 个行业的微观数据进行实证检验。研究发现:中国工业企业资源错配较为严重,如果资源错配得到纠正,则其总产出增加的范围为23.4%—28.8%,资源错配能解释TFP变动的范围为28%—55%。[47]

行业内企业间资源错配对农业、能源行业、生产性服务业TFP影响的实证检验。在农业方面,朱喜、史清华、盖庆恩运用2003—2007年全国农村固定跟踪观察农户数据,实证发现东部和西部地区的资源配置扭曲较为严重,中部、东北地区的配置效率较高。如果资源错配得到纠正,农业TFP可在现有基础上增长20%以上,其中东部和西部地区的改进空间超过30%。[48]陈训波考察了2004—2010年资源错配对中国不同地区农业TFP的影响。发现跨部门的资本和劳动有效配置后,农业TFP可在现有基础上增长6%—36%。各地区资源错配对TFP的影响存在显著的差异,土地错配造成的TFP损失显著大于资本和劳动错配造成的TFP损失。[49]在能源行业方面,王芃、武英涛发现能源行业和企业两个层面、产品和要素市场两个维度均存在显著的扭曲,要素扭曲是扭曲的主要原因。如果纠正资源错配,那么能源产业TFP可在现有基础上增长43%—51%。[50]陈艳莹、王二龙考察了要素市场错配对中国生产性服务业TFP的影响,采用中国2004—2010年省份面板数据进行实证。结果表明:转轨时期中国正规要素市场的扭曲导致企业主要依靠政府关系网来获取生产要素,从而直接抑制了生产性服务业的TFP,通过制约制造业的演化进程间接抑制了生产性服务业的TFP。[51]曹东坡、王树华测算了服务业资源错配对TFP的影响。发现2004—2010年间要素错配对服务业产出造成了9%—11%的损失,且该损失逐年递增;东、中、西部要素错配的区域差异显著,其中,中、西部地区要素错配对服务业产出造成的损失小于东部地区。[52]

行业间资源错配对TFP影响的实证检验。陈永伟、胡伟民借鉴Aoki的理论模型,把关于资源错配和效率影响的讨论纳入传统的增长核算框架中,其实证结果表明:制造业内部各子行业间的资源错配大约造成了实际产出和潜在产出之间15%的缺口[53]。姚毓春、袁礼、董直庆应用Aoki的理论模型,测算了行业间资源错配对TFP的影响,以中国2004—2010年19个行业的面板数据为实证对象,发现各行业的劳动和资本错配差异显著,要素拥挤与稀缺现象并存,且资本错配程度更为严重。但近年来劳动、资本错配均有所改善,分别平均使产出效率提高了1.37%、0.91%。[54]张佩借鉴Aoki的理论模型,采用1998—2007年中国工业企业数据进行实证检验。结果发现:如果行业间资源有效配置,那么中国工业的总量TFP可在现有基础上提高19%,行业间资本错配造成的效率影响大约是劳动错配造成损失的10倍。采矿业、制造业内部的资源错配程度大幅缩小,而电力、燃气及水的生产和供应业的资源配置效率改善不明显。[55]韩国珍、李国璋应用Aoki的理论模型,采用中国工业1994—2011年两位数行业的数据实证检验了中国行业间资源错配对TFP的影响。发现2009—2011年行业间要素错配造成了大约29%的产出缺口。行业间要素错配较为严重的行业是资源垄断型行业,而技术密集型行业劳动配置不足,劳动密集型行业则配置了过多的劳动。[56]

2.1.2 资本错配对全要素生产率的影响

1) 国外研究现状

Uras通过对HK模型的拓展,将公司融资结构引入资本错配,以美国制造业的微观数据进行了实证检验,结果发现:那些拥有较差的内部和外部融资能力的企业总是选择劳动密集型的生产方式;公司融资结构的特征(内部和外部融资能力)和资本错配程度一起决定了资源错配的程度及对产业层面TFP的影响,如果资本有效配置,美国化学和石油工业的TFP将增加113%,纺织工业的TFP将增加75%[57]。Midrigan和Xu探讨了资本错配和TFP的关系,并使用韩国、中国、哥伦比亚的微观企业数据做了实证检验。与HK不同的是,假设企业间不存在劳动的重新分配。实证发现中国、哥伦比亚、韩国资源有效配置后,TFP可分别在现有的基础上增加22.4%、17.7%、16.2%。同时,发现企业年龄对总量TFP的影响相当有限,在韩国、中国、哥伦比亚其分别为0.2%、0.3%、2.7%,这印证了不同年龄企业间的资本平均产品变化较小的事实。[58] Song和Wu及Bond等为了减小现有研究参数设定和统计误差,建立了一个新模型来测算资本错配对TFP的影响,通过对中国工业企业微观数据的实证检验,发现资本错配造成了总产出20%的损失[59]。

2) 国内研究现状

鲁晓东研究发现:中国目前的金融体系存在严重的金融资源错配现象,这使得现有的金融体制并没有很好地完成优化资金配置从而引致资源错配,阻碍了经济增长[60]。邵挺认为私营企业的资本回报率远高于国有企业。如果金融资源有效配置,中国GDP可在现有基础上提高2%—8%。[61]王林辉、袁礼以中国行业间资本错配为研究对象,运用1978—2010年八大产业面板数据定量测算资本错配对 TFP 的影响,发现资本错配对 TFP 造成了 2.6% 的损失,造成的产出缺口为 11%—30%。[62]

2.1.3 劳动错配对全要素生产率的影响

1) 国外研究现状

Vollrath 运用 14 个发展中国家的微观数据,发现人力资本错配对各国 TFP 差异的解释比较有限。发现消除人力资本错配对 TFP 贡献较小,少数国家的 TFP 能够超过 10%,多数国家则低于 5%。如果假设存在不可观测的人力资本,纠正人力资本错配带来的 TFP 收益在 10% 以下。[63]

2) 国内研究现状

袁志刚、解栋栋认为改革开放以来,中国是一个典型二元经济结构的转型国家,劳动错配对 TFP 有着明显的负效应,以不同的指标计算,影响的范围在 2%—18% 之间,并呈逐年扩大趋势,原因主要是部门间的工资差异[64]。柏培文研究发现:全国总体劳动错配、城乡劳动错配大致呈现波浪式下降,城市内劳动错配呈现阶段性增加的态势,城乡劳动错配是导致劳动错配的主因。第一、三产业内劳动错配长期存在但并不严重,第二产业扭曲程度较高,但近年有下降趋势,而部门间劳动错配逐渐恶化。各省份总体和城乡劳动错配程度呈下降趋势,而城市则呈现增加态势。[65]杨振和陈甬军以福利影响度量劳动错配,通过对 1998—2007 年中国制造业的实证检验发现:劳动要素在制造业产业内、产业间均存在着不同程度错配。如果制造业整体层面劳动要素向"正确"的方向流动一单位,将给每个企业平均带来 12 041 元至 13 426 元的福利改善。考察期间劳动错配进一步恶化。[66]董直庆、刘迪钥、宋伟应用 Aoki 的理论模型,利用 1978—2010 年中国 1 位代码行业数据,测算了行业间劳动错配对 TFP 的影响,发现行业间劳动错配呈现出行业差异,并对 TFP 造成了 20% 左右的损失[67]。

2.1.4 其他错配对全要素生产率的影响

1) 土地错配对 TFP 的影响

Restuccia 和 Santaeulalia-Llopis 对这一问题进行了研究,发现在非洲国家马拉维土地大多通过继承实现配置,只有很小的一部分通过土地租赁市场实现分配,超过 70% 的农民经营的土地不足 2 英亩(约 8 094 平方米)。通过估计农场生产率的分布与理论上内生的农场生产率分布的差异,他们发现农民拥有的土地大小与生产率无关,但如果土地在农民间实现有效配置,农业 TFP 将提高 4 倍。[68]

2) 管理才能对 TFP 的影响

Bhattacharya 和 Guner 及 Ventura 在 Lucas 模型(组织管理幅度的生命周期模型)的基础上,将管理技能内生化,资源在企业间的错配将进一步导致管理才能的错配。在没有扭曲的经济环境中,更有能力的经理人将投资更多的资源在其人力资本上,从而能够经营更大的企业。然而,当经济中存在扭曲时,经理人投资其管理才能的动力就会大大减小,使整个社会的经理人的管理才能投资不足,从而影响更大规模的企业形成,最终导致 TFP 降低。运用微观数据实证发现:以美国为参照,日本 TFP 是美国的 83%,管理才能错配能够较好地解释日本和美国企业规模的分布差异。[69]Caselli 和 Gennaioli 研究了家族管理中的管理才能错配,发现发展中国家的家族企业数量远远多于发达国家,即使融资约束被缓解,如果企业没有被交给一位合适的继承人,那么对总量 TFP 的影响是十分严重的,第一代企业家才能对其继承人的管理才能的影响呈现微弱的正向影响。研究结果表明:有效的资本市场(兼并和收购)将有助于对这一现象进行校正。优秀的企业家将从金融发展的改善中获取更多的资本和实现更多的赢利,加之金融发展促使公司控制市场的繁荣,这是因为公司将从较低才能的企业家手中流向高才能企业家,随着平均管理才能的增加,企业数量将会减少,企业规模将逐步扩大,进而促使总量 TFP 提升。他们以无融资约束的经济体(参数用美国数据校准)为基准与没有借贷的经济体相比较,发现 GDP 将损失 70%,总量 TFP 将损失 21%。控制权市场对资本的有效配置非常重要,发现与基准经济体相比较,如果没有控制权市场,尽管存在一个完美的资本市场,可是 TFP 依然会比基准的 TFP 低 15%。[70]

3) 产出扭曲对 TFP 的影响

Lucas 通过对印度制造业和日本零售业的研究发现:依据企业规模制定的政策通过降低企业的平均规模,导致了资源错配。如果扭曲得到纠正,那么产出可以增加超过 8%。[71]Restuccia 和 Rogerson 做出了开创性的研究,研究了产出扭曲,将所有的产出扭曲定义为向企业产出征收的一次性税收,税率大于零表示税收,税率小于零代表补贴。将扭曲定义为相关扭曲和无关扭曲两种,前者指税收和补贴随机产生,后者指向生产率高的企业征税,对其余的企业进行补贴。数据模拟发现在无关扭曲情景下,如果对90%的企业征税率2%,与无扭曲的情况相比,总量 TFP 损失16%,若税率为4%,总量 TFP 损失26%;相关扭曲的情境下税率越高导致的总量 TFP 损失越大,但与无关扭曲的情景相比,总量 TFP 损失比例更大,原因是大量资源被迫从 TFP 高的企业流向 TFP 低的企业。[72] Guner 和 Ventura 及 Xu 研究了依据企业规模制定政策(相关扭曲)对总量 TFP 的影响。在这种税收情况下,企业行为存在三种情况:一是为了避税主动降低规模;二是高于行业生存临界生产率的企业降低了规模,反之亦然;三是存在额外进入的企业。实证发现企业平均规模降低20%的政策,分别意味着34.4%的资本税、13.8%的劳动税,产出分别降低8%和5%。[73]

2.2 资源错配对全要素生产率的影响:直接研究法

2.2.1 贸易壁垒、资源错配与全要素生产率

Alcala 和 Ciccone 对跨国贸易数据的实证研究、Pavcnik 对智利贸易改革的实证研究、Lileeva 和 Trefler 关于美国关税降低对加拿大企业生产率的实证研究,均发现贸易壁垒对 TFP 产生了显著的负面影响[74-76]。

研究领域一篇非常经典的文献是 Eaton 和 Kortum 在 *Econometrica* 上发表的名为"Technology, geography, and trade"的文章,文章提出了该领域的基本研究框架[77],随后 Melitz、Bernard、Melitz、Ottaviano、Bustos、Ferreira 和 Trejos 等拓展了该文的模型,这些实证研究均表明贸易壁垒政策对总量 TFP 造成了显著的负面影响[78-82]。Waugh 指出贸易壁垒是跨国制造业生产率波动的一个重要因素[83],Tombe 实证发现贸易壁垒是贫穷国家农业生产率低下和缺乏食品贸易的共同原因[84]。Epifani 和 Gancia 指出贸易壁垒对竞争状况产生影响,进而影响了企业利润,利润的异质性是资源错配的一个源泉[85]。Eslava 等考察了哥伦比亚税收改革背景下,贸易关税变化对资源配置效率的影响,发现关税税率的降低通过企业的优胜劣汰降低了资源配置的扭曲程度,提高了资源配置效率[86]。

2.2.2 信用市场不完善、资源错配与全要素生产率

1) 国外研究现状

信用市场不完善是导致资本错配进而影响 TFP 的一个十分重要的因素。Banerjee 和 Duflo 通过对以往文献的研究,发现相同的要素有不同的回报率,并指出信用约束和制度失效是造成资本错配的重要原因[87]。Banerjee, Duflo, Munshi, Banerjee, Munshi 发现信用市场不完善会造成选择错配效应和资本错配效应,选择错配效应体现在信用约束阻止了一些有效率的企业或者企业家进入市场和经营企业,资本错配效应体现在信用约束限制了有效率的在位企业获得足够的资本,从而导致资本在企业间错配,进而引发 TFP 的损失[88-89]。Erosa, Amaral, Quintin, Buera, Kaboski, Shin, Midrigan 和 Xu 研究了各种信用市场不完善对 TFP 的影响,但也存在一些分歧。如果企业有足够的能力能够通过内部融资渠道克服信用市场约束,那么信用市场不完善就不能解释各国间生产率差异的持久性。[90-93] Udry 回顾了信用约束解释了穷国和富国生产率差异的重要性,并给出了微观证据。通过实证发现:在发展中国家,信用约束对制造业 TFP 差异有着显著的负面影响,但对农业却没有显著的影响,这说明农业资源错配对 TFP 的影响并未通过信用约束这个传导机制起到作用。[94] Gilchrist 和 Sim 选择美国有名的大型制造业公司进行了实证研究,发现这些大公司在不完善的信贷市场中利息差的差异非常巨大,然而通过构建模型测算以利息差代表的扭曲对 TFP 的影响时,发现仅造成了 1%—2% 的 TFP 潜在损失[95]。Caggese 和 Cunat 发现出口市场的企业存在这样一个特点,即出口公司中存在一个进入的固定成本,如果信用约束能够对这一进入成本产生不利的影响,那么会阻止有效率的企业进入出口市场,从而导致资源错配,进而影响 TFP。通过构建能够刻画这一特征的模型,运用意大利公司制造业的数据,实证发现其对 TFP 的潜在影响是巨大的,造成的生产率损失为 25%。[96] Greenwood 和 Sanchez 及 Wang 在模型中引入金融市场不完善,用来评估金融发展对跨国生产率差异的影响,利用美国数据对模型进行校准,利用可观测的信用利差考察其他国家的金融发展水平,发现:样本国家如果采取最先进的金融中介技术,TFP 将平均增加 12%;样本中金融发展最差的国家乌干达的 TFP 将增加 25%[97]。Buera 和 Shin 通过构建一个包含异质企业的新古典增长模型,剔除

了经济体中的非金融摩擦产生的扭曲,发现金融扭曲决定了稳定状态的调整速度[98]。Pratap,Urrutia,Sandleris 和 Wright 指出在金融危机期间,金融摩擦能较好地解释跨国间要素错配和 TFP 差异,该文的实证结果表明:在面临融资约束但不存在资本错配的情况下,获得融资能够很好地缓解要素错配和降低对 TFP 的负面影响[99-100]。

David 和 Hopenhayn 及 Venkateswaran 探讨了信用市场不完善和资源错配的关系,假设企业可以通过私人来源和信息不完全的股票市场价格学习两个渠道克服信用市场不完善,以中国、美国和印度的数据进行了实证检验。研究发现:信用市场不完善引发的资本错配会对中国造成 7%—10% 的 TFP 损失,会对印度造成 10%—14% 的 TFP 损失,对美国造成的 TFP 损失则较小。在克服信用市场不完善时,与通过信息不完全的股票市场价格学习相比较,通过私人来源学习将能够更好地克服信息不对称,进而克服不确定,提高总量 TFP。[101]

Moll 探讨了金融摩擦对 TFP 的影响,金融发展是指企业有更加广泛的形式为资本融资,较高水平的金融发展将通过三个渠道助力经济发展:一是加速资本深化(资本深化以资本产出比测算);二是降低资本错配;三是筛选出更好的企业获取资本。资本深化的增加有助于提高人均产出,后两个渠道直接作用于 TFP,有助于总量 TFP 的提高,也能够解释发达国家拥有较大的企业平均规模所遭受到的融资约束却较少的现象。如果资本是内生的,那么企业有足够的动机储蓄(受融资约束的企业储蓄回报较高),从长期看融资约束可能会消失。而当生产率冲击完全持久时,则从长期看融资约束也会消失,经济会收敛到一个有效率的稳态,但收敛过程却很漫长。[102]

Ai 和 Li 及 Yang 构建了一个一般均衡模型,模型内生了时间序列上的反周期波动以及横截面上资本边际产品和资产回报的反周期波动,在这个模型中,金融部门中的机构摩擦对企业间资本配置效率产生影响并致使整体经济出现波动。该文的研究结果表明:对机构摩擦的负面冲击会恶化资本错配,并对总量 TFP 产生负面影响。校准模型参数后,分别作了生产率冲击和金融冲击两种模拟。生产率冲击的数据模拟结果表明金融摩擦放大了 TFP 的冲击,但是产生的影响较小且是短暂的,放大机制解释了大约 10% 的总量 TFP 波动,冲击不大的原因是这类冲击并未产生充足的资产价格变动,进而不能显著地改变银行的资产价格净值并限制其借贷能力。金融冲击的数据模拟结果表明:一个较小的外生银行家贴现率的改变对资本配置效率和总产出的影响是巨大而持久的。持久性的原因是一个正的贴现率冲击会降低银行家短期获利的动机,提高银行的净值。银行净值的增加将在未来改善资本配置效率但不会立即影响生产率。在这种情况下,家庭将消费更多而投资更少,结果是银行的净值增加与金融需求的短暂降低密切相关。这些效应的相互加强将在下一期改善资本的配置效率。更加有效的资本配置导致了新一轮的银行净值的增加,并对经济产生持久的影响。假设银行家的年贴现率是 2.3%,资本配置这一渠道可导致经济总产出 3.6% 的波动。金融中介机构摩擦通过跨期投资、资本再配置两个渠道对真实经济产生影响,在真实商业周期理论中,前者对产出影响的解释程度为 3%—5%,而资本错配却可解释 30%—50%。[103]

2) 国内研究现状

陈雨露和马勇通过构建地方政府介入后的农信社信贷资源决策模型发现,当地方政府介入后,农信社的信贷资金供给会出现明显的错配现象,而错配的程度随着地方保护主义的强化而加重。外部金融监管机制可以在一定程度上遏制地方政府的保护主义行为,减轻信贷资源错配程度。[104]

张佩、马弘考察了借贷约束是否以及怎样导致资源错配,利用中国的企业数据进行实证检验,发现了微观层面上的信贷错配对中国的 TFP 造成影响的原因,并非缺乏充足的廉价信贷,而是中国的金融市场利率化改革尚未完成。相比非正式渠道融资,银行贷款的成本较低,因此更容易从银行获得贷款的企业总是获益并过度投资,从而造成资本错配并对 TFP 造成负面影响。[105]

Wu 对中国资本错配是来源于金融摩擦(市场不完美)还是政策扭曲(政府干预)进行了探讨,研究发现中国政府的政策扭曲导致了 70% 的资本错配,金融摩擦在集约边际上仅造成了 8.7% 的总量 TFP 损失。此外,该文还进一步探讨了政策扭曲的原因。政策扭曲存在的直接证据是资本的边际收益产品(MRPK)在国有和非国有之间存在显著的不同,因为如果没有政策扭曲,所有制对于 MRPK 并不重要。然而,不同所有制之间的企业在诸如年龄和规模等的特征方面存在差异,在不存在政策扭曲的情况下,如果这些特征通过金融摩擦导致了 MRPK 不同,那么这些企业在不完美的资本市场下也会呈现出不同的 MRPK 差异。同时,政策扭曲对资本错配的影响会因为金融摩擦的存在而被增加或抵消,如果这些特征通过金融摩擦影响 MRPK 以及它们自身被政策扭曲影响,这将意味着所有制之间可观测的 MRPK 的差异是政策扭曲和金融摩擦的共同结果。[106]

2.2.3 劳动制度、资源错配与全要素生产率

劳动市场制度通过扭曲劳动配置对 TFP 造成了负面影响。Hopenhayn 和 Rogerson 首次探讨了企业间资源配置的"楔子"对总量 TFP 的影响,研究发现解雇成本的存在导致企业不能充分地依据技术冲击调整劳动力数量,致使劳动的边际产品收益出现了巨大的差异,有的企业拥有的劳动力数量超出了最优的劳动力数量,相反,有的企业则面临着劳动短缺。解雇成本导致了经济体中大量的"楔子",其中有些与 TFP 相关,有些则不相关。解雇成本扭曲了劳动要素在企业间的配置,并导致了大约 5%的 TFP 的损失。[107] Lagos 建立了一个劳动匹配模型,发现失业保险和就业保护等劳动政策通过资源错配的选择效应,使得劳动不能在企业间有效配置,对 TFP 造成了损失[108]。麦肯锡研究院在巴西的零售业中,发现劳动市场规制增加了正规超市劳动成本,但没有影响非正规部门的劳动成本。尽管非正规部门有着较低的劳动生产率,但其较低的劳动成本却扩大了它的经营规模。[109] Lewis 发现了许多类似的情况[110]。

Hopenhayn 研究发现,在不考虑进入退出的情况下,如果解雇成本是 2 年的工资,则对总量 TFP 造成了 2.8%的损失;如果是 5 年的工资,则造成了 7.5%的损失;如果是 25 年的工资,则造成了 24.3%的损失。同时该研究还表明:一方面生产率较低的公司倾向于雇佣更多的劳动,另一方面当固定实际生产率时,名义生产率呈现出不同的方差,即不同的劳动错配程度。从不同的解雇成本导致的名义生产率方差看,解雇成本越高,名义生产率方差越大,即扭曲越大。如果考虑进入退出的影响,可能会产生更大的扭曲和总量 TFP 损失。[111]

Gourio 和 Roys 的研究发现:针对小企业降低劳动税的政策可能会产生两种扭曲,一是使得更多的规模较小、效率更低的企业能够生存,二是降低正规企业的规模。研究发现这种扭曲对总量 TFP 造成的损失非常有限,仅为 0.3%。[112]

2.2.4 其他因素、资源错配与全要素生产率

1) 创新补贴政策、资源错配与 TFP

Sadeghzadeh 研究发现创新补贴政策虽然激励了技术升级,但其通过资源

错配对 TFP 也有重要的影响。以 2005 年印度大型钢铁企业的直接创新补助为实证对象,发现只有采用了高效率技术的企业的 TFP 增加了。而在政策退出后,采用低效率技术的企业间会发生较大的资源再配置现象。如果创新补贴政策鼓励企业层面的技术升级,则依靠企业大小制定的创新补贴政策能够提高总量 TFP。印度钢铁企业的创新补贴政策能解释 20% 可观测的总量 TFP 增长,其中,资源错配效应贡献了 -2%,技术升级效应贡献了 49%,选择新技术的选择效应贡献了 53%。[113]

2) 环境政策、资源错配与 TFP

Tombe 和 Winter 在 2015 年发表的文献是当前研究能源错配领域最早的一篇,他们利用美国制造业数据,构建了一个一般均衡模型,最后通过参数校准对不同的政策效果进行了模拟。研究表明:如果要实现降低能源消费 10% 的目标,在存在企业进入退出的情况下,统一的能源税(每个企业的能源税税率相同)不会造成总量 TFP 的损失,而能源强度政策(要求行业内的所有企业在先前产业平均能源强度的标准上降低一定百分比)会造成 0.292% 的总量 TFP 损失。[114]

3) 累进税、资源错配与 TFP

Guo 和 Izumi 及 Tsai 研究了累进税下的资源错配与总量 TFP 的关系,他们发表的文献构建了一个标准的新古典增长模型(异质性企业面临累进税,内生的企业进入退出决策),并对资源错配的长期宏观经济效应进行了检验。累进税制对宏观经济的影响存在内涵式和外延式两个渠道:前者是指在这种税制下,资本和劳动要素会从生产率高的企业向生产率低的企业流动;后者是指由于企业一旦支付了进入成本就可自由进入市场,补贴平均生产率以下企业的累进税制将增加在位企业的期望价值,这将鼓励更多的潜在进入者进入市场,最终导致总产出的增加。前者将降低经济体的总产出、消费、资本积累、劳动时间以及实际工资;后者将增加企业进入数量,进而增加总产出。研究发现:累进税制的内涵式错配效应起了主导作用;同时发现,当累进税率增加时,可测量的总量 TFP 并未发生本质的变化。当不存在企业进入和退出决策时,低生产率企业大量占用了生产率较高企业的生产资源,总产出将随着累进税率的增加而增加。然而,当存在进入退出决策以及劳动供给假设不变时,更多的累进税可能增加总产出和总量 TFP。这表明累进税导致的资源错配对劳动时间和进入规制是敏感的。为了进行定量分析,首先以美国数据校准了企业的生产率,然后,建立了一个包含进入退出的基准模型,检验了不同累进税率的资源错配效应,发现相对没有税率扭曲的经济体,当累进税率提高时,企业进入数量和在位企业总数大幅度增加(范围为29%—90%),但同时劳动(降低幅度为14%—17%)和资本(降低幅度为26%—51%)投入却显著下降。结果表明:内涵式资源错配起主导作用,然而最终结果发现索洛剩余并未发生显著的变化,这表明累进税制的资源错配效应最终取决于内涵式错配和外延式错配的力量对比,外延式错配对经济体的正向作用一定程度上抵消了内涵式错配的负向效应。[115]

4) 出口退税、资源错配与TFP

王雅琦、李晋、韩剑研究发现出口退税率的降低会促进出口企业提升总量TFP及改善行业的资源配置效率;同时,使得行业的总量TFP提升。出口商的名义生产率与出口退税率呈负相关,降低出口退税率可以使得企业和行业生产率提升,而行业的市场竞争越充分这一提升效应越明显。[116]

5) 产业政策、市场竞争与资源错配

王文、孙早、牛泽东以1998—2007年中国制造业规模以上企业层面数据为样本所做的经验研究结果表明:一是当产业政策促进了行业竞争时,行业内的企业资源错配程度则显著降低;二是产业政策的覆盖面越广,则越有利于降低行业内企业的资源错配程度。其政策建议是:一个有效的产业政策必须满足"确保目标产业的适度竞争性"与"产业政策的惠及对象足够广泛"两个基本条件。[117]

6) 进入成本、非正式部门、资源错配与全要素生产率

Ordóñez和Julio研究发现,大量基于企业规模的政策会导致资源错配,如果将这些政策看作向企业征收的一次性税收,则会导致企业存在以下三类扭曲行为:一是为了避税企业主动降低规模;二是高于行业生存临界生产率的企业降低了规模,而低于行业生产临界生产率的企业不仅能够生存而且扩大了规模;三是行业内存在额外进入的企业,正是这些原因使得非正式部门得以大量存在,规制和税收不仅能够解释非正规部门的繁荣,而且发现非正规部门的经营经常是无效率的,从而影响了生产率。[118] D'Erasmo,Moscoso Boedo,Mukoyama,Barseghyan,DiCecio,Aghion等研究了存在金融摩擦情况下不同国家非正

规部门生产率问题,得出了类似的结论[119-122]。D'Erasmo等关于非正规部门制度对总量TFP影响的研究表明:那些拥有较低债务程度和较高正式化成本的国家通常与相对较低的技工存量、较大的正式部门、较低的配置效率和较低的TFP相关。正式部门的进入成本和金融摩擦各自不能单独解释生产率、非正规化或者人力资本,但是联合起来却能解释美国与中等收入国家TFP差异的24%、非正式部门劳动力差异的64%以及技术工人差异的68%。[123]

进入成本对总量TFP的影响。发展中国家因为进入成本过高,形成了大量的小规模企业,这类企业效率较低却占据了大量的资源,从而对总量TFP造成损失。大量的文献(Quintin,D'Erasmo和Moscoso Boedo等人的文献)表明非正规企业或部门的存在常常与较高的进入成本和经济发展的落后相关[124-125]。Barseghyan用世界银行的数据实证发现:进入成本增加80%会使总量TFP降低22%,人均产出会使其降低29%[126]。Moscoso Boedo及Mukoyama发现最低收入国家(国民收入为美国的2%)的进入成本与中等收入国家的进入成本间的差异能够解释21%的总量TFP差距[127]。

7) 政治周期、资源错配与TFP

周黎安、赵鹰妍、李力雄考察了资源错配程度与地方党代会周期之间的关系。首先,他们发表的文献基于HK模型测算出制造业的资源错配;其次,对资源错配与地方层面的官员数据做相关性检验。结果表明:资源错配的党代会周期效应显著存在,资源错配程度随着党代会召开的时间增长而递减,省级党代会召开的当年和后两年,地级行政区资源错配程度较高,而在接下来的两年有所降低;这种错配效应在国有企业密集度、产业关联效应度高或资本密集度高的行业更为突出;进一步分析还发现地方官员的晋升激励虽有助于促进地区GDP增长,但也可能造成了资源错配,降低了TFP。[128]

8) 交通基础设施、资源错配与TFP

Ramos和García-Santana及Asturias研究发现交通运输基础设施也是引发资源错配的一个因素,并对国内贸易产生一定的影响。通过对印度制造业的实证研究发现,较差的交通运输基础设施产生了高额的运输成本,通过增加企业间市场势力的波动导致了资源错配。如果建设高速公路的话,那么高速公路区域的商品交易价格将下降20%,总量 TFP 也将有显著的提升。[129]

龙小宁、高翔使用 2001—2006 年县级高速公路和中国工业企业数据库探讨了高速公路能否提高制造业企业生产效率这一问题。实证结果表明:高速公路虽然在总体上对制造业企业生产率的平均影响很小,但是显著提高了小城市企业和距离大城市较远的企业的 TFP。[130]

9) 寻租、人才错配与 TFP

李世刚和尹恒探讨了寻租与人才错配的关系,在建立的异质性个体 OLG 模型中,将求职者的职业选择内生化。研究发现:寻租引发的人才错配造成的社会成本相当于潜在产出的 10%—20%。如果社会精英也参与寻租,那么造成的影响将更加严重,总产出占潜在产出的比重不足 33%。[131]

10) 住房价格、资源错配与 TFP

陈斌开、金箫、欧阳涤非考察了住房价格与资源错配的关系,发现不断上涨的住房价格是阻碍中国经济持续稳定增长的重要因素。其原因是高房价将导致资源错配,降低资源再配置效率,进而降低 TFP。2003 年以来,随着中国住房价格的快速上涨,TFP 增速和资源再配置效率不断下降,高房价导致的企业利润率与 TFP 倒挂机制是产生资源错配的重要原因。房价上涨 1%,资源再配置效率下降 0.062%,TFP 下降 0.045%。[132]

11) 补贴差异化、资源错配与 TFP

蒋为、张龙鹏基于 HK 资源误置模型,利用 1998—2007 年中国制造业企业数据,通过构建面板模型检验了补贴差异化与资源误置的关系。研究发现,补贴差异化是资源误置的重要原因。[133]

12) 相对报酬结构差异、人力资本错配与 TFP

赖德胜、纪雯雯在研究人力资本配置与创新的关系时,指出相对报酬结构差异会引致人力资本错配进而造成创新规模及效率差异,正是相对报酬结构差异导致市场部门人力资本对创新有促进作用,政府部门和垄断部门的人力资本对创新有抑制作用[134]。

13) 企业规模、经济周期、资本错配与 TFP

邢天才、庞士高从企业规模和经济周期的视角出发,利用 1992—2013 年中国制造业上市公司的面板数据,实证检验了企业规模和经济周期对企业资本错配程度的影响。结果表明:相比于大型企业,小企业面临着更高的资金使用成本,但拥有更高的资本边际生产率;企业整体上在经济下行时比在经济上行时面临更严重的资本错配,大企业的资本边际生产率在经济下行时对其资本错配程度的变化更敏感。[135]

14)所有制结构、研发资源错配与研发回报率

吴佐、张敏、王文以2005—2007年中国工业微观数据为样本,运用计量回归方法和数值模拟技术,发现非国有企业的研发回报率比国有企业高;若消除不同所有制企业之间的研发资本错配,把更多的研发资本从研发效率较低的国有企业重新配置到研发效率较高的非国有企业,可使中国工业的研发产出提高2.9%—6.4%。[136]

15)调整成本与资源错配

Asker和Collard-Wexler及De Loecker首次研究了动态投入与资源错配的关系,并以资本动态投入为例探讨了资源错配的原因。他们强调了资源调整成本的重要作用,构建了标准的调整成本投资模型。通过对40个国家数据的实证检验发现,时间序列上的生产率波动远大于横截面上的资本边际收益产品的波动,产业间(国家间)生产率的波动能够解释80%—90%产业间(国家间)资本边际收益产品的波动。[137]

杨光、孙浦阳、龚刚在Asker等的基础上,以中国的数据为研究对象,研究了经济波动、成本约束与资源配置的关系,研究发现随着生产率波动的增加,企业间资本边际报酬的差异也逐渐加大,这主要是调整成本所致,这意味着经济波动的增加会严重影响行业内的资源配置。经济波动加剧的时候,资源错配现象就更严重,这种关系会因为调整成本的存在而增强。[138]

16)资源错配存在原因的综合探讨

Banerjee和Moll以资本错配为例,探讨了资源错配为什么会持久存在。他们发表的文献构建了一个融资约束下的资本积累模型,将资本错配分为内涵型和外延型两种:前者是指企业资本规模报酬递减,资本投资大于零,当企业间资本边际产品不相等时的资本错配,例如HK在2009年所提到的错配类型;后者是指企业资本规模报酬递增,企业资本投资为零或企业间资本边际产品相

等,如果可能将资本从一个企业重新配置到另一个企业,能使得总产出增加,如管理才能错配,拥有管理才能的人因为种种限制,往往不能够建立或经营企业。该文献通过数据模拟发现:内涵型资本错配一般情况下会随着时间的推移而消失,不同的参数表明这类资本错配会在第七年逐渐消失。外延型资本错配可能是持久存在的。资源错配持久存在的原因还有很多:例如在正式和非正式部门存在的情况下,大企业难以避免各种税费导致其实际规模小于最优规模;生产率高的企业可能面临较高的扭曲从而导致投资不足;对大企业存在明显的税收歧视。此外,资本冲击(影响资本数量)和生产率冲击(影响资本边际产品)均会导致错配的持久性,冲击频率越高,企业应对冲击和调整的速度越慢,由此导致错配的持久性。在转型国家,如中国正经历着快速的城市化,土地异常昂贵,故而调整成本异常高;此外,中国的间接融资市场和直接融资市场转型依然缓慢,因此中国的资本配置效率短期内难以得到改善。[28]

2.3 资源错配的测算方法

2.3.1 OP协方差测算资源错配

对于一个健康发展的市场经济而言,经济的增长表现为企业的有序更替(优胜劣汰)和资源不断从低效率企业流向高效率企业的再配置过程,这样的产业演化过程体现了资源配置的效率。例如,Olley和Pakes通过对美国电信产业生产率的研究发现,总量生产率的提高源于厂商市场份额与生产率协方差的增加,协方差越大表示生产率高的企业占有的市场份额越大,产出水平越高,即资源不断从低效率厂商再配置到高效率厂商,其背后的原因在于政府放松对电信产业的管制,通过市场竞争机制实现资源的合理配置[139]。

沿着这一思路,Bartelsman等应用企业市场份额与生产率的协方差来度量资源错配的程度,这不仅反映了资源的配置效率(资源从低效率企业到高效率企业的重置),而且该指标不会受到行业特征或测量误差的影响[30]。具体方法如下:

首先,定义总量生产率为 A_t,表达式如下:

$$A_t = \sum_{j=1}^{N_t} S_{jt} A_{jt}, \text{其中}, \sum_{j=1}^{N_t} S_{jt} = 1 \tag{2-1}$$

其中，N_t 表示第 t 期企业数量；S_{jt} 表示企业的市场份额，以企业产出占总产出比重计量；A_{jt} 为企业的 TFP。通过对式(2-1)的分解可得到式(2-2)：

$$A_t = \overline{A_t} + \sum_{j=1}^{N_t}(S_{jt} - \overline{S_t})(A_{jt} - \overline{A_t}) = \overline{A_t} + \text{Cov}(S_{jt}, A_{jt}) \qquad (2-2)$$

式(2-2)右侧第一项为平均生产率，后一项则为市场份额与生产率的协方差。协方差越大表明生产率越高的企业其市场占有率越高，资源配置效率越高，即资源错配程度越低。

2.3.2 名义生产率的方差测算资源错配

HK 在研究行业内企业间的资源错配与制造业 TFP 的理论模型中指出：在一个不存在资源错配的经济体中，资本、劳动会向实际生产率较高的企业流动，导致其产量不断增加，价格下降，直到和生产率较低企业的名义生产率 TFPR 相等为止。如果行业内企业之间的 TFPR 存在差异，则表明行业内存在资源错配，差异越大则错配程度越高。以 TFPR 方差的大小度量资源错配的程度。

2.3.3 全要素生产率的潜在收益测算资源错配

该方法同样来源于 HK 的文献。其测算思路如下：首先，当经济总存在资源错配时，测算经济中实际的总量 TFP；其次，令扭曲为零，得到理论上最优总量 TFP；最后，将后者与前者之比减去 1，则得到资源错配对 TFP 的影响，即 TFP 的潜在收益。其含义是：资源有效配置后，实际的总量 TFP 在现有基础上增加的百分比。潜在收益越高，资源错配越严重。因此该值也可度量资源错配对 TFP 的影响。

2.3.4 本书选择的资源错配测算方法

上述三种测算资源错配的方法各有优缺点，下面进行逐一分析：

方法一：OP 协方差测算法。尽管该方法不会受到行业特征及测量误差的影响，但是其得到的结果只能代表资源错配程度的高低，不能测算资源错配对 TFP 的影响有多大。

方法二：名义生产率的方差测算法。该方法也存在类似方法一的问题，即不能测算出资源错配对 TFP 的影响有多大。同时，该方法还会受到 TFPR 异常值突变的影响,如果存在异常值,则会导致 TFPR 非常大,从而导致测算的资源错配程度过大。

方法三:全要素生产率的潜在收益测算法。该方法虽然会受到统计误差和测量误差的影响,但能够直接测算出资源错配对 TFP 的影响,同时也能测算资源错配的程度。因此,该方法具有更直观的经济学意义,对现实更加具有指导意义。同时,为了减小统计和测量误差,可以资源错配最小的行业或地区为参照,当其他行业或地区达到该行业或地区的资源配置效率时,测算出其资源错配对 TFP 的影响值,该测算结果能减小统计和测量误差。

因此,根据本书的研究需要(资源错配对 TFP 的影响)及上述三种方法的优缺点的对比结果,本书将选择方法三作为资源错配的测算方法,这种方法不仅能测算资源错配的大小,而且能够测算出资源错配对 TFP 影响的大小。

2.4 文献评述

通过上述文献综述发现:近年来发展起来的资源错配理论对于解释国家间 TFP 差异提供了新的证据;同时,也为新常态下中国经济由数量型向质量型转变提供了新的思路。然而,从国外的理论和实证研究来看,在资源错配的间接研究方法领域,主要集中于行业内企业间和行业间的资源错配、资本错配、劳动错配及其他错配对经济总量 TFP 的影响;而在直接研究研究法领域,主要从贸易壁垒、信用市场不完善、劳动制度、其他错配因素来探讨资源错配的成因及其对 TFP 的影响。从国内研究来看,在间接研究方法领域,主要对国外理论模型进行一定的拓展,多侧重于实证检验;而在直接研究方法领域,取得了一定突破,能够结合中国的现实情况,从政治周期、交通基础设施、寻租、住房价格、补贴差异化、相对报酬结构差异、所有制结构等方面进行探讨。然而,从间接研究方法的领域来看,在研究框架、研究对象以及资源错配对 TFP 的影响机制上仍有改进的空间;而在直接研究方法领域对资源错配的因素缺乏系统的分析与研究。具体表现在以下几个方面:

(1)在资源错配间接研究领域的研究框架上,忽视了地区间资源错配对全要素生产率的影响,这未能抓住中国地区间资源错配的特征事实。现有的研究仅仅从行业内企业间的资源错配和行业间的资源错配两个视角探讨资源错配对总量 TFP 的影响,前者以 HK 的文献为代表[16],后者则以 Aoki 的文献为代表[37]。这可能是由于发达国家均是成熟的市场经济,能够形成全国统一的要素市场,而这并不代表转型国家资源错配的全部。以中国经济改革历程来看,1978 年党的十一届三中全会召开,中国加速由社会主义计划经济向社会主义市场经济转型。而在这一转型的过程中,由于中国非均衡发展战略及中央和地方的分权改革的实施,加之各地资源禀赋差异和地方政府发展经济的激烈竞争,从而导致幅员辽阔的中国存在着特有的地区间市场分割现象。这一现象的存在直接阻碍了资源从生产率较低的地区向生产率较高地区流动,由此产生资源错配。那么,如何测算地区间资源错配对 TFP 的影响?地区间资源错配对 TFP 的影响有多大?这三个层面的资源错配对 TFP 影响最大的是哪一个?这是值得进一步探讨的问题,这些问题的回答不仅有助于完善现有资源错配间接研究领域的框架,而且有助于更加系统地探讨资源错配对中国 TFP 的影响。

(2) 在资源错配间接研究领域的研究对象上,忽视了能源错配对总量 TFP 的影响。无论是国内研究还是国外研究,均尚未探讨能源错配对 TFP 的影响。尽管 Tombe 和 Winter 最早关注到能源强度政策通过资源错配对 TFP 产生影响,但并未测算能源错配对总量 TFP 的影响[114]。然而,理论上,从生产函数的要素构成来看,能源早已被纳入了生产函数,受到了能源经济学家的高度重视;现实中,能源则作为一个非常重要的生产要素影响和制约着经济的持续发展,例如石油危机严重地影响了美国经济的增长。而中国作为一个能源消费大国(例如 2014 年我国能源消费总量 42.6 亿吨标准煤,比上年增长 2.2%),不能不重视能源错配对 TFP 的影响。因此,探讨能源错配对 TFP 的影响有着十分重要的理论和现实意义。

(3) 在资源错配间接研究领域的研究数据和范围上,选择的实证数据过于陈旧,且多局限于制造业的研究;同时随着中国经济区域新格局的形成,对中国资源错配区域差异的研究有待进一步补充。例如现有行业内企业间资源错配的研究多选择 1998—2007 年的中国制造业数据,而行业间资源错配的研究,尽管可在实证上检验资源错配的存在,但不能对近期中国的资源错配做出判断,不能对中国经济的资源错配做出科学研判,由此导致实证研究缺乏时效性和全面性。因此,有必要选择近期的数据对当前中国的资源错配形势以及中国经济的资源错配形势进行研究。此外,中国是一个幅员辽阔的国家,区域经济发展极不平衡,各区域资源错配的情况也存在差异,而制定差异化的降低资源错配的经济政策将更加有利于实现 TFP 的提高。因此,研究中国资源错配的区域差异意义重大。尽管现有的研究从东部、西部、中部、东北部检验了资源错配的区域差异,但随着中国经济进入新常态,新的区域经济划分方法也由此提出,那么,十分有必要进一步探讨区域新格局下资源错配的区域差异。

(4) 在资源错配的直接研究领域,资源错配影响因素的系统性研究尚需进一步完善。从文献综述发现,由于资源错配的间接研究领域忽视了地区间资源错配对中国 TFP 的影响,因此相应地缺乏对这一层面资源错配影响因素的探讨,而且当前的研究尚未系统地研究行业内企业间、行业间资源错配的影响因素。那么这三个层面的影响因素都有哪些?是否相同?这需要做进一步的研究和补充。

2.5 小结

资源错配是当前解释国家间全要素生产率差异的重要理论,这一理论的提出对于中国当前经济增长动力向 TFP 驱动转变提供了重要理论和实证依据。资源错配的间接研究方法测算了资源错配对经济总量 TFP 的影响,而其直接研究方法则不仅给出了资源错配的具体影响因素,而且测算了这一因素对 TFP 的影响。本章首先从资源错配、资本错配、劳动错配及其他错配对 TFP 的影响四个方面总结了资源错配间接研究方法领域的研究现状。其次,从贸易壁垒、信用市场不完善、劳动制度及其他错配因素四个方面归纳了资源错配直接研究方法领域的研究进展。再次,从 OP 协方差、名义生产率的方差、全要素生产率的潜在收益三个方面梳理资源错配的测算方法。最后,在文献述评的基础上,提出了本书拓展的主要方向和内容:第一,用于系统研究资源错配对中国 TFP 影响的理论框架尚需进一步完善,地区间的资源错配对 TFP 的影响尚未得到重视;第二,资源错配的研究对象仍需进一步拓展;第三,行业内企业间资源错配对 TFP 的影响机制仍需进一步完善;第四,资源错配的影响因素有待进行系统的分析。

3 理论框架与理论模型

第 2 章文献述评表明:在资源错配的间接研究方法中,现有研究多集中于行业内企业间、行业间资源错配对 TFP 的影响,反映了微观供给主体企业之间、中观供给主体行业之间资源错配对 TFP 的影响,然而,却忽视了中国一个非常重要的微观供给主体县域之间的资源错配对 TFP 的影响;同时尚未探讨能源错配对 TFP 的影响机制。为此,本书做出以下两点重要补充:一是基于中国地区间资源错配的特征事实,构建地区间资源错配理论模型,反映中国微观供给主体地区(县域)间资源错配对 TFP 的影响;二是将能源错配引入行业内企业间、行业间资源错配理论模型,不仅反映中国作为一个能源消费大国的现实情况,而且体现了能源作为要素投入在生产函数中的重要性。因此本章拟从这两个方面出发,一是从企业、行业、地区三个层面提出一个更加系统研究资源错配对中国 TFP 影响的理论框架;二是补充能源错配对 TFP 的影响机制。

本章的建模思路受启发于 HK 关于行业内企业间资源错配对 TFP 影响的理论模型,以及 Aoki 行业间资源错配对 TFP 影响的理论模型[16,37],在此基础上,将能源引入生产函数,提出能源错配对 TFP 影响的测算方法,拓展了行业内企业间、行业间资源错配对 TFP 影响的理论模型;其次,基于中国地区间市场分割的资源错配特征事实,构建了地区间资源错配对 TFP 影响的理论模型,完善了资源错配对中国 TFP 的影响机制。本章内容安排如下:第 1 节基于中国资源错配的特征事实,提出了本书的理论框架;第 2 节将能源错配引入 HK 理论模型;第 3 节是将能源错配引入 Aoki 的理论模型;第 4 节构建了地区间资源错配对 TFP 影响的理论模型。

3.1 理论框架

3.1.1 中国资源错配的特征事实

1) 中国行业内企业间、行业间资源错配的特征事实

中国行业内企业间、行业间资源错配在理论和实证中均普遍存在(参见文

献综述),纠正资源错配后 TFP 均有较大的提升空间。因此,对于中国行业内企业间、行业间的资源错配的特征事实不再赘述。根据本书的研究对象,需要补充的是能源错配的特征事实,其主要表现在下述两个方面:

(1) 环境规制政策对行业内企业间能源错配的影响

为应对环境变化,中国政府制定了基于微观企业产出或能源消费的环境政策。例如中国政府提出"十一五"末的 GDP 能源强度比 2005 年降低 20%,"十二五"末要比 2010 年降低 16%。然而,环境政策,特别是能源强度政策却通过资源错配对 TFP 造成了影响。Tombe 和 Winter 的研究表明在一个经济体中,受企业成本和生产率异质性的影响,一般来讲环境政策会增加企业使用能源投入的成本,特别是在特定能源强度政策下,与较高生产率企业的能源使用成本相比,该政策会使生产率较低企业的能源使用成本增加得更多[114]。由此,在一般均衡状态下将导致企业间能源边际收益产品的不同,从而形成能源错配。

(2) 所有制、能源税执行质量对行业内企业间能源错配的影响

首先,所有制也是造成能源错配的因素之一。相比国有企业,非国有企业经营机制较为灵活,能有效规避能源强度或环境政策的约束。其次,能源税或环境税的执行质量也会造成能源错配,原因有二:一方面政府税收体系下税负大部分由大型的正式企业承担,中国的国有企业多为大型正式企业;另一方面税收执法、监督体系的不完善使得非正式部门中的企业比正式部门中的企业能获得更多的成本优势。[118]

2) 中国地区间市场分割是地区间资源错配的集中体现

(1) 中国地区间市场分割发展历史

地方市场分割是指一国范围内各地方政府为了本地的利益,通过行政手段,限制外地资源进入本地市场及限制本地资源流向外地的行为[140]。中国地区间的市场分割与中国不同经济发展阶段的经济体制改革密切相关。新中国成立后,先后经历了新民主主义经济、社会主义计划经济、社会主义市场经济初步确立、社会主义市场经济的完善和发展四个阶段。地区间市场分割现象出现在第三个阶段,即出现在由计划经济向市场经济转型的过程中,至今仍然存在。为解决计划经济带来的资源配置效率低下问题,中国共产党第十一届三中全会确立了以经济建设为中心的发展策略。这一时期的改革主要包括:① 财政和税收分权改革,实施各级政府财政包干制;② 将投融资权力下放,扩大企业和地方

政府的投融资权力;③ 下放企业管理权限,各级政府逐渐拥有了自己的国有企业。然而,这一改革虽然有利于增强经济活力,但使得中央财政收入大幅降低,削弱了中央政府的宏观调控能力。同时,形成了地方保护主义,地区间市场分割现象开始出现。针对这一问题,中国在1994年实施了分税制改革,这一改革的实施在一定程度上遏制了地方保护主义,但中央和地方的事权和财权不协调,大量的国有企业依然为地方所有。而地方政府的财政收入难以满足地方经济发展以及社会保障等地方建设的需要,由此地方政府依然通过各种方式增加财政收入,设法保护本地企业,由此市场分割现象至今依然存在。

(2) 中国地区间市场分割的现状

随着市场经济的发展和区域经济一体化水平的提高,市场分割的现象呈现出不同的特征:市场分割逐渐由有形壁垒向无形壁垒转变;产品市场的市场分割现象逐渐得到纠正,而要素市场分割现象较为严重。产品市场得到纠正的主要原因有以下两点:① 部分产品市场供过于求,且出现产能过剩的现象,因此缺乏限制产品地区间自由流通的必要性;② 随着互联网及电子商务的发展,全国统一的产品市场基本形成。要素市场的市场分割现象较为严重的原因和表现体现在以下三点:① 在劳动力市场,随着中国的户籍制度改革的逐步推进,人口流动限制日益减少,但为了使本地居民的公共服务和就业机会得到更好的保障,地方政府往往实施有条件的户籍准入政策,而这些条件多数人很难达到[141-142]。② 在能源市场,地方政府不仅会对煤炭、石油等能源的价格形成机制进行干预,而且会限制它们在区域间自由流动。例如,为了实现招商引资目标,地方政府往往出台能源价格优惠政策;再如,能源主产地的企业往往会以较低的价格获取能源,而这并未反映资源的环境成本[143],这样的价格信号无疑会对煤炭资源区域流动产生负面作用[144]。③ 在资本市场,财政分权改革后的中国地方政府,为了满足地方建设的需要,不仅对招商引资对象提供有利的融资条件,同时,还通过对本地国有企业的无形担保,使其在融资市场中获得了优势条件,更易于以较低的成本获得贷款[145],而其他企业则很难融资或需付出更高的融资成本[146]。此外,政府干预也是资本跨区域流动的障碍[147],其控制要素市场交易活动引致的市场扭曲可能会加剧经济结构失衡问题[148]。

尽管对当前中国市场是区域整合还是区域分割仍有分歧,但是得到的共同结论是市场分割现象依然严重。例如,比较新的研究成果中,张昊基于生产法和价格法的研究均表明:国内市场分割程度在2006年以后有加剧的趋势,主要体现在华中、华北、西南三大地区[149]。

(3) 中国地区间市场分割对资源配置效率造成的影响

中国地区间市场分割会对资源配置效率造成损失已成为学者们的共识[150]。在研究思路上，首先，测算出市场分割指数，选择的方法包括生产法、贸易法、价格法、经济周期法以及问卷法[151]；其次，通过构建计量模型检验市场分割与资源配置效率之间的关系。例如方军雄的研究表明：地区间市场分割通过地方政府限制异地并购阻碍了存量资源的有效配置，对资源配置效率造成了损失[152]。金培振、张亚斌、邓孟平测算了中国 29 个省份的要素市场分割水平及要素配置效率，并发现要素市场分割会导致要素配置效率下降且存在显著的空间溢出效应，适度财政分权能有效抑制资源配置效率的下降[153]。申广军、王雅琦实证发现：市场分割通过抑制规模经济效应、降低研发投入、过度保护国有企业、增加寻租行为等渠道对企业生产率造成了损失[154]。

(4) 中国市场分割与资源错配的关系

王磊、汪恒首次检验了市场分割与资源错配的关系。他们发表的文献基于中国各省份以分割市场的方式追求经济增长的特征事实，首先，选择生产率和企业规模的协方差作为度量资源错配的指标，其基本原理是：生产率水平高于行业平均生产率水平的企业将会配置更多的资源，相应的它的市场份额越大，其规模也越大，此时两者的协方差越大，因此行业内企业间的资源错配程度越低；反之亦然。其次，利用价格法估算了各地区的市场分割指数。最后，实证检验了市场分割与资源错配的关系。研究发现：中国的市场分割程度不断降低，市场分割与资源错配有显著的正相关关系。[155]

总之，地区间市场分割是地区间资源错配的集中表现。市场分割导致地区间形成资源错配并对 TFP 产生了极大的损失。综上所述，在当前产能过剩、电子商务飞速发展、物流成本的有效降低均极大地降低了地区间产品市场的分割；然而，资本、劳动、能源等要素市场的市场分割却依然存在，这极大地阻碍了全国统一市场的形成，限制了要素从生产率低的地区向生产率高的地区流动。

3.1.2 资源错配的理论框架

与现有研究资源错配对中国 TFP 影响的理论框架不同，本书从企业、行业、地区三个不同层面的供给主体出发，提出一个系统分析中国供给主体之间资源错配对 TFP 影响的理论框架（见图 3-1）。一是行业内企业间资源错配理论模型,反映了行业内微观供给主体企业之间,由企业规模、所有制等全部错配因素导致的资源错配对行业 TFP 进而对经济总量 TFP 的影响;同时补充了能源错配对 TFP 的影响研究。二是行业间资源错配理论模型,刻画了中观供给主体行业之间,由产业政策、行业所有制比重等全部错配因素导致的资源错配对经济总量 TFP 的影响,首次探讨了产业间能源错配对 TFP 的影响。三是地区间资源错配理论模型,反映了微观供给主体县域之间由市场分割等全部错配因素导致的资源错配对经济总量 TFP 的影响。

这一理论框架的提出不仅全面反映了转型背景下,中国供给主体之间资源错配对 TFP 的影响,使其更加符合中国的国情,而且解答纠正企业之间、行业之间、地区之间资源错配后 TFP 增长潜力有多大这一重大现实问题;这不仅有助于对比这三个供给主体之间资源错配对中国 TFP 影响,而且能更加系统地对比和分析这三个供给主体之间资源错配的影响因素;同时,这也为全面检验资源错配对中国 TFP 的影响、测算供给侧改革的资源配置效率红利奠定了坚实的理论基础,为通过降低资源错配实现经济增长动力向 TFP 驱动转换提供了理论支持和政策依据。

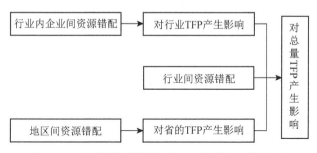

图 3-1 中国的资源错配对 TFP 的影响:理论框架

3.2 行业内企业间资源错配对全要素生产率的影响:理论模型

在这一节中,首先,基于 HK 模型,构建了涵盖能源、资本、产出扭曲的错配理论模型;其次,提出了测算资本错配、能源错配、产出扭曲形成的错配对 TFP 影响的方法。

3.2.1 拓展的行业内企业间资源错配理论模型

HK模型建立了一个基于生产率和错配程度异质性的行业内企业的垄断竞争模型,将经济中各种错配因素导致的资源错配定义为一个扭曲因子,从而测算出经济体中资源错配的程度及其对TFP的影响。与该模型不同的是,本书将经济体中微观厂商的生产要素投入由资本、劳动拓展为资本、劳动和能源。模型推导如下:

假设经济存在一种完全竞争的最终产品,最终产品以行业S的产出Y_S为投入要素,最终产品的生产采用柯布-道格拉斯生产函数,其形式见式(3-1):

$$Y = \prod_{S=1}^{S} Y_S^{\theta_S} \qquad (3-1)$$

其中,$\sum_{S=1}^{S} \theta_S = 1$,$S$为经济体中行业的总数。

设行业产出的价格指数为P_S,那么以式(3-1)为约束条件,通过对最终生产成本$\left(\sum_{S=1}^{S} Y_S P_S\right)$最小化,可得出最终产出的总价格指数$P$和行业面临的需求$Y_S$的表达式,分别为式(3-2)和式(3-3)。

$$P = \prod_{S=1}^{S} \left(\frac{P_S}{\theta_S}\right)^{\theta_S} \qquad (3-2)$$

$$Y_S = \frac{\theta_S PY}{P_S} \qquad (3-3)$$

行业S的产出Y_S是该行业所有M_S种产品Y_{Si}的CES形式加总,σ是不同Y_{Si}之间的替代弹性,行业产出的函数形式为式(3-4):

$$Y_S = \left(\sum_{i=1}^{M_S} Y_{Si}^{\frac{\sigma-1}{\sigma}}\right)^{\frac{\sigma}{\sigma-1}} \qquad (3-4)$$

设S行业中微观企业的价格为P_{Si},以式(3-4)为约束条件,通过对行业产出的成本$\left(\sum_{i=1}^{M_S} Y_{Si} P_{Si}\right)$最小化,可得出行业产出的价格指数$P_S$和厂商面临的需求$Y_{Si}$的表达式,分别为式(3-5)和式(3-6)。

$$P_S = \left(\sum_{i=1}^{M_S} P_{Si}^{1-\sigma}\right)^{\frac{1}{1-\sigma}} \qquad (3-5)$$

$$Y_{Si} = YP_S^\sigma \frac{1}{P_{Si}^\sigma} \qquad (3-6)$$

在得到厂商面临的需求函数后，S 行业内厂商的产出 Y_{Si} 投入的要素为资本 K_{Si}、劳动 L_{Si}、能源 E_{Si}，设每个厂商面临的资本、劳动和能源的价格分别为 R、W、Q。生产采用规模报酬不变的柯布-道格拉斯生产函数，沿用 HK 模型的设置，α_S 为行业资本投入占行业产出的份额，β_S 为行业能源投入占行业产出的份额，$1-\alpha_S-\beta_S$ 为行业劳动投入占行业产出的份额。厂商的生产函数形式为式(3-7)。

$$Y_{Si} = A_{Si} K_{Si}^{\alpha_S} E_{Si}^{\beta_S} L_{Si}^{1-\alpha_S-\beta_S} \quad (3-7)$$

假定每个厂商的实际生产率、面临的扭曲不同，将 $\tau_{Y_{Si}}$、$\tau_{K_{Si}}$、$\tau_{E_{Si}}$ 分别定义为产出、资本和能源错配因子，A_{Si} 表示生产技术。无论错配因子大于零还是小于零，均存在扭曲，只有当错配因子为零时才不会存在扭曲。其中，若 $\tau_{Y_{Si}}$ 小于零，则表明企业存在补贴；若其大于零，则表明企业存在税收等扭曲。厂商的利润函数如式(3-8)所示。

$$\pi_{Si} = (1-\tau_{Y_{Si}}) P_{Si} Y_{Si} - (1+\tau_{K_{Si}}) R K_{Si} - (1+\tau_{E_{Si}}) Q E_{Si} - W L_{Si} \quad (3-8)$$

以式(3-7)为约束条件，通过利润最大化可得厂商最优的资本-能源投入比例、资本-劳动投入比例、劳动-能源投入比例，分别为式(3-9)、式(3-10)及式(3-11)。

$$\frac{K_{Si}}{E_{Si}} = \frac{\alpha_S}{\beta_S} \frac{Q(1+\tau_{E_{Si}})}{R(1+\tau_{K_{Si}})} \quad (3-9)$$

$$\frac{K_{Si}}{L_{Si}} = \frac{\alpha_S}{1-\alpha_S-\beta_S} \frac{W}{R(1+\tau_{K_{Si}})} \quad (3-10)$$

$$\frac{L_{Si}}{E_{Si}} = \frac{1-\alpha_S-\beta_S}{\beta_S} \frac{Q(1+\tau_{E_{Si}})}{W} \quad (3-11)$$

通过式(3-9)至式(3-11)发现：厂商最优的资本-能源投入比、资本-劳动投入比、劳动-能源投入比取决于其面临的要素扭曲大小；如果不存在扭曲，最优要素投入比是一个常数。

将式(3-9)至式(3-11)变形后代入式(3-7)，可分别得到资本、劳动、能源关于 Y_{Si} 的表达式分别为式(3-12)至式(3-14)。

$$K_{Si} = \frac{Y_{Si}}{A_{Si} \left[\frac{R(1+\tau_{K_{Si}})}{\alpha_S}\right]^{1-\alpha_S} \left[\frac{\beta_S}{Q(1+\tau_{E_{Si}})}\right]^{\beta_S} \left[\frac{1-\alpha_S-\beta_S}{W}\right]^{1-\alpha_S-\beta_S}} \quad (3-12)$$

$$L_{Si} = \frac{Y_{Si}}{A_{Si} \left[\frac{\alpha_S}{R(1+\tau_{K_{Si}})}\right]^{\alpha_S} \left[\frac{\beta_S}{Q(1+\tau_{E_{Si}})}\right]^{\beta_S} \left[\frac{W}{1-\alpha_S-\beta_S}\right]^{\alpha_S+\beta_S}} \quad (3-13)$$

$$E_{Si} = \frac{Y_{Si}}{A_{Si}\left[\frac{\alpha_S}{R(1+\tau_{K_{Si}})}\right]^{\alpha_S}\left[\frac{Q(1+\tau_{E_{Si}})}{\beta_S}\right]^{1-\beta_S}\left[\frac{1-\alpha_S-\beta_S}{W}\right]^{1-\alpha_S-\beta_S}} \quad (3-14)$$

根据式(3-6),可得厂商产出的价格弹性为 σ,厂商的定价策略依据成本加成定价原则,即: $P_{Si} = \frac{\sigma}{\sigma-1}MC(Y_{Si})$,通过求得厂商的边际成本,得出其定价为:

$$P_{Si} = \frac{\sigma}{\sigma-1}\left(\frac{R}{\alpha_S}\right)^{\alpha_S}\left(\frac{Q}{\beta_S}\right)^{\beta_S}\left[\frac{W}{1-\alpha_S-\beta_S}\right]^{1-\alpha_S-\beta_S}\frac{(1+\tau_{K_{Si}})^{\alpha_S}(1+\tau_{E_{Si}})^{\beta_S}}{A_{Si}(1-\tau_{Y_{Si}})}$$

$$(3-15)$$

然后,将式(3-15)和式(3-12)代入式(3-6),可得出厂商资本的最优决策:

$$K_{Si} \propto \frac{A_{Si}^{\sigma-1}(1-\tau_{Y_{Si}})^{\sigma}}{(1+\tau_{K_{Si}})^{1-\alpha_S(1-\sigma)}(1+\tau_{E_{Si}})^{\beta_S(\sigma-1)}} \quad (3-16)$$

同理,可得厂商能源和劳动的最优决策分别为:

$$E_{Si} \propto \frac{A_{Si}^{\sigma-1}(1-\tau_{Y_{Si}})^{\sigma}}{(1+\tau_{K_{Si}})^{\alpha_S(\sigma-1)}(1+\tau_{E_{Si}})^{1-\beta_S(1-\sigma)}} \quad (3-17)$$

$$L_{Si} \propto \frac{A_{Si}^{\sigma-1}(1-\tau_{Y_{Si}})^{\sigma}}{(1+\tau_{K_{Si}})^{\alpha_S(\sigma-1)}(1+\tau_{E_{Si}})^{\beta_S(\sigma-1)}} \quad (3-18)$$

然后,将式(3-15)代入式(3-6),可得厂商产出的表达式:

$$Y_{Si} \propto \frac{A_{Si}^{\sigma-1}(1-\tau_{Y_{Si}})^{\sigma}}{(1+\tau_{K_{Si}})^{\alpha_S\sigma}(1+\tau_{E_{Si}})^{\beta_S\sigma}} \quad (3-19)$$

通过式(3-16)至式(3-18)发现厂商间的资源配置不仅取决于其自身的生产率水平,而且与其要素及产出面临的扭曲程度密切相关。但由于实际生产率短期内难以改变,因此厂商之间资源配置的多少由其面临的扭曲大小决定,这也是造成行业内企业间资本、能源、劳动的边际产品收益差异的根源。

根据厂商利润函数的一阶最优化条件及资本、能源、劳动的边际产品收益的定义可得到其资本、能源、劳动边际产品收益的表达式分别为:

$$MRPK_{Si} = R(1+\tau_{K_{Si}})/(1-\tau_{Y_{Si}})$$
$$MRPE_{Si} = Q(1+\tau_{E_{Si}})/(1-\tau_{Y_{Si}})$$
$$MRPL_{Si} = W/(1-\tau_{Y_{Si}}) \quad (3-20)$$

接着,依据式(3-12)和式(3-15)可得:

$$P_{Si}Y_{Si} = \frac{\sigma}{\sigma-1} \frac{1}{1-\tau_{Y_{Si}}} \frac{R(1+\tau_{K_{Si}})}{\alpha_S} \quad (3-21)$$

经变形后,可得到厂商资本边际产品收益的另一表达式:

$$MRPK_{Si} = \frac{R(1+\tau_{K_{Si}})}{1-\tau_{Y_{Si}}} = \alpha_S \frac{\sigma-1}{\sigma} \frac{P_{Si}Y_{Si}}{K_{Si}} \quad (3-22)$$

同理,可分别得到厂商能源和劳动的边际产品收益的另一表达式:

$$MRPE_{Si} = \frac{Q(1+\tau_{E_{Si}})}{1-\tau_{Y_{Si}}} = \beta_S \frac{\sigma-1}{\sigma} \frac{P_{Si}Y_{Si}}{E_{Si}} \quad (3-23)$$

$$MRPL_{Si} = \frac{W}{1-\tau_{Y_{Si}}} = (1-\alpha_S-\beta_S)\frac{\sigma-1}{\sigma} \frac{P_{Si}Y_{Si}}{L_{Si}} \quad (3-24)$$

由式(3-22)至式(3-24)可发现 $P_{Si}Y_{Si}/K_{Si}$、$P_{Si}Y_{Si}/E_{Si}$ 和 $P_{Si}Y_{Si}/L_{Si}$ 分别是资本、能源、劳动的名义生产率。要素的边际产品收益实质上是要素名义生产率的一个加成。如果不存在扭曲,S 行业内厂商间的要素边际产品收益应该是相等的;相反,则会导致行业内企业间要素边际产品收益存在差异。

接下来,通过对式(3-22)至式(3-24)加总,可分别得到行业总的资本、劳动、能源的分配:

$$K_S = \sum_{i=1}^{M_S} K_{Si} = \sum_{i=1}^{M_S} \frac{\sigma-1}{\sigma} \frac{\alpha_S}{R} P_{Si}Y_{Si} \frac{1-\tau_{Y_{Si}}}{1+\tau_{K_{Si}}} = \frac{\sigma-1}{\sigma} \frac{\alpha_S}{R} \theta_S PY \sum_{i=1}^{M_S} \frac{P_{Si}Y_{Si}}{P_S Y_S} \frac{1-\tau_{Y_{Si}}}{1+\tau_{K_{Si}}}$$
$$(3-25)$$

$$L_S = \sum_{i=1}^{M_S} L_{Si} = \frac{\sigma-1}{\sigma} \frac{1-\alpha_S-\beta_S}{W} \theta_S PY \sum_{i=1}^{M_S} \frac{P_{Si}Y_{Si}}{P_S Y_S}(1-\tau_{Y_{Si}}) \quad (3-26)$$

$$E_S = \sum_{i=1}^{M_S} E_{Si} = \frac{\sigma-1}{\sigma} \frac{\beta_S}{Q} \theta_S PY \sum_{i=1}^{M_S} \frac{P_{Si}Y_{Si}}{P_S Y_S} \frac{1-\tau_{Y_{Si}}}{1+\tau_{E_{Si}}} \quad (3-27)$$

为求得资源在产业间的分配,依据 $K = \sum_{S=1}^{S} K_S$、$L = \sum_{S=1}^{S} L_S$、$E = \sum_{S=1}^{S} E_S$,结合式(3-25)至式(3-27)可得:

$$\frac{K_S}{K} = \frac{\theta_S \alpha_S \sum_{i=1}^{M_S} \frac{P_{Si}Y_{Si}}{P_S Y_S} \frac{1-\tau_{Y_{Si}}}{1+\tau_{K_{Si}}}}{\sum_{S'=1}^{S} \theta_{S'} \alpha_{S'} \sum_{i=1}^{M_{S'}} \frac{P_{S'i}Y_{S'i}}{P_{S'} Y_{S'}} \frac{1-\tau_{Y_{S'i}}}{1+\tau_{K_{S'i}}}} \quad (3-28)$$

$$\frac{L_S}{L} = \frac{\theta_S(1-\alpha_S-\beta_S)\sum_{i=1}^{M_S}\frac{P_{Si}Y_{Si}}{P_S Y_S}(1-\tau_{Y_{Si}})}{\sum_{S'=1}^{S}\theta_{S'}(1-\alpha_{S'}-\beta_{S'})\sum_{i=1}^{M_{S'}}\frac{P_{S'i}Y_{S'i}}{P_{S'}Y_{S'}}(1-\tau_{YS'i})} \tag{3-29}$$

$$\frac{E_S}{E} = \frac{\theta_S\beta_S\sum_{i=1}^{M_S}\frac{P_{Si}Y_{Si}}{P_S Y_S}\frac{1-\tau_{Y_{Si}}}{1+\tau_{E_{Si}}}}{\sum_{S'=1}^{S}\theta_{S'}\beta_{S'}\sum_{i=1}^{M_{S'}}\frac{P_{S'i}Y_{S'i}}{P_{S'}Y_{S'}}\frac{1-\tau_{YS'i}}{1+\tau_{ES'i}}} \tag{3-30}$$

其中，$\sum_{i=1}^{M_S}\frac{P_{Si}Y_{Si}}{P_S Y_S}\frac{1-\tau_{Y_{Si}}}{1+\tau_{K_{Si}}}$ 与行业内资本的边际产品收益倒数的加权平均成正比；$\sum_{i=1}^{M_S}\frac{P_{Si}Y_{Si}(1-\tau_{Y_{Si}})}{P_S Y_S}$ 与行业内劳动的边际产品收益倒数的加权平均成正比；$\sum_{i=1}^{M_S}\frac{P_{Si}Y_{Si}}{P_S Y_S}\frac{1-\tau_{Y_{Si}}}{1+\tau_{E_{Si}}}$ 与行业内能源边际产品收益倒数的加权平均成正比。

至此，利用行业的资本、能源、劳动的需求、行业的价格指数以及总产出的价格指数，行业的 TFP，经济体中的总产出可表达为 TFP_S、K_S、E_S、L_S 的函数：

$$Y = \prod_{S=1}^{S}(TFP_S \cdot K_S^{\alpha_S} \cdot E_S^{\beta_S} \cdot L_S^{1-\alpha_S-\beta_S})^{\theta_S} \tag{3-31}$$

为了得到基于微观数据的总量 TFP，沿用 HK 模型的设置，借鉴其文献中的实际生产率(TFPQ)和名义生产率(TFPR)的区别，分别提出本书 TFPQ 和 TFPR 定义式(沿用 HK 模型的设置，为了控制人力资本的差异，用企业劳动者工资收入替代劳动收入；同时，为了控制各种能源投入品质的差异，用企业能源投入代替能源要素投入)：

$$TFPQ_{Si} = A_{Si} = \frac{Y_{Si}}{(K_{Si})^{\alpha_S}(QE_{Si})^{\beta_S}(WL_{Si})^{1-\alpha_S-\beta_S}} \tag{3-32}$$

$$TFPR_{Si} = P_{Si}A_{Si} = \frac{P_{Si}Y_{Si}}{(K_{Si})^{\alpha_S}(QE_{Si})^{\beta_S}(WL_{Si})^{1-\alpha_S-\beta_S}} \tag{3-33}$$

依据式(3-33)的定义，以及式(3-22)至式(3-24)厂商资本、能源、劳动边际产品收益的表达式，可以得到厂商 TFPR 的表达式：

$$\begin{aligned}TFPR_{Si} &= \frac{\sigma}{\sigma-1}\left(\frac{MRPK_{Si}}{\alpha_S}\right)^{\alpha_S}\left(\frac{MRPE_{Si}}{Q\beta_S}\right)^{\beta_S}\left(\frac{MRPL_{Si}}{W(1-\alpha_S-\beta_S)}\right)^{1-\alpha_S-\beta_S}\\ &= \left(\frac{R}{\alpha_S}\right)^{\alpha_S}\left(\frac{1}{\beta_S}\right)^{\beta_S}\left[\frac{1}{1-\alpha_S-\beta_S}\right]^{1-\alpha_S-\beta_S}\frac{(1+\tau_{K_{Si}})^{\alpha_S}(1+\tau_{E_{Si}})^{\beta_S}}{1-\tau_{Y_{Si}}}\end{aligned}$$

$$\tag{3-34}$$

从式(3-34)可发现:如果不存在扭曲,厂商间的 TFPR 是相等的。较高的 TFPR 意味着较高的要素使用成本,这将使得厂商的实际规模小于最优规模。同时,该式表明:在一个不存在资源错配的经济体中,资本、劳动、能源会向 TFPQ 较高的企业流动,导致其产量不断增加,价格下降,直到和生产率较低企业的 TFPR 相等为止。如果行业内厂商的 TFPR 存在差异,则表明行业内存在资源错配,差异越大则错配程度越大,这一推论将在下面得到证明。

接着,根据其定义式 $TFP_S = Y_S/(K_S^{\alpha_S} E_S^{\beta_S} L_S^{1-\alpha_S-\beta_S})$ 以及式(3-25)至式(3-27)行业总的资本、劳动、能源的表达式,总产出的价格指数,行业价格指数,可得到行业实际生产率 TFP_S 的表达式。

$$TFP_S = \left[\sum_{i=1}^{M_S}\left(A_{Si}\frac{\overline{TFPR_S}}{TFPR_{Si}}\right)^{\sigma-1}\right]^{\frac{1}{\sigma-1}} \quad (3-35)$$

其中,$\overline{TFPR_S}$ 的表达式如下:

$$\overline{TFPR_S} = \left[\frac{\alpha_S}{R}\sum_{i=1}^{M_S}\frac{P_{Si}Y_{Si}}{P_S Y_S}\frac{1-\tau_{Y_{Si}}}{1+\tau_{K_{Si}}}\right]^{-\alpha_S}\left[\beta_S\sum_{i=1}^{M_S}\frac{P_{Si}Y_{Si}}{P_S Y_S}\frac{1-\tau_{Y_{Si}}}{1+\tau_{E_{Si}}}\right]^{-\beta_S} \cdot$$

$$\left[(1-\alpha_S-\beta_S)\sum_{i=1}^{M_S}\frac{P_{Si}Y_{Si}(1-\tau_{Y_{Si}})}{P_S Y_S}\right]^{\alpha_S+\beta_S-1}$$

$$= \left(\frac{R}{\alpha_S}\right)^{\alpha_S}\left(\frac{1}{\beta_S}\right)^{\beta_S}\left[\frac{1}{1-\alpha_S\beta_S}\right]^{1-\alpha_S-\beta_S}\left[\sum_{i=1}^{M_S}\frac{P_{Si}Y_{Si}}{P_S Y_S}\frac{1-\tau_{Y_{Si}}}{1+\tau_{K_{Si}}}\right]^{-\alpha_S} \cdot$$

$$\left[\sum_{i=1}^{M_S}\frac{P_{Si}Y_{Si}}{P_S Y_S}\frac{1-\tau_{Y_{Si}}}{1+\tau_{K_{Si}}}\right]^{-\beta_S}\left[\sum_{i=1}^{M_S}\frac{P_{Si}Y_{Si}(1-\tau_{Y_{Si}})}{P_S Y_S}\right]^{\alpha_S+\beta_S-1} \quad (3-36)$$

当不存在扭曲时,行业最优的总量 TFP 可表示为式(3-37):

$$\overline{A_S} = \left[\sum_{i=1}^{M_S}(A_{Si})^{\sigma-1}\right]^{\frac{1}{\sigma-1}} \quad (3-37)$$

当 A_{Si}、$1-\tau_{Y_{Si}}$、$1+\tau_{K_{Si}}$、$1+\tau_{E_{Si}}$ 服从联合正态分布时,且当资本扭曲因子与能源扭曲因子不相关时(两者均为外生变量,现实中往往不相关),式(3-35)有简单的闭式解,如式(3-38)所示,该推导结果与 Chen 和 Irarrazabal 的推导结果类似[156]。

$$\log TFP_S = \log\overline{A_S} - \frac{\sigma}{2}Var(\log TFPR_{Si}) - \frac{\alpha(1-\alpha)}{2}Var[\log(1+\tau_{k_{Si}})]$$

$$-\frac{\beta(1-\beta)}{2}Var[\log(1+\tau_{E_{Si}})] \quad (3-38)$$

式(3-38)的推导与 HK 推导形式类似,其原文中(假设经济体中存在产出

和资本扭曲因子)存在笔误,原文中的推导结果如下:

$$\log TFP_S = \log \overline{A_S} - \frac{\sigma}{2}\mathrm{Var}(\log TFPR_{Si}) \qquad (3-39)$$

HK 原文中正确的推导如式(3-40)所示:

$$\log TFP_S = \log \overline{A_S} - \frac{\sigma}{2}\mathrm{Var}(\log TFPR_{Si}) - \frac{\alpha(1-\alpha)}{2}\mathrm{Var}[\log(1+\tau_{k_{Si}})] \qquad (3-40)$$

式(3-38)表明:行业实际总量 TFP 对行业最优总量 TFP 的偏离受行业要素投入的替代弹性、行业内名义生产率对数的方差、行业资本扭曲因子对数的方差、行业能源扭曲因子对数的方差、资本产出弹性、能源产出弹性六个因素的影响,名义生产率对数的方差、资本扭曲因子对数的方差、能源扭曲因子对数的方差越大,资源错配越大,资源错配对 TFP 造成的损失也越大。其含义是:即使向企业收税,也应该体现公平性,否则就是对效率的损失。

3.2.2 行业内企业间资源错配对行业、经济总量全要素生产率的影响:测算方法

1) 资源错配对行业总量 TFP 的影响:测算方法

在得到行业实际总量 TFP 和最优总量 TFP 后,可得到纠正资源错配(当产出、资本、能源不存在错配时)后行业总量 TFP 的增长潜力(即在现有基础上增长的百分比),即资源错配对行业总量 TFP 的影响 $TFPG_S$,其表达式如下:

$$TFPG_S = \left[\sum_{i=1}^{M_S}\left(\frac{A_{Si}}{\overline{A_S}}\frac{\overline{TFPR_S}}{TFPR_{Si}}\right)^{\sigma-1}\right]^{\frac{1}{\sigma-1}} - 1 \qquad (3-41)$$

其中,$\overline{TFPR_S}$ 的公式为式(3-36),$TFPR_{Si}$ 的公式为式(3-34)。

2) 资源错配对经济总量 TFP 的影响:测算方法

在得到行业实际总量 TFP 的表达式后,通过式(3-1)可得到经济的实际总量 TFP、最优总量 TFP,进而得到资源错配对经济总量 TFP 的影响 $TFPG$,它们的表达式分别如下:

$$TFP = \prod_{S=1}^{S}\left[\sum_{i=1}^{M_S}\left(A_{Si}\frac{\overline{TFPR_S}}{TFPR_{Si}}\right)^{\sigma-1}\right]^{\frac{\theta_S}{\sigma-1}} \qquad (3-42)$$

$$TFP_{\text{efficient}} = \prod_{S=1}^{S}[\overline{A_S}]^{\theta_S} \qquad (3-43)$$

$$TFPG = \prod_{S=1}^{S} \left[\sum_{i=1}^{M_S} \left(\frac{A_{Si}}{A_S} \frac{\overline{TFPR_S}}{TFPR_{Si}} \right)^{\sigma-1} \right]^{-\frac{\theta_S}{\sigma-1}} - 1 \qquad (3-44)$$

3) 资源错配对总量 TFP 影响的测算说明

资源错配对 TFP 影响的测算结果受 $TFPR_{Si}$ 异常值影响较大。如果行业内出现 $TFPR_{Si}$ 异常值过大(过小)的情况,则意味着行业内企业名义生产率的方差过大(过小),资源错配对 TFP 影响的测算结果表现为过大(过小)。进一步由 $TFPR_{Si}$ 的表达式发现其值大小由扭曲因子决定,并随着扭曲因子的增加而增加,降低而降低。

3.2.3 行业内企业间资源错配对经济总量全要素生产率的影响: 比较静态分析

为了考察不同扭曲形成的资源错配对经济总量 TFP 的影响,采取比较静态的研究方法,可有效分析单一扭曲、双型扭曲对经济总量 TFP 的影响,具体如下:

1) 单一扭曲对经济总量 TFP 的影响:测算方法

为了考察产出扭曲对经济总量 TFP 的影响,假设资本、能源扭曲为零,产出扭曲对经济总量 TFP 影响的测算式如下:

$$TFPG^Y = \prod_{S=1}^{S} \left[\sum_{i=1}^{M_S} \left(\frac{A_{Si}}{A_S} \frac{\overline{TFPR_S}}{TFPR_{Si}} \right)^{\sigma-1} \right]^{-\frac{\theta_S}{\sigma-1}} - 1 \qquad (3-45)$$

其中:

$$TFPR_{Si}^Y = \left(\frac{R}{\alpha_S}\right)^{\alpha_S} \left(\frac{1}{\beta_S}\right)^{\beta_S} \left[\frac{1}{1-\alpha_S-\beta_S}\right]^{1-\alpha_S-\beta_S} \frac{1}{1-\tau_{Y_{Si}}} \qquad (3-46)$$

$$\overline{TFPR_S}^Y = \left(\frac{\alpha_S}{R}\right)^{-\alpha_S} \left(\frac{1}{\beta_S}\right)^{\beta_S} (1-\alpha_S-\beta_S)^{\alpha_S+\beta_S-1} \left[\sum_{i=1}^{M_S} \frac{P_{Si}Y_{Si}}{P_S Y_S}(1-\tau_{Y_{Si}})\right]^{-1}$$

$$(3-47)$$

同理,资本错配对经济总量 TFP 影响的测算式如下:

$$TFPG^K = \prod_{S=1}^{S} \left[\sum_{i=1}^{M_S} \left(\frac{A_{Si}}{A_S} \frac{\overline{TFPR_S}}{TFPR_{Si}} \right)^{\sigma-1} \right]^{-\frac{\theta_S}{\sigma-1}} - 1 \qquad (3-48)$$

其中:

$$TFPR_{Si}^K = \left(\frac{R}{\alpha_S}\right)^{\alpha_S} \left(\frac{1}{\beta_S}\right)^{\beta_S} \left[\frac{1}{1-\alpha_S-\beta_S}\right]^{1-\alpha_S-\beta_S} (1+\tau_{K_{Si}})^{\alpha_S} \qquad (3-49)$$

$$\overline{TFPR_S}^K = \left(\frac{\alpha_S}{R}\right)^{-\alpha_S} \beta_S^{-\beta_S} (1-\alpha_S-\beta_S)^{\alpha_S+\beta_S-1} \left[\sum_{i=1}^{M_S} \frac{P_{Si}Y_{Si}}{P_S Y_S} \frac{1}{1+\tau_{K_{Si}}}\right]^{-\alpha_S} \quad (3-50)$$

同理,能源扭曲对经济总量 TFP 影响的测算式如下:

$$TFPG^E = \prod_{S=1}^{S} \left[\sum_{i=1}^{M_S} \left(\frac{A_{Si}}{A_S} \frac{\overline{TFPR_S}}{TFPR_{Si}}\right)^{\sigma-1}\right]^{\frac{\theta_S}{\sigma-1}} - 1 \quad (3-51)$$

其中:

$$TFPR_{Si}^E = \left(\frac{R}{\alpha_S}\right)^{\alpha_S} \left(\frac{1}{\beta_S}\right)^{\beta_S} \left[\frac{1}{1-\alpha_S-\beta_S}\right]^{1-\alpha_S-\beta_S} (1+\tau_{E_{Si}})^{\beta_S} \quad (3-52)$$

$$\overline{TFPR_S}^E = \left(\frac{\alpha_S}{R}\right)^{-\alpha_S} \beta_S^{-\beta_S} (1-\alpha_S-\beta_S)^{\alpha_S+\beta_S-1} \left[\sum_{i=1}^{M_S} \frac{P_{Si}Y_{Si}}{P_S Y_S} \frac{1}{1+\tau_{E_{Si}}}\right]^{-\beta_S} \quad (3-53)$$

2) 双型扭曲对经济总量 TFP 的影响:测算方法

为了考察产出、要素扭曲两两对经济总量 TFP 的影响,同样采取比较静态的分析方法,当产出扭曲为零时,资本和能源扭曲对经济总量 TFP 影响的测算式如下:

$$TFPG^{KE} = \prod_{S=1}^{S} \left[\sum_{i=1}^{M_S} \left(\frac{A_{Si}}{A_S} \frac{\overline{TFPR_S}}{TFPR_{Si}}\right)^{\sigma-1}\right]^{\frac{\theta_S}{\sigma-1}} - 1 \quad (3-54)$$

其中:

$$TFPR_{Si}^{KE} = \left(\frac{R}{\alpha_S}\right)^{\alpha_S} \left(\frac{1}{\beta_S}\right)^{\beta_S} \left[\frac{1}{1-\alpha_S-\beta_S}\right]^{1-\alpha_S-\beta_S} (1+\tau_{K_{Si}})^{\alpha_S} (1+\tau_{E_{Si}})^{\beta_S} \quad (3-55)$$

$$\overline{TFPR_S}^{KE} = \left(\frac{R}{\alpha_S}\right)^{\alpha_S} \left(\frac{1}{\beta_S}\right)^{\beta_S} \left[\frac{1}{1-\alpha_S-\beta_S}\right]^{1-\alpha_S-\beta_S} \left[\sum_{i=1}^{M_S} \frac{P_{Si}Y_{Si}}{P_S Y_S} \frac{1}{1+\tau_{K_{Si}}}\right]^{-\alpha_S} \cdot$$

$$\left[\sum_{i=1}^{M_S} \frac{P_{Si}Y_{Si}}{P_S Y_S} \frac{1}{1+\tau_{E_{Si}}}\right]^{-\beta_S} \quad (3-56)$$

同理,产出、能源扭曲对经济总量 TFP 影响的测算式如下:

$$TFPG^{YE} = \prod_{S=1}^{S} \left[\sum_{i=1}^{M_S} \left(\frac{A_{Si}}{A_S} \frac{\overline{TFPR_S}}{TFPR_{Si}}\right)^{\sigma-1}\right]^{\frac{\theta_S}{\sigma-1}} - 1 \quad (3-57)$$

其中,

$$TFPR_{Si}^{YE} = \left(\frac{R}{\alpha_S}\right)^{\alpha_S} \left(\frac{1}{\beta_S}\right)^{\beta_S} \left[\frac{1}{1-\alpha_S-\beta_S}\right]^{1-\alpha_S-\beta_S} \frac{(1+\tau_{E_{Si}})^{\beta_S}}{1-\tau_{Y_{Si}}} \quad (3-58)$$

$$\overline{TFPR_S}^{YE} = \left(\frac{R}{\alpha_S}\right)^{\alpha_S} \left(\frac{1}{\beta_S}\right)^{\beta_S} \left[\frac{1}{1-\alpha_S-\beta_S}\right]^{1-\alpha_S-\beta_S} \left[\sum_{i=1}^{M_S} \frac{P_{Si}Y_{Si}}{P_S Y_S} \frac{1-\tau_{Y_{Si}}}{1+\tau_{E_{Si}}}\right]^{-\beta_S} \cdot$$

$$\left[\sum_{i=1}^{M_S} \frac{P_{Si}Y_{Si}(1-\tau_{Y_{Si}})}{P_S Y_S}\right]^{\beta_S-1} \quad (3-59)$$

同理,产出、资本扭曲对经济总量 TFP 影响的测算式如下:

$$TFPG^{YK} = \prod_{S=1}^{S} \left[\sum_{i=1}^{M_S} \left(\frac{A_{Si}}{A_S} \frac{\overline{TFPR_S}}{TFPR_{Si}}\right)^{\sigma-1}\right]^{-\frac{\theta_S}{\sigma-1}} - 1 \quad (3-60)$$

其中,

$$TFPR_{Si}^{YK} = \left(\frac{R}{\alpha_S}\right)^{\alpha_S} \left(\frac{1}{\beta_S}\right)^{\beta_S} \left[\frac{1}{1-\alpha_S-\beta_S}\right]^{1-\alpha_S-\beta_S} \frac{(1+\tau_{K_{Si}})^{\alpha_S}}{1-\tau_{Y_{Si}}} \quad (3-61)$$

$$\overline{TFPR_S}^{YK} = \left(\frac{R}{\alpha_S}\right)^{\alpha_S} \left(\frac{1}{\beta_S}\right)^{\beta_S} \left[\frac{1}{1-\alpha_S-\beta_S}\right]^{1-\alpha_S-\beta_S} \left[\sum_{i=1}^{M_S} \frac{P_{Si}Y_{Si}}{P_S Y_S} \frac{1-\tau_{Y_{Si}}}{1+\tau_{K_{Si}}}\right]^{-\alpha_S} \cdot$$

$$\left[\sum_{i=1}^{M_S} \frac{P_{Si}Y_{Si}(1-\tau_{Y_{Si}})}{P_S Y_S}\right]^{\alpha_S-1} \quad (3-62)$$

3.3 行业间资源错配对全要素生产率的影响:理论模型

3.2 节将能源引入生产函数,拓展了 HK 模型。然而,该模型的缺陷是不能测算行业间资源错配对 TFP 的影响,而 Aoki 的理论模型解决了这一问题,本节针对其忽视能源错配的不足,对其进行了相应拓展。

3.3.1 拓展的行业间资源错配理论模型

1) 行业生产函数

为了刻画行业间资源错配对 TFP 的影响,假设经济体中有 i 个行业,每个行业投入资本 K_i、劳动 L_i、能源 E_i 采用规模报酬不变的柯布-道格拉斯生产函数进行生产,它们面临的无扭曲价格分别为 R、W、Q。同样,该模型由于生产函数设定的局限,仅能测算产出、资本、劳动、能源中的三种扭曲对 TFP 的影响,由于本节主要考察生产要素在行业间的错配情况,因此假定经济体中行业生产函数中存在 τ_{L_i}、τ_{K_i}、τ_{E_i} 三种扭曲因子,它们分别是劳动、资本及能源扭曲因子。

由于假设行业内所有企业的生产函数相同,因此行业生产函数与企业生产函数相同,其设定如下:

$$Y_i = F_i K_i^{\alpha_i} E_i^{\beta_i} L_i^{\theta_i} \quad (3-63)$$

其中,α_i 为行业 i 资本投入占产出的份额,β_i 为行业 i 能源投入占产出的份额,θ_i 为行业 i 劳动投入占产出的份额。

2) 行业生产最优问题

行业的利润函数如式(3-64)所示:

$$\pi_i = P_i Y_i - (1+\tau_{K_i})RK_i - (1+\tau_{E_i})QE_i - (1+\tau_{L_i})WL_i \quad (3-64)$$

一阶最优化条件分别如下:

$$\frac{\alpha_i P_i Y_i}{K_i} = R(1+\tau_{K_i}) \quad (3-65)$$

$$\frac{\beta_i P_i Y_i}{E_i} = Q(1+\tau_{E_i}) \quad (3-66)$$

$$\frac{\theta_i P_i Y_i}{L_i} = W(1+\tau_{L_i}) \quad (3-67)$$

3) 经济总体生产函数

事实上,该模型的最大优点是不用设定总体生产函数的具体形式,以各行业产出为投入,总生产函数设定如下:

$$Y = F(Y_1, \cdots, Y_n) \quad (3-68)$$

同时,假设社会最终产品是经济中的计价物,价格为1,社会总产出最大化条件满足式(3-69):

$$\frac{\partial Y}{Y_i} = P_i \quad (3-69)$$

假设社会总产出最大化也是消费者的目标函数,消费者选择不同的行业产出使得其效用最大化,则其最优化满足下述条件:

$$Y = \sum_{i=1}^{n} P_i Y_i \quad (3-70)$$

4) 经济总体的资源约束

假设当前经济体中要素投入总量是外生的,则经济总体的资源约束条件如下:

$$K = \sum_{i=1}^{n} K_i \quad (3-71)$$

$$L = \sum_{i=1}^{n} L_i \qquad (3-72)$$

$$E = \sum_{i=1}^{n} E_i \qquad (3-73)$$

5) 经济总体的竞争均衡

根据上述条件,我们可得到经济总体的竞争性均衡条件如下:

(1) S 个行业的最优化一阶条件:式(3-65)至式(3-67);
(2) 经济总体的最优化条件:式(3-69)至式(3-70);
(3) 经济总体的资源约束条件:式(3-71)至式(3-73)。

在上述条件下,可利用式(3-65)和式(3-71)得到行业资本的表达式:

$$K_i = \frac{P_i Y_i \alpha_i \frac{1}{(1+\tau_{K_i})R}}{\sum_{j=1}^{S} P_j Y_j \alpha_j \frac{1}{(1+\tau_{K_j})R}} K = \frac{V_i \alpha_i \frac{1}{(1+\tau_{K_i})R}}{\sum_{j=1}^{S} V_j \alpha_j \frac{1}{(1+\tau_{K_j})R}} K \qquad (3-74)$$

式(3-74)中 $V_i = P_i Y_i / Y$,为行业 i 产出占总产出的份额;同时为了进一步分析,可将式(3-74)重新写成如下形式:

$$K_i = \frac{V_i \alpha_i}{\bar{\alpha}_i} \lambda_{K_i} K \qquad (3-75)$$

其中 $\bar{\alpha}_i = \sum_{i=1}^{n} V_i \alpha_i$ 是以行业产出占总产出份额为权数的行业资本产出弹性的加权,而 λ_{K_i} 是一个包含扭曲因子的项目,将它定义为资本价格的相对扭曲系数,其表达式如下:

$$\lambda_{K_i} = \frac{\gamma_{Ki}}{\sum_{j=1}^{n} \left(\frac{V_j \alpha_j}{\bar{\alpha}_j}\right) \gamma_{Kj}}, \text{其中}, \gamma_{Ki} = \frac{1}{(1+\tau_{K_i})} \qquad (3-76)$$

同理,可分别得到行业能源和劳动的表达式:

$$E_i = \frac{V_i \beta_i}{\bar{\beta}_i} \gamma_{E_i} E, \text{其中} \gamma_{E_i} = \frac{1}{(1+\tau_{E_i})} \qquad (3-77)$$

$$L_i = \frac{V_i \theta_i}{\bar{\theta}_i} \gamma_{L_i} L, \text{其中} \gamma_{L_i} = \frac{1}{(1+\tau_{L_i})} \qquad (3-78)$$

通过观察式(3-75)至式(3-78)可发现:行业间资源错配正是通过要素相对扭曲系数发生的,要素相对扭曲系数等于行业 i 要素回报率的倒数与各行业平均要素回报率倒数的比值;扭曲因子的绝对值在行业资源错配中并不重要,重要的是其相对值的大小和分布。这表明即使各行业存在扭曲,但如果扭曲因子相同,则由相对扭曲因子的表达式发现其值为1,由此并不会发生行业间资源错配;如果与行业平均扭曲因子相比,行业 i 绝对扭曲因子的值较低,那么与该行业的最优配置资源量相比,该行业配置了较多的资源,此时该行业的相对扭曲因子大于1;反之亦然。

为了实现对相对扭曲因子的测算,依据式(3-75)、式(3-77)、式(3-78),可得到相对扭曲系数的表达式,而这正是实证中的关键。

$$\lambda_{K_i} = \frac{K_i}{K} \Big/ \frac{V_i \alpha_i}{\bar{\alpha}_i} \quad (3-79)$$

$$\lambda_{E_i} = \frac{E_i}{E} \Big/ \frac{V_i \beta_i}{\bar{\beta}_i} \quad (3-80)$$

$$\lambda_{L_i} = \frac{L_i}{L} \Big/ \frac{V_i \theta_i}{\bar{\theta}_i} \quad (3-81)$$

通过式(3-79)至式(3-81)可以实现对实际观测不到的扭曲因子的测算,以能源相对扭曲因子为例,分子表示实际能源投入量占实际能源总量的比例,而分母为能源有效配置的理论值。

3.3.2 行业间资源错配对经济总量全要素生产率的影响:测算方法

为了实现行业间资源错配对总量 TFP 影响的测算,首先,对总生产函数进行对数分解,其分解式如下:

$$\ln Y = \sum_{i=1}^{n} \frac{\partial Y}{\partial Y_i} \ln Y_i = \sum_{i=1}^{n} V_i \ln Y_i \quad (3-82)$$

将式(3-63)、式(3-75)、式(3-77)、式(3-78)代入式(3-82),可得到式(3-83):

$$\sum_{i=1}^{n} V_i \ln Y_i = \sum_{i=1}^{n} V_i \ln F_i + \sum_{i=1}^{n} V_i \ln \left[\frac{V_i}{\bar{\alpha}_i^{\alpha_i} \bar{\beta}_i^{\beta_i} \bar{\theta}_i^{\theta_i}} \right] +$$

$$\sum_{i=1}^{n} V_i [\alpha_i \ln \lambda_{Ki} + \beta_i \ln \lambda_{Ei} + \theta_i \ln \lambda_{Li}] + \bar{\alpha}_i \ln K + \bar{\beta}_i \ln E + \bar{\theta}_i \ln L \quad (3-83)$$

通过证明,发现等式右边的第二项为零,同时将经济体总量 TFP 定义为式(3-84),该式是总量 TFP 的标准定义,可参见 Caves 和 Christensen 及 Diewert 的研究[157]:

$$FTFP = \sum_{i=1}^{n} V_i \ln Y_i - \bar{\alpha}_i \ln K - \bar{\beta}_i \ln E - \bar{\theta}_i \ln L \quad (3-84)$$

然后,将式(3-83)代入式(3-84),则得到有扭曲情况下的总量 TFP 表达式:

$$FTFP = \sum_{i=1}^{n} V_i \ln F_i + \sum_{i=1}^{n} V_i [\alpha_i \ln \lambda_{Ki} + \beta_i \ln \lambda_{Ei} + \theta_i \ln \lambda_{Li}] \quad (3-85)$$

由此,发现总量 TFP 可以分解为两部分,第一项是以各行业产出占总产出的份额为权数的各行业 TFP 的均值,而第二项则是行业间资源错配对 TFP 的偏离,如果各行业扭曲因子不为零且不相同,则第二项为行业间资源错配对总量 TFP 的影响。由此,可分别测算出行业间资本错配、能源错配、劳动错配对总量 TFP 的影响,它们分别为式(3-86)至式(3-88):

$$ALOSS_K = \sum_{i=1}^{n} V_i \alpha_i \ln \lambda_{Ki} \quad (3-86)$$

$$ALOSS_E = \sum_{i=1}^{n} V_i \beta_i \ln \lambda_{Ei} \quad (3-87)$$

$$ALOSS_L = \sum_{i=1}^{n} V_i \theta_i \ln \lambda_{Li} \quad (3-88)$$

假设不存在行业间的资源错配,则总量 TFP 由行业加权的 TFP 决定,为了便于与 3.2 节资源错配对 TFP 造成的影响相比较,同样将其定义为最优的总量 TFP 与实际总量 TFP 之比减去 1。即得到式(3-89):

$$TFPG = \frac{\sum_{i=1}^{n} V_i \ln F_i}{\sum_{i=1}^{n} V_i \ln F_i + \sum_{i=1}^{n} V_i [\alpha_i \ln \lambda_{Ki} + \beta_i \ln \lambda_{Ei} + \theta_i \ln \lambda_{Li}]} - 1 \quad (3-89)$$

3.3.3 行业间资源错配对经济总量全要素生产率的影响:比较静态分析

与 3.2 节类似,这里也采用比较静态的研究方法,假设经济体中只存在行业间资本错配时,行业间资本错配对经济总量 TFP 影响的测算式为式(3-90),行业间劳动错配、能源错配分别对经济总量 TFP 影响的测算式与之类似。

$$TFPG = \frac{\sum_{i=1}^{n} V_i \ln F_i}{\sum_{i=1}^{n} V_i \ln F_i + \sum_{i=1}^{n} V_i \alpha_i \ln \lambda_{Ki}} - 1 \quad (3-90)$$

3.4 地区间资源错配对全要素生产率的影响:理论模型

3.4.1 构建地区间资源错配理论模型

1) 模型的构建思路

HK 的资源错配理论模型中经济总产出的形成为:企业—行业—经济总产,本书借鉴其理论将地区间资源错配中的经济总产出形成定义如下:县—省—经济总产出。

2) 模型的基本假设

为了刻画中国地区间资源错配对 TFP 的影响,结合地区间资源错配的特征事实,对该模型做出以下基本假定。

假设 1:中国地区间的资源错配表现为省份内县域间的资源错配。假设县域的产出为综合产品,即县域的 GDP。县通过发展规划、招商引资、投资、高级人才引进等措施全面推动了县域的经济建设。县域是宏观经济的微观基础,由县域生产加总后形成省际的产出,进而由省际生产加总后形成总的产出。县域是中国经济重要的微观供给主体,县域之间的竞争是解释中国经济增长奇迹的关键。正如张五常教授在其《中国的经济制度》一书中做了详细的论证[158]。"因此,从地区角度看,省份内县域间的资源错配就是地区间资源错配的集中体现。

假设 2:假设经济体中仅存在省份内县域间的资本和劳动错配,这一假设符合中国地区间资源错配的现状。中国地区间的资源错配特征事实表明:随着市场经济的快速发展,产品逐渐实现了地区间的自由流动,而资本和劳动要素却在地区间存在着较为严重的扭曲。

假设 3:各个县域的实际生产率不同,面临的资本、劳动扭曲大小不同。

3) 地区间资源错配理论模型的构建

(1) 经济体中总体、省及县的生产函数

假设经济存在一种完全竞争的最终产品,最终产品以省际 S 的产出 Y_S 为投入,最终产品的生产采用规模报酬不变的柯布-道格拉斯生产函数形式,如式(3-91)所示:

$$Y = \prod_{S=1}^{S} Y_S^{\theta_S} \tag{3-91}$$

其中，$\sum_{S=1}^{S} \theta_S = 1$，$S$ 表示经济体中省份的总数。

假设 S 省的产出以 M_S 个县的产出 Y_{Si} 为投入，其 CES 生产函数如式（3-92）所示：

$$Y_S = \left(\sum_{i=1}^{M_S} Y_{Si}^{\frac{\sigma-1}{\sigma}}\right)^{\frac{\sigma}{\sigma-1}} \tag{3-92}$$

其中，σ 是不同县域产出 Y_{Si} 之间的替代弹性，S 省内县域产出 Y_{Si} 投入要素为资本 K_{Si}、劳动 L_{Si}，设每个县域面临无扭曲的资本、劳动价格分别为 R、W。生产采用规模报酬不变的柯布-道格拉斯生产函数，设 α_S 为县域的资本产出弹性，$1-\alpha_S$ 为县域的劳动产出弹性，其函数形式如下：

$$Y_{Si} = A_{Si} K_{Si}^{\alpha_S} L_{Si}^{1-\alpha_S} \tag{3-93}$$

（2）经济体中总体、省及县的最优决策

① 经济总体的最优化决策。假设省际产出的价格指数为 P_S，那么以式（3-91）为约束条件，通过对最终产出成本最小化 $\left(\mathrm{Min}\sum_{S=1}^{S} Y_S P_S\right)$，可得出最终产出的价格指数 $P = \prod_{S=1}^{S} \left(\frac{P_S}{\theta_S}\right)^{\theta_S}$ 和省际面临的需求函数 $Y_S = \theta_S PY/P_S$。

② 省的最优决策。设 S 省中县的产出价格为 P_{Si}，以式（3-92）为约束条件，通过对省际的产出成本 $\left(\sum_{i=1}^{M_S} Y_{Si} P_{Si}\right)$ 最小化，可得到省际产出的价格指数 $P_S = \left(\sum_{i=1}^{M_S} P_{Si}^{1-\sigma}\right)^{\frac{1}{1-\sigma}}$ 和县域的需求函数 $Y_{Si} = Y P_S^{\sigma} P_{Si}^{-\sigma}$。

③ 县域的最优化决策。假定每个县域的实际生产率及扭曲不同，将 $\tau_{L_{Si}}$、$\tau_{K_{Si}}$ 分别定义为劳动、资本扭曲因子。县域的利润函数如式（3-94）所示：

$$\pi_{Si} = P_{Si} Y_{Si} - (1+\tau_{K_{Si}}) R K_{Si} - (1+\tau_{L_{Si}}) W L_{Si} \tag{3-94}$$

通过利润最大化可得县的最优资本劳动投入比：

$$\frac{K_{Si}}{L_{Si}} = \frac{\alpha_S}{1-\alpha_S} \frac{W(1+\tau_{L_{Si}})}{R(1+\tau_{K_{Si}})} \tag{3-95}$$

通过式（3-95）发现：县域的最优资本劳动投入比取决于其面临的资本和劳动扭曲大小，如果扭曲为零，则最优要素投入的比例是一个常数。县域的定

价及要素最优决策分别如下:

$$P_{Si} = \frac{\sigma}{\sigma-1}\left(\frac{R}{\alpha_S}\right)^{\alpha_S}\left[\frac{W}{1-\alpha_S}\right]^{1-\alpha_S}\frac{(1+\tau_{K_{Si}})^{\alpha_S}(1+\tau_{L_{Si}})^{1-\alpha_S}}{A_{Si}} \quad (3-96)$$

$$K_{Si} \propto \frac{A_{Si}^{\sigma-1}(1+\tau_{L_{Si}})^{(1-\alpha_S)(1-\sigma)}}{(1+\tau_{K_{Si}})^{1-\alpha_S(1-\sigma)}} \quad (3-97)$$

$$L_{Si} \propto \frac{A_{Si}^{\sigma-1}(1+\tau_{K_{Si}})^{\alpha_S(1-\sigma)}}{(1+\tau_{L_{Si}})^{\alpha_S+\sigma(1-\alpha_S)}} \quad (3-98)$$

通过式(3-97)至式(3-98)发现:县域所配置的资源不仅取决于自身的生产率水平,而且与其面临的扭曲程度相关。但由于实际生产率短期内难以改变,从一定程度上说,县的资源配置由扭曲的大小决定。

(3) 省际 TFP 的表达式

沿用 HK 的设置,将县域的实际生产率(TFPQ)定义为不含价格的生产率,将名义生产率(TFPR)定义为包含价格的生产率。依据企业劳动、资本边际产品收益表达式,可得到县域的名义生产率的表达式:

$$TFPR_{Si} = P_{Si}A_{Si} = \frac{P_{Si}Y_{Si}}{(K_{Si})^{\alpha_S}(WL_{Si})^{1-\alpha_S}} = \left(\frac{R}{\alpha_S}\right)^{\alpha_S}\left[\frac{1}{1-\alpha_S}\right]^{1-\alpha_S}(1+\tau_{K_{Si}})^{\alpha_S}(1+\tau_{L_{Si}})^{1-\alpha_S} \quad (3-99)$$

从式(3-99)发现,如扭曲为零,县域之间的 TFPR 是相等的。较高的 TFPR 意味着较高的要素使用成本,这将导致县域的实际规模小于最优规模。同时,式(3-99)也表明存在着重要的资源配置机制:在一个不存在资源错配的经济体中,资本、劳动会向实际生产率较高的县域流动,导致其产量不断增加,价格下降,直到和生产率较低县域的 TFPR 相等为止。

在得到县域的名义生产率的表达式后,根据省际总的资本、劳动的表达式,总产出的价格指数,省际的价格指数,可得到省的实际 TFP 的表达式:

$$TFPI = \left[\sum_{i=1}^{M_S}\left(A_{Si}\frac{\overline{TFPR_S}}{TFPR_{Si}}\right)^{\sigma-1}\right]^{\frac{1}{\sigma-1}} \quad (3-100)$$

其中,$\overline{TFPR_S}$ 其表达式如下:

$$\overline{TFPR_S} = \left(\frac{R}{\alpha_S}\right)^{\alpha_S}\left[\frac{1}{1-\alpha_S}\right]^{1-\alpha_S}\left[\sum_{i=1}^{M_S}\frac{P_{Si}Y_{Si}}{P_SY_S}\frac{1}{1+\tau_{K_{Si}}}\right]^{-\alpha_S}\left[\sum_{i=1}^{M_S}\frac{P_{Si}Y_{Si}}{P_SY_S}\frac{1}{1+\tau_{L_{Si}}}\right]^{\alpha_S-1} \quad (3-101)$$

当不存在扭曲时,省际的有效的 TFP 可表示为式(3-102):

$$TFPI_{\text{efficient}} = \overline{A_S} = \left[\sum_{i=1}^{M_S}(A_{Si})^{\sigma-1}\right]^{\frac{1}{\sigma-1}} \quad (3-102)$$

(4) 经济总量 TFP 的表达式

在得到省的实际和最优总量 TFP 表达式后,结合式(3-91)可得到经济总量实际和最优 TFP 表达式,分别如式(3-103)和式(3-104)所示:

经济总量 TFP 的实际表达式:

$$TFPY = \prod_{S=1}^{S}\left[\sum_{i=1}^{M_S}\left(A_{Si}\frac{\overline{TFPR_S}}{TFPR_{Si}}\right)^{\sigma-1}\right]^{\frac{\theta_S}{\sigma-1}} \quad (3-103)$$

经济总量有效 TFP 的表示式(当扭曲为零时):

$$TFPY_{\text{efficient}} = \prod_{S=1}^{S}\left[\sum_{i=1}^{M_S}(A_{Si})^{\sigma-1}\right]^{\frac{\theta_S}{\sigma-1}} \quad (3-104)$$

3.4.2 地区间资源错配对省、经济总量全要素生产率的影响:测算方法

下面仅给出县域间资源错配对省及经济总量 TFP 影响的测算表达式:

1) 各个省份内县域间的资源错配对省总量 TFP 的影响:测算方法

$$TFPGI = TFPI_{\text{efficient}}/TFPI - 1 \quad (3-105)$$

2) 地区间资源错配对经济总量 TFP 的影响:测算方法

$$TFPGY = TFPY_{\text{efficient}}/TFPY - 1 \quad (3-106)$$

3.4.3 地区间资源错配对省、经济总量全要素生产率的影响:比较静态分析

采取比较静态的分析方法考察地区间资本错配、劳动错配对省及经济总量 TFP 影响的测算方法,假设经济中劳动扭曲为零,则资本错配对省、经济总量 TFP 影响的测算方法与式(3-105)、式(3-106)类似。

3.5 小结

为了全面考察资源错配对中国 TFP 影响,首先,本章基于中国行业内企业间、行业间、地区间资源错配的特征事实,提出了资源错配对中国 TFP 影响的理论框架;其次,依据理论框架,拓展和构建了相应的资源错配理论模型。本章的主要内容如下:

一是提出了一个系统的资源错配理论框架,能更加合理地刻画资源错配对中国 TFP 的影响。这一研究框架突破了从行业内企业间、行业间资源错配研究对 TFP 影响的局限,从行业内企业间、行业间、地区间资源错配三个方面系统地研究其对 TFP 的影响。地区间资源错配对 TFP 的影响,充分体现了经济转型背景下中国地区间市场分割以及地方政府广泛参与地方经济建设的经济现实,突出了财政分权下县级政府作为经济建设者的重要作用,虽然这一模式在促进地方经济发展方面一度起到了积极的作用,但是其存在弊端,由此形成的市场分割和对市场的干预扭曲了资源的市场化配置,从而对 TFP 造成损失。

二是针对现有行业内企业间资源错配研究忽视能源错配的不足,在 HK 模型的基础上,将能源引入生产函数,剖析了能源错配对 TFP 的影响机制,提出了测算能源错配对 TFP 影响的方法,是对现有行业内企业间资源错配理论的完善。

三是拓展了 Aoki 行业间资源错配对 TFP 影响的理论模型[37]。这一拓展类似于对 HK 模型的拓展,重视了行业间能源错配对 TFP 的影响,从理论上提出了测算方法。

四是基于中国地区间市场分割的资源错配特征事实,在现有资源错配理论的基础上,构建了地区间资源错配对 TFP 影响的理论模型,提出了地区间资本、劳动错配对 TFP 影响的测算方法。

总之,本章提出的理论框架,为系统研究资源错配对中国 TFP 的影响奠定了坚实的理论基础。

4 行业内企业间资源错配对全要素生产率的影响：实证检验

本章应用 3.2 节行业内企业间资源错配对 TFP 影响的理论模型，首先，以 2004—2007 年中国制造业微观数据，检验了产出扭曲、要素（能源和资本）扭曲对制造业总量 TFP 的影响；其次，结合新常态下区域经济新格局（"四大板块"，"四个支撑带"），仍以 2004—2007 年中国制造业微观数据为实证对象，全面测算了资源错配对制造业总量 TFP 影响的区域差异，并以各区域中资源错配程度最低的地区为参照，测算了如果其他地区达到该地区的资源配置效率，则其他地区 TFP 可再增长的百分比；最后，为了解决当前资源错配测算数据陈旧和行业覆盖面不全的问题，采用 2008—2014 年中国上市公司微观数据作为中国经济的样本，全面检验了当前行业内企业间资源错配对中国经济总量 TFP 的影响。

4.1 行业内企业间资源错配对中国制造业全要素生产率的影响

本节以中国制造业为实证对象，实证检验 3.2 节行业内企业间资源错配对 TFP 影响的理论模型，扭曲因子设定为产出、资本及能源扭曲因子。

4.1.1 数据、变量与参数

1) 数据说明及处理

（1）数据说明

本节数据来源于国家统计局 2004—2007 年"中国工业企业数据库"中的制造业数据，该数据库包括报告期内全国所有的国有企业和年销售额在 500 万元以上的非国有企业，涵盖了采矿业、制造业、电力燃气和水的生产和供应业。其中制造业行业代码为 2 位数的制造业分行业一共有 30 个行业，如表 4-1 所示。本书以行业代码为 2 位数制造业分行业为实证对象（HK 模型的实证中选择 4

位行业代码),并舍弃了行业 16(烟草制品业)和行业 43(废弃资源和废旧材料回收加工业)。这是因为它们的观测样本过少,行业 16 每年观测样本最高不超过 200,行业 43 观测样本每年最高不超过 600。

表 4-1　制造业分行业代码对照表

行业代码	行业名称	行业代码	行业名称
13	农副食品加工业	28	化学纤维制造业
14	食品制造业	29	橡胶制品业
15	饮料制造业	30	塑料制品业
16	烟草制品业	31	非金属矿物制品业
17	纺织业	32	黑色金属冶炼及压延加工业
18	纺织服装、鞋、帽制造业	33	有色金属冶炼及压延加工业
19	皮革、毛皮、羽毛(绒)及其制品业	34	金属制品业
20	木材加工及木、竹、藤、棕、草制品业	35	通用设备制造业
21	家具制造业	36	专用设备制造业
22	造纸及纸制品业	37	交通运输设备制造业
23	印刷业和记录媒介的复制	39	电气机械及器材制造业
24	文教体育用品制造业	40	通信设备、计算机及其他电子设备制造业
25	石油加工、炼焦及核燃料加工业	41	仪器仪表及文化、办公用机械制造业
26	化学原料及化学制品制造业	42	工艺品及其他制造业
27	医药制造业	43	废弃资源和废旧材料回收加工业

(2) 数据处理

虽然该数据库具备样本数量庞大、覆盖范围广的特点,与《中国统计年鉴》的工业部分和《中国工业统计年鉴》的覆盖范围一致,是目前国内最为全面和权威的企业层面数据,但是该数据库也存在诸多错漏,需要对数据进行处理才能使用。处理数据的方法借鉴 Cai 和 Liu 发表的文献中的处理方法[159],并在其基础上,结合研究需要,针对中国工业企业数据库的问题,做了更加完善的处理。一是删除企业代码和企业名称相同的观测样本。二是剔除规模较小的观测样本。包括就业人数小于 10,工业总产值小于 500 万元的观测样本。三是剔除不符合会计准则的观测样本。包括总资产小于流动资产或固定资产,累计折旧小于本年折旧,中间投入大于总产值。四是为了使得研究结论更加稳健,对 $\log(TFPR_{Si}/\overline{TFPR_S})$ 和 $\log(A_{Si}/\overline{A_S})$ 首尾各2%按照行业分类进行截尾。这一截尾方法避免了对年度数据的关键变量整体截尾而导致删除某些行业的弊端,与HK首尾0.5%的截尾方法不同,该方法避免 $TFPR_{Si}$ 异常值过大导致测算的资源错配对TFP的影响过大的问题。数据处理完成后每年的观测样本数量如表4-2所示。

表4-2 中国工业企业数据库数据处理表　　　　　单位:家

序号	数据类型	2004	2005	2006	2007
1	中国工业企业数量	279 092	271 835	301 961	336 768
2	制造业企业数量	259 630	251 534	279 331	313 100
3	数据处理后制造业企业数量	206 696	207 029	233 438	263 048

2) 变量说明

WL_{Si} 为生产函数中的劳动投入,以本年应付工资总额、职工教育费、养老保险费、医疗保险费、住房公积金和房屋补贴、本年应付福利总额、劳动保险费、待业保险费之和计量。后面,将用年末从业人数替代该变量,做稳健性检验。

$P_{Si}Y_{Si}$ 为企业的增加值与能源投入之和。增加值和中间投入的关系式:增加值=总产出-中间投入,中间投入包括直接材料投入、制造投入等。因此不用将中间投入作为生产要素纳入企业生产函数。这也就考虑了近期大量学者对中国制造业中中间投入的重要性[160-161]。

QE_{Si} 为能源投入。限于中国工业企业数据库未能提供能源投入的具体数据,因此以制造投入的50%作为能源投入的替代变量。因为制造投入包含了企业生产用的燃料动力科目。中国工业企业数据库仅2004—2007年提供了中间投入及制造投入科目,受限于此,实证研究时间范围为2004—2007年。尽管如此,本书依然可能高估能源投入,因为制造投入除燃料动力科目外,还包括外部修理费、低值易耗品、租赁费、保险费、运输费、劳动保护费。为此,在稳健性检验中,分别给出了能源投入为制造投入的10%、30%的实证结果;除此之外,将行业能源的标准煤消费数量以企业中间投入占行业中间投入的比例为权数匹配至每个企业,以能源投入的实物量作为能源投入,测算能源错配对TFP的影响,相应地,测算了资源错配对总量 TFP 的影响。

K_{Si} 用企业的固定资产净值计量。P_SY_S 是行业增加值和行业能源投入之和。PY 为制造业行业总体的增加值和行业总体的能源投入之和。$\theta_S=P_SY_S/PY$ 为各行业增加值和能源投入之和占制造业行业总增加值的比例。

3) 参数设定

R 设定为 10%。R 是无扭曲的资本租赁价格,也就是说在没有扭曲的情况下,每个企业面临的融资成本是相同的。沿用 HK 模型的设置,将 R 设置为 10%,其中 5% 是真实利率,5% 是折旧率。

行业要素产出弹性的设置参考邵谊航等关于要素产出弹性的设定[42]。他们根据林毅夫发表的文献中的观点[162],即不同的经济发展阶段与相应的产业结构以及产业资本和劳动要素密集度相对应,选择实际的行业要素份额作为要素产出弹性,而没有选择 HK 模型中以美国要素产出弹性匹配中国的要素产出弹性。在实际测算时,行业的劳动产出弹性 $1-\alpha_S-\beta_S$ 以行业劳动投入总和占行业增加值和能源投入总和的比例计量,行业能源产出弹性 β_S 以行业能源投入总和占行业增加值和能源投入总和的比例计量,行业资本的产出弹性 α_S 则可依据规模报酬不变的假设计算出来。

σ 设定为 3。大量的实证研究发现:行业内企业间产出的替代弹性在 3—10 之间[163-164]。依据式(3-38),该值越大,资源错配对 TFP 造成的负面影响就越大。因此,本书选择该参数的下限,测算结果将更为保守。后面会设置更大的值进行稳健性检验。

4.1.2 实证结果与分析

1) 实证模型中扭曲测算表达式及说明

当式(4-1)至式(4-4)中参数和变量已知时,就可测算出企业扭曲因子和实际生产率。

$$1-\tau_{Y_{Si}}=\frac{\sigma}{\sigma-1}\frac{1}{1-\alpha_S-\beta_S}\frac{WL_{Si}}{P_{Si}Y_{Si}} \quad (4-1)$$

$$1+\tau_{K_{Si}}=\frac{\alpha_S}{1-\alpha_S-\beta_S}\frac{WL_{Si}}{RK_{Si}} \quad (4-2)$$

$$1+\tau_{E_{Si}}=\frac{\beta_S}{1-\alpha_S-\beta_S}\frac{WL_{Si}}{QE_{Si}} \quad (4-3)$$

$$A_{Si}=\varphi_S\frac{(P_{Si}Y_{Si})^{\frac{\sigma}{\sigma-1}}}{K_{Si}^{\alpha_S}(QE_{Si})^{\beta_S}(WL_{Si})^{1-\alpha_S-\beta_S}},\text{其中},\varphi_S=\frac{Q^{\beta_S}W^{1-\alpha_S-\beta_S}(P_SY_S)^{\frac{-1}{\sigma-1}}}{P_S}$$

(4-4)

这里需要对式(4-4)加以说明:首先,沿用 HK 的设置,设 $\varphi_S=1$;其次,用 $(P_{Si}Y_{Si})^{\frac{\sigma}{\sigma-1}}$ 近似替代真实产出;最后,为了控制人力资本和能源质量带来的差异,用工资和能源投入分别代替劳动和能源消耗数量。

表4-3 关键变量描述性统计:生产率波动及补贴率

行业代码	2004			2005			2006			2007		
	vtfpr	vlogA	btl	vtfpr	vlogA	btl	vtfpr	vlogA	btl	vtfpr	vlogA	btl
13	0.96	1.25	0.66	0.95	1.26	0.64	0.94	1.26	0.63	0.93	1.26	0.59
14	0.85	1.14	0.67	0.87	1.18	0.68	0.86	1.17	0.70	0.86	1.17	0.66
15	0.87	1.18	0.70	0.87	1.20	0.68	0.92	1.26	0.68	0.91	1.23	0.66
17	0.69	0.89	0.69	0.71	0.92	0.69	0.72	0.94	0.69	0.74	0.96	0.69
18	0.62	0.84	0.77	0.63	0.86	0.76	0.63	0.87	0.75	0.65	0.90	0.75
19	0.67	0.92	0.72	0.70	0.96	0.72	0.70	0.97	0.71	0.69	0.97	0.71
20	0.77	0.95	0.72	0.76	0.96	0.70	0.74	0.95	0.70	0.76	0.99	0.69
21	0.72	0.97	0.69	0.72	0.98	0.70	0.72	0.96	0.68	0.72	0.98	0.69
22	0.71	0.93	0.75	0.73	0.97	0.75	0.75	1.00	0.75	0.77	1.02	0.76
23	0.64	0.88	0.70	0.65	0.90	0.71	0.67	0.92	0.72	0.70	0.96	0.72
24	0.62	0.82	0.69	0.63	0.84	0.68	0.64	0.86	0.67	0.61	0.84	0.64
25	0.93	1.26	0.65	0.96	1.28	0.60	0.98	1.27	0.58	0.98	1.24	0.57
26	0.83	1.05	0.65	0.83	1.06	0.64	0.85	1.10	0.65	0.87	1.11	0.66
27	0.82	1.15	0.68	0.85	1.19	0.65	0.87	1.22	0.63	0.90	1.26	0.65
28	0.75	0.99	0.62	0.74	0.98	0.61	0.75	1.00	0.61	0.76	1.00	0.62
29	0.69	0.92	0.73	0.68	0.92	0.70	0.71	0.95	0.71	0.73	0.98	0.70
30	0.71	0.91	0.72	0.71	0.92	0.71	0.71	0.94	0.71	0.72	0.96	0.69
31	0.74	0.94	0.72	0.77	0.99	0.71	0.77	1.02	0.71	0.80	1.05	0.70
32	0.87	1.19	0.57	0.89	1.22	0.58	0.89	1.21	0.59	0.89	1.22	0.62
33	0.96	1.19	0.60	1.01	1.28	0.61	1.04	1.35	0.61	1.06	1.39	0.63
34	0.71	0.93	0.72	0.73	0.97	0.71	0.73	0.97	0.72	0.73	0.98	0.71

续表

行业代码	2004			2005			2006			2007		
	vtfpr	vlogA	btl	vtfpr	vlogA	btl	vtfpr	vlogA	btl	vtfpr	vlogA	btl
35	0.68	0.90	0.70	0.70	0.93	0.70	0.71	0.96	0.69	0.74	1.00	0.70
36	0.75	0.99	0.66	0.77	1.03	0.65	0.78	1.04	0.65	0.79	1.07	0.67
37	0.73	0.99	0.68	0.72	0.99	0.67	0.74	1.02	0.69	0.76	1.04	0.70
39	0.78	1.04	0.72	0.78	1.07	0.72	0.79	1.08	0.71	0.78	1.08	0.69
40	0.85	1.13	0.81	0.82	1.12	0.79	0.79	1.10	0.79	0.74	1.04	0.75
41	0.79	1.01	0.72	0.79	1.03	0.72	0.80	1.04	0.74	0.78	1.04	0.70
42	0.70	0.88	0.68	0.72	0.93	0.68	0.73	0.96	0.71	0.75	1.00	0.71
均值	0.765	1.009	0.693	0.775	1.034	0.684	0.783	1.050	0.685	0.790	1.062	0.680

注:vtfpr、vlogA、btl 分别为名义生产率方差、实际生产率对数的方差、补贴率。

2) 关键变量的实证结果与分析

(1) 实际生产率对数的方差和名义生产率方差

表 4-3 给出了样本期内制造业分行业实际生产率对数的方差和名义生产率的方差、补贴率(行业内产出扭曲因子 $\tau_{Y_{Si}}$ 小于零的企业数量占行业企业总数量之比)。其中,实际生产率根据式(4-4)测算,离散度用其对数的标准差来度量。名义生产率根据式(3-34)测算。

通过对表 4-3 的分析发现:2004—2007 年制造业各行业内企业间实际生产率有着显著的差异,各年实际生产率对数的方差均值分别为 1.009、1.034、1.050、1.062,并有增加的趋势。以 2007 年为例,实际生产率对数的方差最大的行业是 33,方差为 1.39,最小的是行业 24,方差为 0.84。此外,制造业各行业之间的生产率方差的顺序比较稳定。以各行业每年实际生产率对数的方差从大到小排序为例,33、13、25、15 这四个行业的实际生产率对数的方差始终位居前五名(尽管具体名次有变化)。

从趋势上看,各年名义生产率方差均值为 0.765、0.775、0.783、0.790,根据理论预测,这表明样本期内制造业资源错配程度有明显的增加趋势。以各行业每年名义生产率方差从大到小排序为例,33、13、25、15 这四个行业的名义生产率方差始终位居前五名,这表明这四个分行业的资源错配最为严重。

(2) 各行业补贴率

产出扭曲因子 $\tau_{Y_{Si}}$ 小于零企业数量的多少,不仅反映政府在配置资源中的重要作用,还表明了政府在产品市场中对企业的干预程度。通过统计发现 2004—2007 年制造业总体平均补贴率依次为 69.3%、68.4%、68.5%、68.0%,

处于较为平缓的下降趋势。与其他行业相比,40、22、18这三个行业在样本期内始终是得到补贴最多的行业,行业40(通信设备、计算机及其他电子设备制造业)的持续补贴至少表明国家对信息化战略产业的补贴政策是连续的。2004年、2005年行业32(黑色金属冶炼及压延加工业)是补贴率最低的行业,2006年、2007年行业25(石油加工、炼焦及核燃料加工业)是补贴率最低的行业,说明国家对高能耗和产能过剩产业的限制政策是连续的。

(3) 产出、资本、能源错配因子的均值及方差

表4-4给出了制造业分行业资源错配因子的均值。通过观察该表发现:各行业产出错配因子的均值为负值,再次印证了大多数行业得到了各种各样的补贴。与此同时,发现制造业分行业的资本错配因子和能源错配因子均为正值,这说明了大多数制造业行业的企业都以较高的成本在使用能源和资本。从数据的绝对值看,资本错配因子的平均值最大,样本期内制造业总体资本错配因子的平均值依次为21.04、23.29、26.58、30.13,而能源错配因子的平均值依次为3.78、3.56、4.21、4.13,以及产出扭曲因子均值依次为-0.95、-0.96、-0.98、-0.96。样本期内资本扭曲增加趋势明显,能源扭曲和产出扭曲均值趋势不明显。实证结果中,资本扭曲因子均值的测算结果远远大于Uras的测算结果,他的测算以美国制造业为实证对象,制造业各个子行业的扭曲均值在-0.64—19.75之间[57],这表明中国资本扭曲更大。与其他行业相比,从2004—2007年各行业4年资本错配因子均值来看,33、42、19、39、40、13这6个行业位居制造业的前列,说明资本在这6个行业的扭曲较为严重;行业23、27、28、24、15资本错配因子均值始终位居制造业分行业后几位。依据对表4-3的分析发现行业40(通信设备、计算机及其他电子设备制造业)是补贴较多的行业,但从资本扭曲因子排名来看,也是资本扭曲较大的行业,这说明国家信息化战略的扶持政策在一定程度上被资本扭曲所削弱。行业33(有色金属冶炼及压延加工业)是国家产业政策限制的高能耗和产能过剩行业,这说明国家的能源政策执行是一致的。

表4-4 关键变量描述性统计:资源错配因子均值

行业代码	2004			2005			2006			2007		
	资本	能源	产出	资本	能源	产出	资本	能源	产出	资本	能源	产出
13	28.89	6.40	-1.43	33.21	4.79	-1.36	34.78	4.35	-1.38	36.95	4.70	-1.18
14	16.33	2.68	-1.09	21.85	3.23	-1.19	25.59	4.60	-1.31	25.26	3.42	-1.14

续表

行业代码	2004			2005			2006			2007		
	资本	能源	产出	资本	能源	产出	资本	能源	产出	资本	能源	产出
15	14.73	3.50	−1.22	17.51	4.50	−1.20	20.64	4.27	−1.20	24.61	3.16	−1.09
17	18.21	4.32	−0.81	20.43	3.89	−0.86	22.56	4.89	−0.89	24.71	5.53	−0.87
18	23.55	3.77	−0.88	26.15	3.22	−0.89	28.69	3.56	−0.85	32.13	3.30	−0.88
19	30.07	3.95	−0.83	32.02	3.45	−0.85	35.82	3.86	−0.80	40.01	3.44	−0.72
20	24.90	5.44	−1.04	29.08	3.56	−1.04	30.03	4.29	−1.02	35.31	4.44	−1.06
21	20.55	2.58	−0.85	20.86	3.05	−0.81	24.05	3.33	−0.74	27.20	4.18	−0.74
22	16.50	4.32	−1.09	21.01	4.10	−1.25	24.33	5.37	−1.25	30.01	7.54	−1.34
23	8.42	2.80	−0.84	9.34	3.29	−0.84	10.43	3.67	−0.85	12.58	3.14	−0.82
24	17.53	3.38	−0.62	17.50	2.40	−0.62	19.37	2.97	−0.63	19.49	1.98	−0.48
25	23.17	4.18	−1.23	25.13	3.85	−1.13	30.48	4.53	−0.96	31.05	3.46	−0.90
26	23.27	3.54	−0.95	26.36	3.65	−0.95	28.46	3.81	−1.04	34.25	5.03	−1.10
27	12.04	2.16	−0.98	12.73	3.40	−0.92	12.76	2.52	−0.92	15.86	3.82	−1.03
28	9.80	2.54	−0.66	12.36	1.75	−0.73	15.33	2.51	−0.87	23.56	3.08	−1.06
29	16.21	3.90	−0.99	18.60	3.34	−0.96	26.41	3.47	−1.06	29.20	4.14	−1.09
30	17.98	3.42	−0.98	18.89	3.12	−0.92	21.85	3.96	−0.95	24.69	5.00	−0.89
31	17.27	3.56	−1.03	19.46	3.31	−1.08	22.04	4.38	−1.18	26.46	4.53	−1.19
32	25.15	3.15	−0.63	28.37	3.48	−0.76	31.13	3.40	−0.78	37.84	4.50	−0.93
33	29.03	3.14	−0.82	35.38	3.07	−0.98	45.97	3.73	−1.07	58.17	3.38	−1.25
34	22.84	4.22	−0.95	25.45	3.40	−0.97	27.36	4.78	−0.96	31.04	3.61	−0.95
35	19.20	2.78	−0.75	20.70	2.84	−0.82	22.20	3.54	−0.82	26.57	3.81	−0.88
36	17.66	2.41	−0.72	19.05	2.34	−0.73	21.08	2.89	−0.75	25.89	4.02	−0.84
37	16.74	2.50	−0.75	16.33	2.29	−0.70	20.08	3.61	−0.79	24.67	4.33	−0.89
39	28.30	5.78	−1.07	32.63	3.18	−1.11	36.80	4.07	−1.09	38.45	3.92	−0.95
40	34.58	7.42	−1.67	33.57	8.05	−1.44	35.13	8.79	−1.32	32.09	4.58	−1.04
41	26.36	4.04	−0.91	25.92	4.49	−0.90	32.07	7.76	−0.97	29.21	4.16	−0.80
42	29.86	3.90	−0.69	32.18	4.63	−0.75	38.83	4.87	−0.86	46.50	5.55	−0.89
均值	21.04	3.78	−0.95	23.29	3.56	−0.96	26.58	4.21	−0.98	30.13	4.13	−0.96

表 4-5 给出了制造业分行业资源错配因子的方差。通过观察发现:制造业不同要素错配因子方差均值从大到小依次为资本、能源、产出错配因子,资本和能源错配因子各分行业方差差异均较大。以 2004 年为例,资本错配各分行业方差最小为 22.2,最大为 246.0;能源错配行业方差最小为 10.9,最大为 151.9。

表 4-5 关键变量描述性统计:资源错配因子方差

行业代码	2004			2005			2006			2007		
	资本	能源	产出	资本	能源	产出	资本	能源	产出	资本	能源	产出
13	93.3	151.9	3.4	91.1	64.6	3.1	101.5	39.0	3.4	110.6	47.2	2.9
14	38.8	16.4	2.2	63.4	40.5	2.1	71.4	66.1	2.3	53.0	30.7	2.0
15	32.9	33.3	2.2	40.8	33.8	2.4	48.7	48.6	2.5	60.0	25.3	2.1
17	109.4	139.2	2.5	48.0	33.1	1.5	56.4	57.4	1.6	77.5	90.5	1.5
18	46.3	28.2	1.4	56.4	20.3	1.3	58.9	24.9	1.2	74.6	31.3	1.3
19	79.6	32.7	1.5	82.2	23.7	1.5	129.9	38.3	1.3	107.3	29.8	1.2
20	68.7	91.4	1.7	69.8	20.3	1.4	58.7	42.9	1.7	67.9	57.1	1.7
21	56.3	15.0	1.5	45.7	28.0	1.3	59.7	26.2	1.3	54.8	44.8	1.3
22	38.0	49.0	1.8	55.6	33.4	2.1	64.0	63.4	2.0	68.8	235.8	1.9
23	27.7	21.4	1.6	21.2	27.3	1.5	22.4	28.8	1.5	29.7	30.3	1.4
24	47.3	43.6	1.1	39.1	11.1	1.3	55.0	44.9	1.2	82.2	9.1	1.0
25	53.2	37.3	2.6	63.6	27.1	2.7	103.8	58.6	2.3	136.3	47.1	2.6
26	246.0	53.8	2.2	86.3	53.5	2.2	68.1	40.2	2.1	77.9	96.3	2.3
27	22.2	12.4	1.9	28.1	39.9	2.0	30.2	18.0	2.3	31.7	91.2	2.3
28	31.5	10.9	1.6	22.5	7.2	1.7	38.8	14.3	1.9	157.3	21.4	3.7
29	30.4	44.0	1.7	35.3	34.6	1.7	91.4	28.4	1.8	69.0	45.3	1.9
30	76.0	29.4	2.1	41.4	17.7	1.6	47.3	48.8	1.6	63.4	159.8	1.6
31	128.1	38.0	1.8	102.3	26.9	1.9	54.2	41.3	2.0	72.8	62.2	2.1
32	81.2	21.9	1.7	85.5	31.2	2.0	95.1	33.2	1.9	103.8	42.2	2.0
33	74.4	24.8	2.0	109.9	23.1	2.1	127.2	34.3	2.3	165.1	22.5	2.7
34	61.5	47.2	1.6	55.0	30.9	1.6	64.7	62.5	1.5	63.6	33.3	1.5
35	61.8	22.5	1.3	46.8	23.2	1.5	52.4	38.3	1.5	57.1	46.2	1.5
36	53.0	14.5	1.5	57.7	13.5	1.5	58.7	25.4	1.5	90.5	65.9	1.6

续表

行业代码	2004			2005			2006			2007		
	资本	能源	产出	资本	能源	产出	资本	能源	产出	资本	能源	产出
37	46.1	20.1	1.5	41.1	16.9	1.4	60.4	84.5	1.5	63.5	80.1	1.8
39	69.7	104.6	2.0	148.0	19.8	1.9	94.6	32.6	1.8	265.2	55.7	5.3
40	86.2	71.8	2.8	79.9	132.4	2.1	93.5	235.9	2.0	95.4	47.2	1.7
41	71.1	23.9	1.6	65.1	34.8	1.4	81.5	218.5	1.5	61.8	33.3	1.3
42	100.8	23.4	1.3	88.6	38.1	1.3	138.0	41.2	1.5	134.8	47.6	1.4
均值	69.0	43.7	1.9	63.2	32.4	1.8	72.4	54.9	1.8	89.1	58.2	2.0

(4) 资源错配对制造业分行业总量TFP的影响

表4-6体现了资源错配对中国制造业分行业TFP造成的影响,即纠正资源错配后TFP的潜在收益。从表4-6中可看到资源错配对各行业TFP影响的大小存在显著差异。

① 资源错配的趋势。样本期内28个行业中有13个分行业(15、17、22、23、26、27、30、31、32、33、35、36、37)的资源错配程度逐年递增;此外,值得注意的是有24个行业2007年的资源错配开始恶化。2007年资源错配恶化的原因可能是国家实施一系列防止经济过热的政策、限制"两高"及产能过剩行业。2006年和2007年的政府工作报告中,国家首次提出了单位国内生产总值能耗降低4%左右的目标;两次上调贷款基准利率,三次上调存款准备金率;对"两高"行业实施了更加严厉的控制政策。这些政策的实施可能是因为所有制、企业规模等错配因素的存在恶化了资源配置效率。

② 资源错配的行业差异。分析结论来自表4-6。从样本期内资源错配对各行业TFP影响的均值排名可看出,资源错配最严重的5个行业依次为33、26、13、32、25,这些行业除了13属于轻工业外,其他均为资本密集的"两高"行业。如果资源有效配置,这些行业的平均TFP在现有的基础上可分别增长339.2%、213.6%、197.0%、191.7%、178.3%。资源错配程度最低的行业分别为行业23、24、18,这些行业均是轻工业行业。

表 4-6　行业内企业间资源错配对制造业分行业总量 TFP 的影响　　单位:%

行业代码	2004	2005	2006	2007	均值	均值排名	以行业23校准
13	203.6	198.7	190.9	194.8	197.0	3	47.2
14	147.5	150.6	149.4	159.1	151.7	12	24.7
15	123.7	129.5	147.0	160.7	140.2	15	19.0
17	124.1	130.3	139.2	145.7	134.8	19	16.4
18	104.5	108.5	108.4	112.3	108.4	26	3.3
19	120.8	120.4	132.6	139.1	128.2	23	13.1
20	161.4	160.0	154.8	158.8	158.8	8	28.2
21	130.4	123.5	125.8	129.8	127.4	24	12.7
22	149.7	166.2	180.9	193.9	172.7	6	35.1
23	89.0	95.2	106.4	116.6	101.8	28	0.0
24	101.2	105.6	109.9	102.8	104.9	27	1.5
25	140.4	169.5	205.5	197.8	178.3	5	37.9
26	186.6	204.0	227.5	236.2	213.6	2	55.4
27	117.9	135.3	142.0	144.6	134.9	18	16.4
28	134.9	157.9	134.4	123.7	137.7	16	17.8
29	125.6	120.5	135.5	153.4	133.8	20	15.8
30	132.9	134.1	137.9	141.1	136.5	17	17.2
31	142.6	166.7	171.4	185.3	166.5	7	32.1
32	177.2	190.8	198.3	200.3	191.7	4	44.5
33	296.9	328.0	341.8	390.1	339.2	1	117.6
34	129.5	134.9	132.4	136.2	133.3	21	15.6
35	113.7	118.2	129.9	132.9	123.7	25	10.8
36	143.7	146.9	155.1	158.1	150.9	13	24.4
37	126.4	129.3	133.2	137.3	131.5	22	14.7
39	141.4	136.3	145.3	149.6	143.2	14	20.5
40	156.8	171.2	146.1	150.5	156.1	10	26.9
41	155.1	169.1	159.2	143.5	156.7	9	27.2
42	150.1	156.8	155.8	161.9	156.1	11	26.9
均值	143.8	152.1	157.0	162.7	153.9		25.8

为了控制测量和参数设定误差对测算结果的影响,以资源错配程度最低的行业23(样本期平均水平)为基准,其他行业如果达到该行业的资源配置效率,TFP的潜在收益仍十分可观,范围为:1.5%—117.6%,均值为25.8%。

(5) 资源错配对制造业总量 TFP 的影响

中国制造业资源错配程度在样本期呈现逐年递增趋势,相应的资源错配对制造业总量TFP造成的影响则由149.5%上升至173.9%(如图4-1)。该结论比邵谊航等测算的结果小[42]。造成差异的原因有二:首先,数据处理方法不同。本书对各行业按照 HK 的截尾方法采取了更为严格的截尾(2%),有效地避免了 TFPR 异常值对实证结果的影响。其次,与其选择 30 个制造业分行业不同,本书选择了 28 个。

资源错配程度整体增加的原因可能是 2004—2007 年政府为了抑制经济过热在产出和要素市场实施了一系列控制政策,且政策力度不断增强(这一点在2004—2007 年政府工作报告中得到了印证)。而这些政策可能正是资源错配加剧的原因。

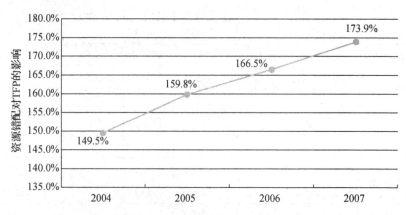

图 4-1　行业内企业间资源错配程度对制造业总量 TFP 的影响

(6) 不同要素错配类型对制造业总量 TFP 的影响。

表 4-7 显示了这一结果,通过分析可得出下述结论:

第一,单一扭曲导致的资源错配对制造业总量 TFP 影响。该类资源错配对 TFP 影响的趋势和大小均存在差异。资本错配对 TFP 的影响呈现较快的上升趋势,从 2004 年的 105.60%上升至 2007 年的 128.26%;产出扭曲导致的资源错配呈现微弱的下降趋势,从 2004 年的 19.71%下降至 2007 年的12.75%;能源错配对 TFP 的影响呈现下降趋势,从 2004 年的 8.16%下降至 2007 年的

6.52%。从不同要素错配对 TFP 影响的样本均值看,对 TFP 的影响从大到小的顺序依次为资本错配、产出扭曲导致的错配、能源错配,样本期内影响的范围依次为 105.60%—128.26%、12.75%—19.71%、6.52%—8.16%。

第二,双扭曲导致的资源错配对制造业总量 TFP 的影响。该类错配对 TFP 的影响巨大。样本期内,产出和资本扭曲共同导致的错配对 TFP 的影响呈现出较为快速的增加趋势,影响范围为 137.65%—150.46%。产出和能源扭曲共同导致的错配对 TFP 影响呈现下降趋势,影响范围 19.36%—28.10%。能源和资本扭曲共同导致的错配对 TFP 的影响呈现较快的增加趋势,影响范围 121.26%—143.85%。该类错配对 TFP 造成影响远大于单一扭曲导致的资源错配对制造业总量 TFP 的影响。

表 4-7 单要素扭曲、双要素扭曲错配对 TFP 的影响　　　　单位:%

错配类型		2004	2005	2006	2007	备注
单一扭曲导致的错配	产出扭曲	19.71	17.65	13.00	12.75	仅存在产出扭曲
	资本扭曲	105.60	116.38	122.13	128.26	仅存在资本扭曲
	能源扭曲	8.16	7.71	7.13	6.52	仅存在能源扭曲
双扭曲导致的错配	资本和产出	137.65	144.65	144.97	150.46	仅存在资本、产出扭曲
	能源和产出	28.10	25.88	20.82	19.36	仅存在能源、产出扭曲
	能源和资本	121.26	132.52	137.64	143.85	仅存在能源、资本扭曲

4.1.3　稳健性检验

以资源错配对制造业总量 TFP 的影响为对象,做了以下四个稳健性检验(见表 4-8):

第一,用年末从业人数替代工资作为劳动投入的替代变量。结果表明资源错配对 TFP 的影响比前文更大,但趋势一致。第二,正文中给出的能源投入为制造投入的 50%,但可能依然高估了能源投入,下面分别给出制造投入的 10%、30% 的实证结果。结果表明:如果能源投入比例过小(小于制造投入的 50%),则资源错配对 TFP 的影响比前文更大,能源错配对 TFP 的影响比前文更小,但趋势一致。此外用能源实物量(标准煤)替代能源投入的实证结果表明:资源错配和能源错配对 TFP 影响的测算结果均比前文大,但趋势一致。因此,能源错配对制造业 TFP 的影响在 2.1% 和 9.0% 之间。第三,将替代弹性 σ

由 3 设置为 5。结果正如第 2 章中的理论预测一样，该值的增加导致了资源错配程度的增加，对 TFP 的影响也大幅增加，与前文趋势一致。第四，首尾各截尾 0.5%，资源错配对 TFP 的影响比前文更大，但趋势一致。

综上，本书测算的资源错配对 TFP 影响的结果较为保守，且是稳健的。

表 4-8 稳健性检验结果(1)   单位:%

稳健性检验类型		错配类型	2004	2005	2006	2007
前文测算结果		资源错配	149.5	159.8	166.5	173.9
		能源错配	8.16	7.71	7.13	6.52
能源投入为制造投入的比例	10%	资源错配	174.9	187.8	195.9	200.6
		能源错配	2.1	2.0	1.8	1.7
	30%	资源错配	160.9	172.4	179.8	186.0
		能源错配	5.6	5.2	4.9	4.4
能源实物量替代能源投入		资源错配	164.5	175.8	183.2	191.3
		能源错配	9.0	8.5	7.8	7.2
首尾各截尾 0.5%		资源错配	198.1	209.5	218.9	233.4
年末从业人数替代工资		资源错配	366.1	398.4	419.2	443.4
替代弹性为 5		资源错配	297.7	314.6	325.0	340.7

4.2 行业内企业间资源错配对中国制造业全要素生产率影响的区域差异

中国不同经济时期形成了不同的区域经济格局，随着经济新常态的到来，中国提出了"四大板块，三个支撑带"的区域新格局，这一提法将有利于从横向和纵向提高区域经济一体化水平，提高区域内的资源配置效率，打破原有的区域分割。那么，如果各区域资源有效配置，各区域行业内企业间的资源配置效率提升空间有多大?

4.1 节检验了行业内企业间资源错配对中国制造业总量 TFP 的影响时，其潜在假设是：当制造业各子行业内企业间在一国范围内实现有效配置后，制造业总量 TFP 在现有基础上可实现增长的百分比。然而，这一假设忽视了中国区域经济发展差异较大的现实情况，测出的 TFP 增长潜力短期内难以实现。

为了提高实证研究的应用价值,本节立足中国区域格局发展历史与现状,分区域考察了行业内企业间资源错配对中国制造业总量TFP的影响;同时与HK的研究思路相同(HK以美国制造业为参照基准),以区域内行业内企业间资源错配程度最低的地区为基准,如果其他地区达到该地区的资源配置效率,那么其他地区TFP能够实现的潜在增长空间是多少?

因此,本节,首先回顾了中国区域经济格局的历史演进;其次,对中国当前的区域新格局进行了说明;最后,应用3.2节行业内企业间资源错配对TFP影响的理论模型,以2004—2007年中国制造业数据为实证对象进行实证检验,扭曲因子设定为产出、资本、能源扭曲因子。

4.2.1 中国区域经济新格局的划分

1) 中国区域经济格局的演进

区域经济是整体经济的有机组成部分,区域经济发展状况直接影响整体的经济发展质量和发展水平。区域经济的划分一般以区域资源禀赋、经济发展环境、国家经济发展战略等因素为依据,具体的为自然条件、地理位置、经济发展水平、人口和城镇分布、政治和军事考虑等。一个国家的经济区域划分是构建区域经济发展体系、制定区域经济发展战略和实施区域经济政策的基础。

中国在不同的经济阶段形成了不同的区域经济格局。改革开放初期,"六五"计划沿用了之前的沿海与内地"两分法","七五"计划实行了东、中、西三大经济地带划分,"八五"计划又恢复为沿海与内地的"两分法","九五"计划重新划分了东部地区和中西部地区,"十五"计划又回到东、中、西三大经济区域划分,"十一五"和"十二五"规划补充形成东部、中部、西部和东北四大区域划分(见表4-9)。纵观中国经济区域划分的历史演变,其核心线索是"七五"时期东、中、西三大区域的划分,其他时期仅作了局部调整或补充[165]。

表4-9 中国区域格局的演进

国家计划	时间	区域经济格局
"六五"计划	1981—1985	沿海地区、内陆地区
"七五"计划	1986—1990	东部沿海地带、中部地带、西部地带
"八五"计划	1991—1995	沿海地区、内陆地区

续表

国家计划	时间	区域经济格局
"九五"计划	1996—2000	(1) 东部地区、中西部地区;(2) 长江三角洲及沿江地区、环渤海地区、东南沿海地区、西南和华南部分省区、东北地区、中部五省地区、西北地区
"十五"计划	2001—2005	西部地区、中部地区、东部地区
"十一五"计划	2006—2010	(1)西部地区、东北地区、中部地区、东部地区;(2)优化开发、重点开发、限制开发、禁止开发四类主体功能区
"十二五"计划	2011—2015	

2) 中国区域新格局的划分

2008年金融危机爆发以来,中国经济逐步迈入"新常态",其特征表现为:经济增长速度由高速向中高速转换,结构调整面临阵痛期,新的经济增长动力正在形成,改革进入深水区,日益恶化的环境污染已经到达或接近环境承载能力的上限。面对这些问题,中国政府提出了"创新、协调、绿色、开放、共享"的发展理念,而原有东部、中部、西部和东北四大区域划分方法,则不能体现区域协调和区域间开放的发展理念。例如,这一划分方法不利于区域间经济的协调和一体化发展,具备的一定分割性使其不能满足开放的发展理念要求,这些变化对原有经济区域划分提出了诸多挑战,新的区域经济格局呼之欲出。

尽管"十二五"期间东部、中部、西部及东北部区域的划分,有利于中国实施东部率先发展、中部崛起、西部大开发、振兴东北老工业基地的区域经济战略;同时,该战略的实施也有利于缩小区域经济差异、提高区域内经济一体化水平。但这一划分也仍存在以下三点不足:

(1) 区域间缺乏有效的融合机制,不利于全国统一市场的形成。在国家层面的区域战略中,东部、中部、西部及东北部的块状划分是对全国统一市场的自然割裂,而国家依据这一划分方法制定的区域经济政策,无形中会进一步强化"四大板块"的经济割裂,各区域内的经济融合与竞争会进一步强化,而区域间的竞争可能会进一步加剧,因此不利于形成全国统一市场。

(2) 不利于产业在区域间的转移与承接。随着国内劳动力及原材料价格的日益上涨,东部地区已经逐渐丧失了发展劳动密集型产业的比较优势,相对而言,东北部、中部、西部则具有承接劳动密集型产业的条件和需要,而四个块状区域经济的划分不利于产业在区域间的转移和承接。

(3) 各区域内省份（市、区、县）间过度竞争，导致了重复建设和资源浪费。例如，各个开发区的建设如火如荼，仅分布在全国各省（市、区）的国家级经济技术开发区就高达 215 个。

为此，2015 年的中国政府工作报告首次提出拓展区域发展新空间，统筹实施"四大板块"和"三个支撑带"（"一带一路"、长江经济带、京津冀经济带）战略组合。报告指出："在西部地区开工建设一批综合交通、能源、水利、生态、民生等重大项目，落实好全面振兴东北地区等老工业基地政策措施，加快中部地区综合交通枢纽和网络等建设，支持东部地区率先发展，加大对革命老区、民族地区、边疆地区、贫困地区支持力度，完善差别化的区域发展政策。把'一带一路'建设与区域开发开放结合起来，加强新亚欧大陆桥、陆海口岸支点建设。推进京津冀协同发展，在交通一体化、生态环保、产业升级转移等方面率先取得实质性突破。推进长江经济带建设，有序开工黄金水道治理、沿江码头口岸等重大项目，构筑综合立体大通道，建设产业转移示范区，引导产业由东向西梯度转移。……加强中西部重点开发区建设，深化泛珠三角等区域合作。"

根据 2015 年中国政府工作报告中区域经济格局的规划，"四大板块"，是指要大力建设西部地区、东北地区、东部地区和中部地区，而"三个支撑带"，是指"一带一路"、京津冀协同发展、长江经济带，它们涉及的省份见表 4-10。这一新的区域经济新格局在 2015 年政府工作报告中的提出，标志着未来中国区域经济新格局划分与形成。这一划分方法将有利于打破"四大板块"之间的经济割裂，"三个支撑带"战略的提出就是要打通板块，实现区域一体化。

表 4-10 中国区域经济新格局

区域名称		区域及经济带涵盖的行政区	省份数量
四大板块	东部地区	北京、天津、河北、山东、江苏、上海、浙江、福建、广东、海南	10
	中部地区	河南、湖北、湖南、安徽、江西、山西	6
	东北地区	辽宁、吉林、黑龙江	3
	西部地区	重庆、四川、云南、贵州、广西、西藏、陕西、甘肃、宁夏、新疆、青海、内蒙古	12

续表

区域名称		区域及经济带涵盖的行政区	省份数量
三个支撑带	"一带一路"	（1）丝绸之路经济带：陕西、甘肃、青海、宁夏、新疆、重庆、四川、云南、广西；（2）21世纪海上丝绸之路经济带：江苏、浙江、广东、福建、海南	14
	长江经济带	江苏、浙江、湖北、湖南、江西、安徽、贵州、云南、四川、上海、重庆	11
	京津冀经济带	北京、天津、河北	3

为了更好地进行区域差异的比较研究，本书将"一带一路"分拆为"丝绸之路经济带"和"21世纪海上丝绸之路经济带"，"一带一路"覆盖中国东西14个省份，从东部和西部之间经济水平、资源禀赋差异看，将"一带一路"分拆为"丝绸之路经济带"和"21世纪海上丝绸之路经济带"是合理的，因此，本书研究的区域经济新格局为"四大板块"和"四个支撑带"。

4.2.2 数据、变量与参数

本节的数据、变量、参数设定与4.1节相同。

4.2.3 实证结果与分析

1）关键变量实证结果与分析

本节实证的关键变量为企业的产出扭曲因子 $\tau_{Y_{Si}}$、能源扭曲因子 $\tau_{E_{Si}}$、资本扭曲因子 $\tau_{K_{Si}}$ 以及名义生产率方差 V_{TFPR}。受篇幅限制，表4-11至表4-14仅仅报告了2007年中国东部地区、中部地区、西部地区、东北地区、长江经济带、京津冀经济带、丝绸之路经济带以及21世纪海上丝绸之路经济带关键变量的实证结果，通过对实证结果的分析，可得到如下结论：

表4-11 中国东部和中部地区关键变量实证结果

行业代码	企业数量/家	东部地区				企业数量/家	中部地区			
		$\tau_{K_{Si}}$	$\tau_{E_{Si}}$	$\tau_{Y_{Si}}$	V_{TFPR}		$\tau_{K_{Si}}$	$\tau_{E_{Si}}$	$\tau_{Y_{Si}}$	V_{TFPR}
13	6 912	35.67	5.02	−1.27	0.90	3 424	37.10	4.21	−0.97	0.88
14	2 783	22.91	2.75	−1.06	0.84	1 107	31.89	2.73	−1.14	0.87

续表

行业代码	企业数量/家	东部地区				企业数量/家	中部地区			
		$\tau_{K_{Si}}$	$\tau_{E_{Si}}$	$\tau_{Y_{Si}}$	V_{TFPR}		$\tau_{K_{Si}}$	$\tau_{E_{Si}}$	$\tau_{Y_{Si}}$	V_{TFPR}
15	1 425	25.95	3.13	−1.16	0.89	903	31.56	3.05	−1.30	0.91
17	18 235	23.94	5.07	−0.89	0.71	3 048	24.36	6.34	−0.85	0.79
18	9 955	30.81	3.30	−0.86	0.63	1 084	53.89	4.19	−1.42	0.82
19	4 869	33.65	3.56	−0.70	0.64	569	102.52	4.10	−1.20	0.88
20	3 842	36.24	3.89	−1.10	0.71	1 316	40.46	3.62	−1.01	0.78
21	2 338	25.71	4.86	−0.73	0.71	366	44.19	2.59	−0.83	0.78
22	4 436	25.18	8.19	−1.17	0.73	1 096	34.71	5.31	−1.44	0.81
23	2 771	10.92	3.14	−0.75	0.66	545	16.12	2.12	−0.94	0.85
24	2 882	17.29	2.13	−0.49	0.61	244	41.73	3.44	−0.63	0.69
25	611	35.12	2.02	−0.90	1.05	374	17.36	4.00	−0.82	0.89
26	11 064	35.89	5.70	−1.24	0.86	3 733	36.52	3.76	−1.00	0.83
27	2 029	15.80	1.80	−1.00	0.87	1 053	17.31	12.78	−1.15	0.91
28	1 104	29.54	4.30	−1.49	0.75	105	9.64	1.27	−0.44	0.92
29	2 230	29.73	4.69	−1.06	0.71	359	38.13	3.67	−1.28	0.83
30	9 332	23.08	5.37	−0.85	0.69	1 336	35.01	4.85	−1.22	0.83
31	10 750	28.30	5.07	−1.14	0.78	4 718	28.72	4.71	−1.41	0.82
32	3 000	39.31	3.95	−1.26	0.87	991	42.21	7.23	−0.94	0.90
33	2 758	65.25	4.29	−1.71	1.00	1 351	54.04	2.64	−0.94	1.12
34	11 053	29.33	3.58	−0.92	0.70	1 469	36.16	8.24	−0.92	0.80
35	15 659	25.36	4.12	−0.90	0.70	2 594	33.73	3.19	−0.87	0.81
36	7 309	25.84	3.22	−0.90	0.75	1 477	23.43	3.48	−0.61	0.84
37	7 380	25.29	5.75	−1.01	0.72	1 636	21.15	2.41	−0.58	0.80
39	11 391	33.79	4.21	−0.90	0.74	1 637	50.96	4.38	−1.23	0.90
40	7 037	31.63	4.83	−1.11	0.72	571	36.72	4.63	−1.20	0.88
41	2 729	26.86	4.08	−0.82	0.73	309	46.36	2.15	−0.85	0.96
42	4 384	42.93	4.88	−0.83	0.71	506	75.16	10.52	−1.31	0.91
均值	6 081	29.69	4.18	−1.01	0.76	1 354	37.90	4.49	−1.02	0.86

表 4-12　中国东北和西部地区关键变量实证结果

行业代码	企业数量/家	东北地区				企业数量/家	西部地区			
		$\tau_{K_{Si}}$	$\tau_{E_{Si}}$	$\tau_{Y_{Si}}$	V_{TFPR}		$\tau_{K_{Si}}$	$\tau_{E_{Si}}$	$\tau_{Y_{Si}}$	V_{TFPR}
13	1 862	31.98	4.82	−1.01	1.03	2 716	49.79	5.75	−1.40	1.00
14	568	28.55	5.02	−1.63	0.96	1 104	24.66	5.18	−1.14	0.87
15	430	17.98	2.22	−1.09	0.92	971	21.08	3.73	−0.98	0.94
17	862	24.95	7.96	−0.83	0.82	1 552	38.78	5.01	−0.94	0.89
18	990	34.35	2.89	−0.82	0.63	623	24.40	2.08	−0.77	0.63
19	393	68.01	1.96	−0.67	0.60	664	39.17	1.95	−0.67	0.81
20	846	20.31	8.19	−0.80	0.80	711	44.29	4.87	−1.20	0.94
21	440	33.88	3.11	−0.80	0.75	383	17.19	2.05	−0.61	0.72
22	528	29.10	6.39	−1.08	0.83	1 033	45.45	5.22	−1.73	0.86
23	354	23.40	4.51	−1.01	0.74	636	11.79	1.97	−0.99	0.73
24	187	19.49	0.81	−0.56	0.66	241	23.59	0.88	−0.44	0.45
25	297	39.69	0.81	−1.41	1.07	428	50.48	8.82	−1.38	0.83
26	1 542	31.17	1.97	−0.77	0.90	2 817	28.68	6.89	−1.04	0.91
27	574	15.75	2.82	−0.98	0.94	1 191	15.98	3.55	−1.14	0.91
28	55	40.31	0.31	0.06	0.87	81	18.12	1.35	−1.32	0.82
29	285	17.06	3.03	−0.91	0.77	285	34.02	1.60	−1.58	0.74
30	1 040	29.57	3.02	−1.01	0.79	1 365	23.72	2.96	−0.85	0.77
31	1 901	22.19	3.10	−1.11	0.82	3 264	19.90	3.74	−1.14	0.77
32	613	48.50	4.14	−0.88	0.99	1 326	32.27	5.20	−0.52	0.87
33	401	86.46	4.25	−1.89	1.11	1 020	38.84	3.54	−0.84	1.11
34	1 239	38.66	3.52	−1.08	0.80	1 491	30.00	3.76	−0.95	0.73
35	2 581	25.22	2.88	−0.71	0.77	1 886	30.19	3.87	−0.96	0.83
36	1 176	25.20	10.88	−0.89	0.90	1 191	25.35	3.73	−0.69	0.83
37	1 023	27.31	2.91	−1.10	0.87	1 786	25.57	2.31	−0.69	0.79
39	1 604	47.15	2.72	−0.75	0.80	1 643	43.09	2.30	−1.05	0.84
40	423	31.92	4.69	−0.84	0.86	1 192	32.40	2.72	−0.74	0.79
41	286	28.99	7.76	−0.51	0.89	350	32.84	3.19	−0.84	0.83
42	247	36.08	2.09	−0.77	0.73	318	41.91	6.95	−0.76	0.83
均值	812	32.97	3.89	−0.92	0.84	1 152	30.84	3.76	−0.98	0.82

(1) 制造业分布不均衡,多集中于东部地区和长江经济带。从"四大板块"看,东部地区制造业企业数量最多,其次为中部、西部和东北地区。从"四个支撑带"看,长江经济带制造业企业数量最多,其次为21世纪海上丝绸之路经济带、丝绸之路经济带、京津冀经济带。

(2) 资本扭曲和劳动扭曲广泛存在,资本扭曲更大。无论是"四大板块"还是"四个支撑带",制造业各行业扭曲均值中,资本扭曲和劳动扭曲均大于零,而且资本扭曲均值远远大于劳动扭曲均值。

(3) 行业产出补贴普遍存在,各区域之间和区域内行业之间存在着较为显著的差异。从"四大板块"产出扭曲因子的均值看,各个行业的均值全部为负,这表明行业中的大部分企业存在产出补贴。从"四个支撑带"看,也可得到类似的结论。东部、中部、东北、西部的产出扭曲因子的均值分别为−1.01、−1.02、−0.92、−0.98;丝绸之路经济带、21世纪海上丝绸之路经济带、长江经济带、京津冀经济带的产出扭曲因子的均值分别为−0.95、−0.92、−0.94、−1.27。以东部地区和京津冀地区分别为例,行业补贴最多是最少的3.49倍和2.48倍,根据表4-11至表4-14中 $\tau_{Y_{Si}}$ 计算得出,这预示着在制定区域政策和产业政策时应差别对待。

表4-13 中国长江经济带和京津冀经济带关键变量实证结果

行业代码	企业数量/家	长江经济带				企业数量/家	京津冀经济带			
		$\tau_{K_{Si}}$	$\tau_{E_{Si}}$	$\tau_{Y_{Si}}$	V_{TFPR}		$\tau_{K_{Si}}$	$\tau_{E_{Si}}$	$\tau_{Y_{Si}}$	V_{TFPR}
13	5 760	38.81	3.82	−1.13	0.89	883	31.69	5.03	−1.77	1.04
14	2 304	23.91	3.23	−0.97	0.80	463	17.49	1.32	−1.05	0.91
15	1 751	29.95	2.65	−1.12	0.89	243	18.95	3.56	−1.19	0.98
17	15 475	21.92	5.18	−0.84	0.69	998	39.53	11.73	−1.10	0.95
18	7 716	28.55	3.15	−0.89	0.63	699	32.31	8.83	−1.13	0.78
19	4 084	29.46	3.18	−0.65	0.59	366	88.04	5.73	−2.16	0.93
20	3 406	31.20	3.67	−0.99	0.68	228	45.46	3.03	−1.75	0.91
21	1 582	19.73	5.01	−0.66	0.65	255	17.82	2.30	−1.23	0.85
22	3 727	24.94	4.49	−1.29	0.70	510	23.97	42.17	−1.41	0.90
23	2 210	10.77	2.66	−0.84	0.63	381	7.23	1.43	−1.09	0.76
24	2 225	22.24	2.30	−0.53	0.62	141	18.48	2.86	−0.91	0.69

续表

行业代码	企业数量/家	长江经济带				企业数量/家	京津冀经济带			
		$\tau_{K_{Si}}$	$\tau_{E_{Si}}$	$\tau_{Y_{Si}}$	V_{TFPR}		$\tau_{K_{Si}}$	$\tau_{E_{Si}}$	$\tau_{Y_{Si}}$	V_{TFPR}
25	444	41.27	6.09	−0.88	0.97	155	17.65	2.63	−0.90	0.97
26	9 845	33.85	4.69	−1.14	0.82	1 493	26.62	6.31	−1.08	0.94
27	2 310	14.97	5.46	−1.03	0.83	394	11.12	1.48	−1.03	0.90
28	1 026	20.25	3.86	−1.19	0.73	61	18.06	1.22	−0.94	1.02
29	1 638	28.35	3.69	−1.22	0.66	343	23.21	3.46	−0.87	0.77
30	7 357	21.18	6.20	−0.88	0.68	744	30.25	5.77	−1.56	0.87
31	9 048	23.43	3.82	−1.10	0.69	1 540	20.89	6.51	−1.26	0.86
32	2 908	36.69	5.31	−1.08	0.81	665	37.77	3.37	−1.38	0.99
33	2 835	51.87	3.21	−1.12	1.01	301	44.47	2.56	−1.46	1.18
34	8 223	26.38	3.56	−0.88	0.69	1 318	27.47	4.71	−1.30	0.82
35	13 365	23.34	4.03	−0.83	0.67	1 584	29.13	3.95	−1.25	0.82
36	5 845	21.25	3.16	−0.82	0.71	985	41.72	2.11	−1.04	0.87
37	7 331	23.23	3.84	−0.83	0.69	1 005	20.92	8.89	−1.10	0.85
39	9 449	31.23	3.69	−0.90	0.75	916	45.59	5.59	−1.52	0.94
40	4 995	23.90	3.78	−0.99	0.72	647	57.76	9.58	−1.97	0.91
41	2 101	27.69	2.85	−0.86	0.73	383	50.22	9.97	−1.15	0.95
42	3 084	41.35	4.78	−0.77	0.69	265	33.64	3.40	−0.99	0.81
均值	5 073	27.56	3.98	−0.94	0.74	642	31.34	6.05	−1.27	0.90

（4）资源错配现象普遍存在，各区域之间和区域内行业间差异较为显著。从制造业各行业名义生产率的方差均值来看，东部、中部、东北、西部的均值分别为：0.76、0.86、0.84、0.82；丝绸之路经济带、21世纪海上丝绸之路经济带、长江经济带、京津冀经济带的均值分别为：0.81、0.69、0.74、0.90。根据理论预测，如果该值不为零，则表明存在行业内企业间资源错配现象，该值最小的是"四大板块"中的东部地区和"四个支撑带"中的21世纪海上丝绸之路经济带，这表明它们的资源错配程度最低。从各区域内的行业间来看，以东部地区和京津冀经济带分别为例，名义生产率方差最大的是最小的1.72倍和1.71倍。

表 4-14　中国丝绸之路经济带和 21 世纪海上丝绸之路经济带关键变量实证结果

行业代码	企业数量/家	丝绸之路经济带				企业数量/家	21 世纪海上丝绸之路经济带			
		$\tau_{K_{Si}}$	$\tau_{E_{Si}}$	$\tau_{Y_{Si}}$	V_{TFPR}		$\tau_{K_{Si}}$	$\tau_{E_{Si}}$	$\tau_{Y_{Si}}$	V_{TFPR}
13	2 250	51.01	5.62	−1.41	0.99	3 003	35.14	5.03	−1.17	0.85
14	950	22.77	4.76	−1.06	0.85	1 328	19.94	3.76	−0.95	0.73
15	805	20.87	3.66	−0.92	0.95	806	29.76	2.89	−1.14	0.84
17	1 377	36.25	5.33	−0.94	0.82	13 702	20.75	4.82	−0.84	0.66
18	577	23.92	2.80	−0.81	0.61	7 389	27.50	3.01	−0.77	0.58
19	647	35.72	1.78	−0.58	0.79	3 821	26.29	2.85	−0.56	0.54
20	570	47.18	5.13	−1.17	0.94	2 512	30.84	3.71	−0.98	0.63
21	357	16.00	2.01	−0.52	0.69	1 431	22.95	4.94	−0.61	0.60
22	961	44.14	5.39	−1.60	0.86	2 947	19.65	4.00	−0.91	0.63
23	581	12.10	2.06	−0.92	0.73	1 775	10.08	4.07	−0.69	0.57
24	237	24.31	0.89	−0.46	0.45	2 198	14.53	1.96	−0.39	0.57
25	359	48.19	2.92	−1.20	0.85	255	53.83	1.03	−1.14	1.02
26	2 391	28.69	7.45	−1.01	0.92	6 549	35.94	4.83	−1.24	0.81
27	1 010	15.16	3.42	−1.07	0.91	1 109	15.21	1.86	−0.98	0.76
28	69	13.95	1.13	−1.34	0.76	932	21.58	4.25	−1.29	0.71
29	275	37.72	1.68	−1.76	0.75	1 300	24.96	4.94	−0.94	0.61
30	1 281	23.21	2.92	−0.85	0.76	6 699	19.96	5.90	−0.76	0.62
31	2 801	19.49	3.59	−1.11	0.77	6 012	27.10	4.37	−1.05	0.68
32	984	27.67	6.35	−0.43	0.87	1 877	36.62	4.11	−1.28	0.80
33	837	38.15	3.35	−0.74	1.07	1 907	64.98	5.34	−1.71	0.96
34	1 396	30.07	3.73	−0.92	0.72	7 327	25.15	3.05	−0.73	0.64
35	1 762	29.27	3.93	−0.96	0.83	10 034	20.78	3.41	−0.78	0.62
36	1 109	27.14	4.09	−0.75	0.82	4 419	18.34	3.76	−0.77	0.64
37	1 684	25.58	1.70	−0.66	0.77	4 814	22.50	6.12	−0.92	0.64
39	1 561	42.54	2.30	−1.03	0.84	8 363	27.86	4.40	−0.73	0.67
40	1 150	32.54	2.73	−0.73	0.79	5 346	26.32	3.90	−0.90	0.64
41	343	33.56	3.24	−0.82	0.83	1 877	21.17	2.79	−0.74	0.64
42	297	40.65	7.80	−0.73	0.82	3 271	38.57	4.83	−0.70	0.64
均值	1 022	30.28	3.63	−0.95	0.81	4 036	27.08	3.93	−0.92	0.69

2) 资源错配对制造业分行业 TFP 影响的区域差异

表 4-15 至表 4-22 报告了"四大板块"和"四个支撑带"各自区域内资源错配对制造业分行业总量 TFP 的影响。

(1) 东部地区资源错配对制造业分行业总量 TFP 的影响

表 4-15 报告了东部地区制造业分行业资源错配对 TFP 的影响,通过对实证结果的分析,可以得到下述结论:

表 4-15 资源错配对制造业分行业 TFP 的影响(东部地区) 单位:%

行业代码及名称		2004	2005	2006	2007	均值	均值排名	以行业23为基准
13	农副食品加工业	204.4	180.8	187.6	180.1	188.2	25	47.3
14	食品制造业	140.2	149.2	144.6	146.6	145.2	20	25.3
15	饮料制造业	122.0	127.1	142.4	147.3	134.7	14	19.9
17	纺织业	120.5	128.0	127.5	130.9	126.7	12	15.9
18	纺织服装、鞋、帽制造业	94.8	103.1	99.5	103.3	100.2	2	2.3
19	皮革、毛皮、羽毛(绒)及其制品业	103.1	107.8	113.1	111.8	109.0	4	6.8
20	木材加工及木、竹、藤、棕、草制品业	157.9	137.3	128.2	133.5	139.2	18	22.2
21	家具制造业	128.2	127.2	119.8	125.1	125.1	10	15.0
22	造纸及纸制品业	153.9	160.3	180.1	178.5	168.2	23	37.1
23	印刷业和记录媒介的复制	89.6	92.3	97.4	103.4	95.7	1	0.0
24	文教体育用品制造业	101.9	107.0	112.9	104.2	106.5	3	5.5
25	石油加工、炼焦及核燃料加工业	148.9	205.1	292.0	223.2	217.3	27	62.2
26	化学原料及化学制品制造业	190.9	187.9	227.5	240.7	211.8	26	59.3
27	医药制造业	115.1	118.6	130.3	134.4	124.6	7	14.8
28	化学纤维制造业	123.4	140.9	120.1	115.7	125.0	9	15.0
29	橡胶制品业	124.0	121.0	146.3	152.9	136.3	16	20.8
30	塑料制品业	123.0	123.2	125.5	127.4	124.8	8	14.9
31	非金属矿物制品业	138.9	157.3	160.2	175.9	158.1	22	31.9
32	黑色金属冶炼及压延加工业	180.7	172.6	176.7	170.8	175.3	24	40.7
33	有色金属冶炼及压延加工业	323.8	294.9	315.0	360.8	323.6	28	116.5

续表

	行业代码及名称	2004	2005	2006	2007	均值	均值排名	以行业23为基准
34	金属制品业	122.6	128.8	124.8	127.1	125.8	11	15.4
35	通用设备制造业	106.9	112.5	124.7	124.4	117.1	5	11.0
36	专用设备制造业	125.9	123.7	133.0	145.2	132.0	13	18.5
37	交通运输设备制造业	116.7	125.1	123.5	125.5	122.8	6	13.8
39	电气机械及器材制造业	132.5	132.9	136.7	142.9	136.3	15	20.7
40	通信设备、计算机及其他电子设备制造业	154.3	162.6	141.8	140.1	149.7	21	27.6
41	仪器仪表及文化、办公用机械制造业	138.3	160.8	138.9	122.3	140.1	19	22.7
42	工艺品及其他制造业	133.8	137.7	137.5	137.0	136.5	17	20.9

第一,东部地区制造业分行业的资源错配行业差异较为显著。一是各制造业分行业资源错配没有明显的共同时间趋势。28个行业中有6个分行业(行业15、23、27、30、31、39)呈现逐年递增的趋势,其余22个行业中有11个行业的资源错配在2007年开始增加,因此2007年有17个行业的资源错配开始增加,其他行业则呈现出不同的特征。二是各分行业资源错配的差异较为显著。从样本均值看,行业33(有色金属冶炼及压延加工业)是资源错配程度最为严重的行业,而程度最低的是行业23(印刷业和记录媒介的复制)。如果资源有效配置,则这两个行业TFP可分别再增加323.6%和95.7%,前者的资源错配是后者的3.4倍。

第二,结果校准。为了控制测量和参数设定误差对测算结果的影响,其他行业如果达到资源错配程度最低的行业23的资源配置水平(样本期平均水平),TFP的潜在收益仍十分可观,范围为:2.3%—116.5%,均值为25.9%。

(2) 中部地区资源错配对制造业分行业总量TFP的影响

表4-16报告了中部地区资源错配对制造业分行业总量TFP的影响,通过对实证结果的分析,可以得到下述结论:

表4-16 资源错配对制造业分行业TFP的影响(中部地区)　　单位:%

	行业代码及名称	2004	2005	2006	2007	均值	均值排名	以行业21为基准
13	农副食品加工业	188.3	182.5	170.1	162.2	175.8	18	24.5
14	食品制造业	150.3	151.9	171.0	188.9	165.5	16	19.9

续表

	行业代码及名称	2004	2005	2006	2007	均值	均值排名	以行业21为基准
15	饮料制造业	157.4	138.0	163.6	175.1	158.5	9	16.7
17	纺织业	128.4	129.9	178.1	181.1	154.4	8	14.8
18	纺织服装、鞋、帽制造业	180.5	145.1	151.9	171.2	162.2	13	18.4
19	皮革、毛皮、羽毛（绒）及其制品业	202.0	147.6	169.5	202.2	180.3	19	26.6
20	木材加工及木、竹、藤、棕、草制品业	170.9	171.3	159.1	158.8	165.0	15	19.7
21	家具制造业	133.6	100.3	136.3	115.8	121.5	1	0.0
22	造纸及纸制品业	125.4	139.5	168.2	209.2	160.6	11	17.7
23	印刷业和记录媒介的复制	93.5	113.1	129.2	175.4	127.8	2	2.8
24	文教体育用品制造业	117.9	160.0	223.1	139.7	160.2	10	17.5
25	石油加工、炼焦及核燃料加工业	97.7	138.6	144.1	140.7	130.3	3	4.0
26	化学原料及化学制品制造业	193.9	224.8	231.3	225.1	218.8	23	43.9
27	医药制造业	115.3	151.2	151.6	171.6	147.4	6	11.7
28	化学纤维制造业	123.4	503.0	209.8	235.0	267.8	27	66.1
29	橡胶制品业	145.9	112.3	148.4	148.6	138.8	5	7.8
30	塑料制品业	168.7	162.2	189.8	171.8	173.1	17	23.3
31	非金属矿物制品业	164.6	186.8	198.5	215.5	191.4	21	31.6
32	黑色金属冶炼及压延加工业	147.1	179.8	226.3	198.5	187.9	20	30.0
33	有色金属冶炼及压延加工业	300.1	377.8	455.6	515.7	412.3	28	131.3
34	金属制品业	140.8	173.5	172.5	163.5	162.6	14	18.5
35	通用设备制造业	156.0	155.6	149.0	155.5	154.0	7	14.7
36	专用设备制造业	199.1	217.8	237.1	201.1	213.8	22	41.7
37	交通运输设备制造业	133.0	130.9	128.2	130.9	130.8	4	4.2
39	电气机械及器材制造业	166.7	157.5	153.6	170.7	162.1	12	18.3
40	通信设备、计算机及其他电子设备制造业	190.7	278.6	235.2	227.3	233.0	25	50.3
41	仪器仪表及文化、办公用机械制造业	241.5	247.8	252.6	244.8	246.7	26	56.5
42	工艺品及其他制造业	200.9	286.3	229.1	214.5	232.7	24	50.2

第一,中部地区制造业分行业的资源错配行业差异较为显著。一是分行业的资源错配未呈现出明显的共同时间趋势。28个行业中有7个分行业(行业14、17、22、23、27、31、33)的资源错配呈现逐年递增的趋势,其余21个行业中有8个行业的资源错配在2007年开始增加,因此,2007年有15个行业的资源错配开始增加,其他行业则呈现出不同时间趋势。二是各分行业资源错配差异显著。从样本均值看,行业33(有色金属冶炼及压延加工业)是资源错配最为严重的行业,而程度最低的是行业21(家具制造业)。如果资源有效配置,这两个行业TFP可分别再增加412.3%和121.5%,前者的资源错配是后者的3.4倍。

第二,结果校准。为了控制测量和参数设定误差对测算结果的影响,其他行业如果达到资源错配程度最低的行业21(家具制造业)的资源配置水平(样本期平均水平),TFP的潜在收益仍十分可观,范围为:2.8%—131.3%,均值为28%。

(3) 东北地区资源错配对制造业分行业总量TFP的影响

表4-17报告了东北地区资源错配对制造业分行业总量TFP的影响,通过对实证结果的分析,可以得到下述结论:

第一,东北地区制造业分行业的资源错配行业差异较为显著。一是分行业的资源错配未呈现出明显的共同时间趋势。28个行业中仅有2个分行业(行业15、29)的资源错配呈现逐年递增的趋势,其余26个行业中有10个行业的资源错配在2007年开始增加,因此,2007年共有12个行业的资源错配开始增加,其他行业则呈现出不同的时间趋势。二是各分行业资源错配差异较为显著。从样本均值看,行业33(有色金属冶炼及压延加工业)是资源错配最为严重的行业,而程度最低的是行业24(文教体育用品制造业)。如果资源有效配置,这两个行业TFP可分别再增加495.7%和91.8%,前者的资源错配是后者的5.4倍。

第二,结果校准。为了控制测量和参数设定误差对测算结果的影响,其他行业如果达到资源错配程度最低的行业24(文教体育用品制造业)的资源配置水平(样本期平均水平),TFP的潜在收益依然巨大,TFP可再提升的范围为:14.2%—210.6%,平均值为47.7%。

表4-17 资源错配对制造业分行业TFP的影响(东北地区)　　单位:%

	行业代码及名称	2004	2005	2006	2007	均值	均值排名	以行业24为基准
13	农副食品加工业	231.0	253.5	234.3	256.9	243.9	26	79.3
14	食品制造业	211.7	208.8	187.7	210.2	204.6	22	58.8
15	饮料制造业	92.1	100.4	124.1	159.1	118.9	2	14.2
17	纺织业	143.3	130.7	171.4	203.8	162.3	11	36.8
18	纺织服装、鞋、帽制造业	129.5	107.7	136.3	120.4	123.5	3	16.5
19	皮革、毛皮、羽毛(绒)及其制品业	245.6	118.0	199.9	145.2	177.2	16	44.5
20	木材加工及木、竹、藤、棕、草制品业	147.8	207.5	174.1	172.3	175.4	14	43.6
21	家具制造业	184.3	119.6	156.3	129.1	147.3	8	29.0
22	造纸及纸制品业	163.6	207.8	181.6	198.4	187.9	20	50.1
23	印刷业和记录媒介的复制	92.6	116.5	159.6	152.7	130.4	5	20.1
24	文教体育用品制造业	94.8	87.0	100.9	84.5	91.8	1	0.0
25	石油加工、炼焦及核燃料加工业	158.8	212.4	190.6	164.8	181.7	19	46.9
26	化学原料及化学制品制造业	234.3	272.0	283.7	252.3	260.6	27	88.0
27	医药制造业	123.6	131.7	184.8	167.2	151.8	9	31.3
28	化学纤维制造业	125.1	232.2	95.3	384.7	209.3	23	61.3
29	橡胶制品业	110.8	115.5	121.8	160.0	127.0	4	18.4
30	塑料制品业	178.1	166.3	176.4	183.0	176.0	15	43.9
31	非金属矿物制品业	138.8	174.5	195.2	179.5	172.0	13	41.8
32	黑色金属冶炼及压延加工业	225.2	202.2	234.7	204.8	216.7	24	65.2
33	有色金属冶炼及压延加工业	544.8	501.2	436.9	500.0	495.7	28	210.6
34	金属制品业	167.6	160.9	160.0	165.8	163.6	12	37.4
35	通用设备制造业	124.6	120.9	162.5	152.6	140.2	6	25.2
36	专用设备制造业	167.2	204.3	222.1	199.7	198.4	21	55.6
37	交通运输设备制造业	158.6	138.6	137.3	140.8	143.8	7	27.1
39	电气机械及器材制造业	178.0	158.3	210.9	162.7	177.5	17	44.7

续表

	行业代码及名称	2004	2005	2006	2007	均值	均值排名	以行业24为基准
40	通信设备、计算机及其他电子设备制造业	149.3	117.2	179.9	182.3	157.2	10	34.1
41	仪器仪表及文化、办公用机械制造业	177.9	172.2	320.4	206.3	219.2	25	66.5
42	工艺品及其他制造业	157.0	177.0	221.8	163.6	179.9	18	45.9

(4) 西部地区资源错配对制造业分行业总量 TFP 的影响

表 4-18 报告了西部地区资源错配对制造业分行业总量 TFP 的影响，通过对实证结果的分析，可以得到下述结论：

第一，西部地区制造业分行业的资源错配行业差异较为显著。一是分行业的资源错配未呈现出明显的共同时间趋势。28 个行业中有 7 个分行业（行业 15、17、19、26、32、35、37）的资源错配呈现逐年递增的趋势，其余 21 个行业中有 14 个行业的资源错配在 2007 年开始增加，因此，2007 年共有 21 个行业的资源错配开始增加，其他行业则呈现出不同的特征。二是各分行业资源错配差异显著。从样本均值看，行业 33（有色金属冶炼及压延加工业）是资源错配最为严重的行业，而程度最低的是行业 24（文教体育用品制造业）。如果资源有效配置，这两个行业 TFP 可分别再增加 276.4% 和 65.9%，前者的资源错配是后者的 4.2 倍。

第二，结果校准。为了控制测量和参数设定误差对测算结果的影响，其他行业如果达到资源错配程度最低的行业 24（文教体育用品制造业）的资源配置水平（样本期平均水平），TFP 的潜在收益依然巨大，其可再提升的范围为：9%—126.9%，平均值为 54.7%。

表 4-18 资源错配对制造业分行业 TFP 的影响（西部地区）　　单位：%

	行业代码及名称	2004	2005	2006	2007	均值	均值排名	以行业24为基准
13	农副食品加工业	208.3	240.2	208.8	209.8	216.8	25	90.9
14	食品制造业	153.6	128.1	141.3	145.3	142.1	13	45.9
15	饮料制造业	116.8	138.5	140.8	167.5	140.9	12	45.2
17	纺织业	146.1	163.7	192.9	214.7	179.4	21	68.4
18	纺织服装、鞋、帽制造业	108.1	97.5	114.2	102.7	105.6	4	23.9

续表

	行业代码及名称	2004	2005	2006	2007	均值	均值排名	以行业24为基准
19	皮革、毛皮、羽毛（绒）及其制品业	186.7	196.5	209.6	254.7	211.9	24	88.0
20	木材加工及木、竹、藤、棕、草制品业	189.1	200.0	260.2	253.0	225.6	26	96.3
21	家具制造业	153.9	119.5	113.8	152.1	134.8	7	41.5
22	造纸及纸制品业	137.8	206.6	186.1	212.8	185.8	22	72.3
23	印刷业和记录媒介的复制	79.1	88.8	85.4	116.2	92.4	3	15.9
24	文教体育用品制造业	98.9	63.5	48.2	53.0	65.9	1	0.0
25	石油加工、炼焦及核燃料加工业	151.5	131.3	157.7	117.0	139.4	10	44.3
26	化学原料及化学制品制造业	144.5	164.4	192.1	213.0	178.5	20	67.9
27	医药制造业	123.7	155.3	148.6	129.0	139.2	9	44.2
28	化学纤维制造业	140.9	261.7	126.3	82.3	152.8	17	52.4
29	橡胶制品业	78.9	85.3	63.7	95.4	80.8	2	9.0
30	塑料制品业	156.0	145.4	142.1	153.8	149.3	16	50.3
31	非金属矿物制品业	105.7	140.6	133.9	155.2	133.9	6	41.0
32	黑色金属冶炼及压延加工业	121.9	168.1	232.9	235.6	189.6	23	74.6
33	有色金属冶炼及压延加工业	186.4	272.3	324.3	322.5	276.4	28	126.9
34	金属制品业	136.6	137.2	150.7	137.1	140.4	11	44.9
35	通用设备制造业	103.5	112.3	113.6	137.1	116.6	5	30.6
36	专用设备制造业	138.2	142.5	141.5	157.0	144.8	15	47.6
37	交通运输设备制造业	120.4	130.5	139.3	155.0	136.3	8	42.5
39	电气机械及器材制造业	160.0	129.1	134.9	148.2	143.1	14	46.5
40	通信设备、计算机及其他电子设备制造业	195.6	196.2	133.7	184.9	177.6	19	67.3
41	仪器仪表及文化、办公用机械制造业	162.8	170.3	143.6	143.1	154.9	18	53.7
42	工艺品及其他制造业	188.4	219.9	205.9	307.7	230.5	27	99.2

（5）长江经济带资源错配对制造业分行业总量TFP的影响

表4-19报告了长江经济带资源错配对制造业分行业总量TFP的影响,通

过对实证结果的分析,可以得到下述结论:

第一,长江经济带制造业分行业的资源错配行业差异较为显著。一是分行业的资源错配未呈现出明显的共同时间趋势。28个行业中有5个分行业(行业15、22、35、36、37)的资源错配呈现逐年递增的趋势,其余23个行业中有13个行业的资源错配在2007年开始增加。因此,2007年共有18个行业的资源错配开始增加,其他行业则呈现出不同的特征。二是各分行业资源错配差异较为显著。从样本均值看,行业33(有色金属冶炼及压延加工业)是资源错配最为严重的行业,而程度最低的是行业23(印刷业和记录媒介的复制)。如果资源有效配置,这两个行业TFP可分别再增加305.3%和81.1%,前者的资源错配是后者的3.8倍。

第二,结果校准。为了控制测量和参数设定误差对测算结果的影响,其他行业如果达到资源错配程度最低的行业23(印刷业和记录媒介的复制)的资源配置水平(样本期平均水平),TFP的潜在收益可再提升的范围为:2.6%—123.8%,平均值为27.1%。

表4-19 资源错配对制造业分行业TFP的影响(长江经济带)　　单位:%

	行业代码及名称	2004	2005	2006	2007	均值	均值排名	以行业23为基准
13	农副食品加工业	191.5	179.7	175.7	171.2	179.5	27	54.3
14	食品制造业	121.4	128.9	126.6	138.4	128.8	19	26.4
15	饮料制造业	122.5	122.6	127.2	148.5	130.2	21	27.1
17	纺织业	106.6	118.3	114.8	118.2	114.5	11	18.4
18	纺织服装、鞋、帽制造业	90.4	107.4	99.6	100.1	99.4	3	10.1
19	皮革、毛皮、羽毛(绒)及其制品业	77.8	92.0	88.9	84.6	85.8	2	2.6
20	木材加工及木、竹、藤、棕、草制品业	143.4	126.1	112.7	118.3	125.1	17	24.3
21	家具制造业	106.2	112.1	100.4	102.5	105.3	7	13.3
22	造纸及纸制品业	123.1	144.3	149.4	150.3	141.8	23	33.5
23	印刷业和记录媒介的复制	75.5	86.0	78.2	84.7	81.1	1	0.0
24	文教体育用品制造业	99.0	106.2	107.7	98.2	102.8	5	12.0

续表

	行业代码及名称	2004	2005	2006	2007	均值	均值排名	以行业23为基准
25	石油加工、炼焦及核燃料加工业	126.4	172.5	222.5	188.1	177.4	26	53.2
26	化学原料及化学制品制造业	155.7	161.1	191.3	187.0	173.8	25	51.2
27	医药制造业	106.5	121.7	119.5	120.1	117.0	14	19.8
28	化学纤维制造业	114.8	134.4	120.1	107.7	119.3	15	21.1
29	橡胶制品业	84.8	106.3	105.4	117.6	103.5	6	12.4
30	塑料制品业	106.3	115.4	111.0	112.3	111.3	8	16.7
31	非金属矿物制品业	113.1	138.5	130.7	134.3	129.2	20	26.5
32	黑色金属冶炼及压延加工业	150.6	167.2	198.1	175.0	172.7	24	50.6
33	有色金属冶炼及压延加工业	298.5	303.6	319.2	299.8	305.3	28	123.8
34	金属制品业	108.6	119.6	112.6	115.5	114.1	10	18.2
35	通用设备制造业	92.8	98.8	102.6	104.3	99.6	4	10.2
36	专用设备制造业	112.0	115.3	115.5	118.0	115.2	12	18.8
37	交通运输设备制造业	108.3	111.9	112.7	117.0	112.5	9	17.3
39	电气机械及器材制造业	125.6	121.0	123.4	129.4	124.9	16	24.2
40	通信设备、计算机及其他电子设备制造业	128.8	159.4	124.6	120.7	133.4	22	28.8
41	仪器仪表及文化、办公用机械制造业	128.1	136.7	127.8	114.3	126.8	18	25.2
42	工艺品及其他制造业	109.8	125.7	110.6	120.0	116.3	13	19.5

(6) 京津冀经济带资源错配对制造业分行业总量TFP的影响

表4-20报告了京津冀经济带资源错配对制造业分行业总量TFP的影响，通过对实证结果的分析，可以得到下述结论：

表4-20　资源错配对制造业分行业TFP的影响（京津冀经济带）　　单位：%

	行业代码及名称	2004	2005	2006	2007	均值	均值排名	以行业23为基准
13	农副食品加工业	246.2	216.1	231.7	240.5	233.6	22	63.7
14	食品制造业	176.8	136.5	157.7	162.2	158.3	6	26.8
15	饮料制造业	163.2	114.2	200.2	185.3	165.7	9	30.4

续表

	行业代码及名称	2004	2005	2006	2007	均值	均值排名	以行业23为基准
17	纺织业	253.6	266.6	262.2	280.5	265.7	25	79.5
18	纺织服装、鞋、帽制造业	142.7	110.9	120.5	153.7	132.0	3	13.8
19	皮革、毛皮、羽毛（绒）及其制品业	144.9	116.2	168.2	138.2	141.9	5	18.7
20	木材加工及木、竹、藤、棕、草制品业	248.9	293.5	198.5	212.0	238.2	23	66.0
21	家具制造业	222.2	189.7	177.3	150.7	185.0	16	39.9
22	造纸及纸制品业	185.3	164.8	173.7	213.5	184.3	14	39.5
23	印刷业和记录媒介的复制	97.0	89.8	103.4	124.8	103.8	1	0.0
24	文教体育用品制造业	97.5	142.1	82.8	131.9	113.6	2	4.8
25	石油加工、炼焦及核燃料加工业	135.7	150.9	227.2	169.3	170.8	11	32.9
26	化学原料及化学制品制造业	264.4	251.2	237.8	275.0	257.1	24	75.3
27	医药制造业	148.6	138.9	154.2	119.4	140.3	4	17.9
28	化学纤维制造业	236.7	537.5	288.1	229.3	322.9	27	107.6
29	橡胶制品业	165.4	164.7	160.7	154.1	161.2	7	28.2
30	塑料制品业	200.4	210.2	208.6	196.6	204.0	19	49.2
31	非金属矿物制品业	174.3	188.8	203.8	201.9	192.2	17	43.4
32	黑色金属冶炼及压延加工业	226.8	208.4	182.1	196.5	203.5	18	48.9
33	有色金属冶炼及压延加工业	368.4	603.6	382.9	458.2	453.3	28	171.5
34	金属制品业	176.3	191.1	188.1	173.0	182.1	12	38.5
35	通用设备制造业	158.4	155.4	159.2	174.2	161.8	8	28.5
36	专用设备制造业	191.6	176.5	167.8	202.6	184.6	15	39.7
37	交通运输设备制造业	143.6	170.8	168.0	199.0	170.4	10	32.7
39	电气机械及器材制造业	190.1	167.8	174.3	201.1	183.3	13	39.1
40	通信设备、计算机及其他电子设备制造业	230.1	220.7	243.0	206.5	225.1	21	59.5
41	仪器仪表及文化、办公用机械制造业	334.9	270.9	231.4	234.9	268.0	26	80.6
42	工艺品及其他制造业	246.5	191.0	210.4	203.1	212.8	20	53.5

第一,京津冀经济带制造业分行业的资源错配行业差异较为显著。一是分行业的资源错配未呈现出明显的共同时间趋势。28个行业中没有一个分行业的资源错配呈现逐年递增的趋势,有16个行业的资源错配在2007年开始增加,其他行业则呈现出不同的特征。二是各分行业资源错配差异显著。从样本均值看,行业33(有色金属冶炼及压延加工业)是资源错配最为严重的行业,而程度最低的是行业23(印刷业和记录媒介的复制)。如果资源有效配置,这两个行业TFP可分别再增加453.3%和103.8%,前者的资源错配是后者的4.4倍。

第二,结果校准。为了控制测量和参数设定误差对测算结果的影响,其他行业如果达到资源错配程度最低的行业23(印刷业和记录媒介的复制)的资源配置水平(样本期平均水平),TFP的潜在收益可再提升的范围为:4.8%—171.5%,平均值为47.5%。

(7)丝绸之路经济带资源错配对制造业分行业总量TFP的影响

表4-21报告了丝绸之路经济带资源错配对制造业分行业总量TFP的影响,通过对实证结果的分析,可以得到下述结论:

表4-21 资源错配对制造业分行业TFP的影响(丝绸之路经济带)　　　单位:%

	行业代码及名称	2004	2005	2006	2007	均值	均值排名	以行业24为基准
13	农副食品加工业	221.5	237.2	215.7	207.4	220.5	25	95.5
14	食品制造业	146.1	127.3	126.4	148.9	137.2	12	44.7
15	饮料制造业	122.6	131.9	147.3	164.6	141.6	14	47.4
17	纺织业	143.9	155.0	180.2	168.2	161.8	19	59.7
18	纺织服装、鞋、帽制造业	115.4	99.4	113.6	98.1	106.6	4	26.1
19	皮革、毛皮、羽毛(绒)及其制品业	180.9	187.1	215.8	251.6	208.9	24	88.4
20	木材加工及木、竹、藤、棕、草制品业	159.0	194.3	281.6	271.7	226.7	26	99.3
21	家具制造业	154.3	116.4	103.3	137.9	128.0	6	39.1
22	造纸及纸制品业	132.6	166.3	183.6	207.3	172.5	20	66.2
23	印刷业和记录媒介的复制	76.9	87.2	84.2	116.7	91.3	3	16.7
24	文教体育用品制造业	98.7	59.8	41.7	55.5	63.9	1	0.0

续表

	行业代码及名称	2004	2005	2006	2007	均值	均值排名	以行业24为基准
25	石油加工、炼焦及核燃料加工业	166.9	124.7	112.1	113.9	129.4	7	39.9
26	化学原料及化学制品制造业	151.9	160.1	189.6	212.7	178.6	21	69.9
27	医药制造业	122.4	153.3	151.3	131.9	139.7	13	46.2
28	化学纤维制造业	120.5	252.0	99.8	64.6	134.2	8	42.9
29	橡胶制品业	76.9	79.7	69.5	93.7	80.0	2	9.8
30	塑料制品业	159.9	145.1	146.0	148.9	150.0	17	52.5
31	非金属矿物制品业	109.6	144.3	137.3	154.1	136.3	10	44.1
32	黑色金属冶炼及压延加工业	124.7	169.8	206.4	245.9	186.7	23	74.9
33	有色金属冶炼及压延加工业	193.4	261.8	267.6	277.3	250.0	28	113.5
34	金属制品业	130.1	134.2	144.6	132.2	135.3	9	43.5
35	通用设备制造业	101.9	114.7	108.6	138.0	115.8	5	31.6
36	专用设备制造业	150.4	149.4	142.7	153.8	149.1	16	52.0
37	交通运输设备制造业	120.4	129.2	138.2	159.6	136.9	11	44.5
39	电气机械及器材制造业	161.5	125.8	133.2	149.4	142.5	15	47.9
40	通信设备、计算机及其他电子设备制造业	203.6	195.3	133.0	183.8	178.9	22	70.2
41	仪器仪表及文化、办公用机械制造业	162.3	183.2	142.9	144.9	158.3	18	57.6
42	工艺品及其他制造业	190.5	231.1	214.0	307.3	235.7	27	104.8

第一，丝绸之路经济带制造业分行业的资源错配行业差异较为显著。一是分行业的资源错配未呈现出明显的共同时间趋势。28个行业中仅有7个分行业(行业15、19、22、26、32、33、37)的资源错配呈现逐年递增的趋势，其余21个行业中有14个行业的资源错配在2007年开始增加，因此，2007年共有21个行业的资源错配开始增加，其他行业则呈现出不同的特征。二是各分行业资源错配差异显著。从样本均值看，行业33(有色金属冶炼及压延加工业)是资源错配最为严重的行业，而程度最低的是行业24(文教体育用品制造业)。如果资源有效配置，这两个行业TFP可分别再增加250.0%和63.9%，前者的资源错配是后者的3.9倍。

第二,结果校准。为了控制测量和参数设定误差对测算结果的影响,其他行业如果达到资源错配程度最低的行业24(文教体育用品制造业)的资源配置水平(样本期平均水平),TFP的潜在收益可再提升的范围为:9.8%—113.5%,平均值为54.6%。

(8) 21世纪海上丝绸之路经济带资源错配对制造业分行业总量TFP的影响

表4-22报告了21世纪海上丝绸之路经济带资源错配对制造业分行业总量TFP的影响,通过对实证结果的分析,可以得到下述结论:

第一,21世纪海上丝绸之路经济带制造业分行业的资源错配行业差异较为显著。一是分行业的资源错配未呈现出明显的共同时间趋势。28个行业中有3个分行业(行业15、27、29)的资源错配呈现逐年递增的趋势,其余25个行业中有9个行业的资源错配在2007年开始增加,因此,2007年共有12个行业的资源错配开始增加,其他行业则呈现出不同的特征。二是各分行业资源错配差异较为显著。从样本均值看,行业33(有色金属冶炼及压延加工业)是资源错配最为严重的行业,而程度最低的是行业19[皮革、毛皮、羽毛(绒)及其制品业]。如果资源有效配置,这两个行业TFP可分别再增加245.7%和78%,前者的资源错配是后者的3.2倍。

第二,结果校准。为了控制测量和参数设定误差对测算结果的影响,其他行业如果达到资源错配程度最低的行业19[皮革、毛皮、羽毛(绒)及其制品业]的资源配置水平(样本期平均水平),TFP的潜在收益可再提升的范围为:0.2%—94.2%,平均值为23.5%。

表4-22 资源错配对制造业分行业TFP的影响(21世纪海上丝绸之路经济带)

单位:%

	行业代码及名称	2004	2005	2006	2007	均值	均值排名	以行业19为基准
13	农副食品加工业	192.8	172.3	178.0	150.2	173.3	25	53.6
14	食品制造业	115.8	112.5	112.2	123.1	115.9	17	21.3
15	饮料制造业	100.9	109.1	124.5	130.3	116.2	18	21.5
17	纺织业	104.8	114.8	109.6	110.7	110.0	14	18.0
18	纺织服装、鞋、帽制造业	81.1	98.4	88.3	89.1	89.2	3	6.3

续表

	行业代码及名称	2004	2005	2006	2007	均值	均值排名	以行业19为基准
19	皮革、毛皮、羽毛(绒)及其制品业	75.3	84.2	78.7	73.7	78.0	1	0.0
20	木材加工及木、竹、藤、棕、草制品业	135.2	119.2	104.4	108.5	116.8	19	21.8
21	家具制造业	91.8	94.2	92.2	89.0	91.8	5	7.7
22	造纸及纸制品业	122.9	123.8	127.7	124.6	124.8	21	26.3
23	印刷业和记录媒介的复制	81.6	85.7	70.4	75.5	78.3	2	0.2
24	文教体育用品制造业	90.1	93.9	97.7	96.9	94.7	6	9.4
25	石油加工、炼焦及核燃料加工业	108.5	184.7	212.7	180.9	171.7	24	52.7
26	化学原料及化学制品制造业	169.1	155.6	202.8	190.1	179.4	27	57.0
27	医药制造业	92.0	94.2	94.7	104.7	96.4	7	10.4
28	化学纤维制造业	114.5	132.8	120.9	100.9	117.3	20	22.1
29	橡胶制品业	86.3	99.0	110.1	117.6	103.3	12	14.2
30	塑料制品业	98.9	100.0	101.4	100.9	100.3	10	12.5
31	非金属矿物制品业	119.2	142.6	129.8	133.3	131.2	23	29.9
32	黑色金属冶炼及压延加工业	173.8	164.6	209.9	157.3	176.4	26	55.3
33	有色金属冶炼及压延加工业	249.9	237.2	253.6	241.9	245.7	28	94.2
34	金属制品业	97.6	104.3	103.0	107.4	103.1	11	14.1
35	通用设备制造业	85.1	85.6	95.0	92.0	89.4	4	6.4
36	专用设备制造业	97.4	97.2	102.2	101.6	99.6	9	12.1
37	交通运输设备制造业	97.1	93.0	102.0	95.5	96.9	8	10.6
39	电气机械及器材制造业	108.4	107.5	111.0	116.6	110.9	15	18.5
40	通信设备、计算机及其他电子设备制造业	134.3	138.1	119.9	112.7	126.3	22	27.1
41	仪器仪表及文化、办公用机械制造业	115.8	122.0	109.6	96.8	111.1	16	18.6
42	工艺品及其他制造业	106.4	116.5	105.8	106.3	108.8	13	17.3

(9) 资源错配对各区域制造业分行业总量 TFP 影响的异同点分析

第一,共同点体现在两个方面:一是样本期内,各区域内资源错配最严重的行业始终是33(有色金属冶炼及压延加工业),而资源配置最有效的行业始终是23、24、21或19,从各区域内行业内企业间的资源错配程度来看,其相对错配程度较为稳定。二是资源错配对各区域内各行业总量TFP的影响值各年均有变化,但变化有限。

第二,不同点则是资源错配对TFP影响的均值和行业间的资源错配分布差异较大。从均值看,东部、中部、东北部、西部地区资源错配对制造业各分行业总量TFP影响的样本均值分别为:146.3%、183.4%、183.4%、156.6%。长江经济带、京津冀经济带、丝绸之路经济带、21世纪海上丝绸之路经济带的均值分别为:130.2%、200.5%、153.4%、119.9%。从分布看,东部、中部、东北部、西部资源错配对制造业各分行业总量TFP影响的样本均值最大的行业分别是最小行业的:3.4、3.4、5.4、4.2倍;长江经济带、京津冀经济带、丝绸之路经济带、21世纪海上丝绸之路经济带资源错配对制造业各分行业总量TFP影响的样本均值最大的行业分别是最小行业的3.8、4.4、3.9、3.2倍。

3) 资源错配对各区域制造业总量TFP影响的区域差异

表4-23和表4-24报告了资源错配对各区域制造业总量TFP的影响以及资本错配、产出扭曲、能源错配对制造业总量TFP影响的区域差异。通过对实证结果的分析,可以得到如下结论:

(1) 各区域资源错配的趋势存在较为显著的差异。"四大板块"内除了东北地区,其余地区资源错配对制造业总量TFP的影响均呈现明显的递增趋势,各自的增幅差异显著;而"四个支撑带"内资源错配对制造业总量TFP的影响仅有丝绸之路经济带呈现出较为明显的增加趋势。东部、中部、西部资源错配对TFP的影响分别从2004年的141.0%、162.4%、143.4%增加至2007年的153.9%、208.1%、187.3%。以2004年为基期,分别增加了12.9%、45.7%、43.9%,增幅最大的是中部地区。丝绸之路经济带资源错配对TFP的影响从2004年的146.8%增加至2007年的180.5%,以2004年为基期,增幅为33.7%。

表 4-23 资源错配对中国"四大板块"各区域制造业总量 TFP 的影响   单位：%

区域	错配类型	2004	2005	2006	2007	平均值	校准值
东部地区	资源错配	141.0	146.1	150.6	153.9	147.9	0.0
	资本错配	98.1	104.6	101.8	110.7	103.8	
	产出扭曲	12.3	13.4	11.0	11.1	12.0	
	能源错配	8.6	8.1	7.7	6.9	7.8	
中部地区	资源错配	162.4	184.6	203.5	208.1	189.7	16.8
	资本错配	123.4	143.3	158.5	164.4	147.4	
	产出扭曲	34.9	26.7	31.4	23.0	29.0	
	能源错配	5.8	6.3	6.2	5.6	6.0	
东北地区	资源错配	178.0	184.7	197.3	189.8	187.5	15.9
	资本错配	128.8	144.9	148.4	147.7	142.5	
	产出扭曲	45.6	43.4	32.6	21.8	35.9	
	能源错配	7.7	5.9	6.2	5.7	6.4	
西部地区	资源错配	143.4	164.7	175.3	187.3	167.7	8.0
	资本错配	100.2	120.2	129.3	142.5	123.1	
	产出扭曲	24.9	21.7	10.5	22.4	19.9	
	能源错配	8.4	7.8	6.9	6.5	7.4	

(2) 各区域制造业资源错配呈现显著的差异。从样本期内各区域资源错配对制造业总量 TFP 影响的均值来看，"四大板块"中，东部、中部、东北、西部资源错配对 TFP 影响的均值分别为 147.9%、189.7%、187.5%、167.7%，最大值是最小值的 1.3 倍，资源配置效率从高到低依次为：东部、西部、东北、中部；"四个支撑带"中，长江经济带、京津冀经济带、丝绸之路经济带、21 世纪海上丝绸之路经济带依次为 133.7%、196.5%、163.2%、120.5%，最大值是最小值的 1.6 倍，资源配置效率从高到低依次为：21 世纪海上丝绸之路经济带、长江经济带、丝绸之路经济带、京津冀经济带。

(3) 各区域不同类型的资源错配对制造业总量 TFP 的影响呈现显著的差异，资本错配对制造业总量 TFP 的影响最大，产出扭曲和能源错配对制造业总量 TFP 的影响各个区域呈现出不同的特征。从样本期内资本错配对制造业总量 TFP 影响的均值来看，"四大板块"中，东部、中部、东北、西部资本错配对 TFP 影响的均值分别为 103.8%、147.4%、142.5%、123.1%，最大值是最小值的 1.4 倍,资本配置效率从高到低依次为:东部、西部、东北、中部,这一次序与资源错配对制造业总量 TFP 影响的次序一致。能源错配最严重的地区是东部,其次为西部、东北、中部。产出扭曲导致的错配对制造业总量 TFP 的影响最小的是东部,其次为西部、中部、东北。"四个支撑带"中,长江经济带、京津冀经济带、丝绸之路经济带、21 世纪海上丝绸之路经济带资本错配对制造业总量 TFP 影响的均值分别为 96.5%、144.5%、118.4%、83.8%,最大值是最小值的 1.7 倍,资本配置效率从高到低依次为:21 世纪海上丝绸之路经济带、长江经济带、丝绸之路经济带、京津冀经济带,这一次序与资源错配对制造业总量 TFP 影响的次序一致。能源错配最严重的是京津冀经济带,其次为丝绸之路经济带、21 世纪海上丝绸之路经济带、长江经济带。产出扭曲导致的错配对制造业总量 TFP 的影响最小的是 21 世纪海上丝绸之路经济带,其次为长江经济带、丝绸之路经济带、京津冀经济带。

样本期内,从能源错配对制造业总量 TFP 影响的均值与产出扭曲导致的错配对制造业总量 TFP 影响的均值看,两者相对大小不一致。"四大板块"中,各区域均是后者大于前者。"四个支撑带"中,21 世纪海上丝绸之路经济带是前者大于后者,其余均为后者大于前者。

表 4-24 资源错配对中国"四个支撑带"内各区域制造业总量 TFP 的影响　　单位:%

区域	错配类型	2004	2005	2006	2007	均值	校准值
长江经济带	资源错配	123.9	136.3	137.6	137.0	133.7	6.0
	资本错配	87.4	98.3	100.3	100.0	96.5	
	产出扭曲	10.4	14.5	7.2	6.9	9.8	
	能源错配	8.2	7.9	7.0	6.7	7.5	
京津冀经济带	资源错配	200.6	193.7	193.1	198.6	196.5	34.5
	资本错配	142.7	142.9	142.3	150.0	144.5	
	产出扭曲	44.0	28.7	34.1	33.0	35.0	
	能源错配	8.8	9.3	8.5	8.7	8.8	
丝绸之路经济带	资源错配	146.8	160.6	164.8	180.5	163.2	19.4
	资本错配	102.0	116.9	119.5	135.3	118.4	
	产出扭曲	25.9	20.9	19.4	24.3	22.6	
	能源错配	8.6	7.8	6.9	6.6	7.5	

续表

区域	错配类型	2004	2005	2006	2007	均值	校准值
21世纪海上丝绸之路经济带	资源错配	115.9	121.3	124.5	120.2	120.5	0.0
	资本错配	79.4	84.7	88.3	82.6	83.8	
	产出扭曲	8.2	9.5	6.1	6.3	7.5	
	能源错配	8.5	8.4	7.7	6.9	7.9	

4.2.4 稳健性检验

本节模型与3.2节行业内企业间资源错配理论模型一致，4.1节已经以2004—2007年制造业微观数据为实证对象，应用该模型检验了资源错配对制造业总量TFP的影响，4.1.3节的稳健性检验表明，该模型的实证结果是稳健的。本节同样应用该模型，以2004—2007年制造业微观数据为实证对象，检验资源错配对各区域TFP影响的区域差异，因此不再进行稳健性检验。

4.3 行业内企业间资源错配对中国经济全要素生产率的影响

本节选择上市公司2008—2014年的微观数据作为中国经济的样本，不仅更加能全面反映资源错配对中国经济总量TFP的影响，而且数据时效性强，反映了当前资源错配对经济总量TFP的影响。为了考察中国经济劳动错配对TFP的影响，本节假设经济体中存在资本和劳动扭曲因子（未假设能源错配因子的原因是该数据库未能提供能源投入和能源消费数据），该模型的推导过程与3.2节类似，在此不再赘述。

4.3.1 数据、变量与参数

1）数据来源及处理

（1）数据来源。本节实证数据为2008—2014年中国A股全部上市公司中1位代码14个行业的微观数据（行业代码对照如表4-25所示），数据来源于CSMAR中国经济金融研究数据库（原国泰安数据库），部分缺失数据根据WIND数据库补充，行业划分标准选择证监会的最新行业划分标准，1位代码行业共 17 个。本节舍弃了行业内企业数量较少(数量不超过 20)的科学研究和技术服务业、卫生和社会工作、住宿和餐饮业这 3 个行业。该数据的优点是不仅质量较高(上市公司财务数据不仅受监管部门及公众的严格监督,而且受到会计师事务所的严格审计),而且代表性强,涵盖了国民经济的各行各业。因此,实证结果更加稳健。

表 4-25 行业代码对照表

行业代码	行业名称	行业代码	行业名称
1	采矿业	9	批发和零售业
2	电力、热力、燃气及水生产和供应业	10	水利、环境和公共设施管理业
3	房地产业	12	文化、体育和娱乐业
4	建筑业	13	信息传输、软件和信息技术服务业
5	交通运输、仓储和邮政业	14	制造业
6	金融业	16	综合
8	农林牧副渔	17	租赁和商务服务业

(2)数据处理。本节做了两方面的数据处理。① HK 模型分行业对 $\log(TFPR_{Si}/\overline{TFPR_S})$ 和 $\log(A_{Si}/\overline{A_S})$ 的首尾各 2% 截尾。② 剔除了增加值为负值的样本。因为上市公司未能提供企业的增加值数据,本书依据增加值的收入法测算方法(增加值=固定资产折旧+劳动者报酬+生产税净值+营业盈余)对增加值进行了估算,发现受企业营业利润为负的影响,个别年度有些企业的增加值为负,因此剔除了这些样本。

2) 变量说明及参数设定

本节实证的关键变量是资本扭曲因子、劳动扭曲因子、企业实际生产率,它们的表达式分别为式(4-5)至式(4-7),表达式中涉及的变量及参数说明见表 4-26。

$$\tau_{K_{Si}} = \alpha_S \frac{\sigma-1}{\sigma} \frac{P_{Si}Y_{Si}}{RK_{Si}} - 1 \qquad (4-5)$$

$$\tau_{L_{Si}} = (1-\alpha_S) \frac{\sigma-1}{\sigma} \frac{P_{Si}Y_{Si}}{WL_{Si}} - 1 \qquad (4-6)$$

$$A_{Si} = \varphi_S \frac{(P_{Si}Y_{Si})^{\frac{\sigma}{\sigma-1}}}{K_{Si}^{\alpha_S}(WL_{Si})^{1-\alpha_S}} \quad \text{其中,} \varphi_S = \frac{W^{1-\alpha_S}(P_SY_S)^{\frac{-1}{\sigma-1}}}{P_S} \qquad (4-7)$$

表 4-26　第 4 章变量说明及参数设定

变量或参数	说明
WL_{Si}	表示劳动投入,以上市公司财务报表中应付工资总额计量
$P_{Si}Y_{Si}$	依据上市公司财务报表数据测算
K_{Si}	表示资本,以企业固定资产净值计量
φ_S	表示各行业增加值占总增加值的比例
R	表示无扭曲的资本租赁价格,沿用 HK 模型的设置,设定为 10%
α_S	表示行业劳动产出弹性,以行业劳动份额占行业总增加值的比例计量
σ	表示行业内企业间产出的替代弹性,设定为 3,与 4.1 节设定相同

4.3.2　实证结果与分析

1) 关键变量实证结果分析

受篇幅限制,表 4-27 报告了 2011 年和 2014 年劳动扭曲因子 $\tau_{L_{Si}}$、资本扭曲因子 $\tau_{K_{Si}}$ 以及企业名义生产率的方差 V_{TFPR} 实证结果,通过对实证结果的分析,可得出下述结论:

表 4-27　第 4 章关键性变量实证结果

行业代码及名称		2011			2014		
		$\tau_{K_{Si}}$	$\tau_{L_{Si}}$	V_{TFPR}	$\tau_{K_{Si}}$	$\tau_{L_{Si}}$	V_{TFPR}
1	采矿业	8.7	0.0	0.9	2.4	-0.5	0.7
2	电力、热力、燃气及水生产和供应业	1.0	1.1	1.2	1.3	0.6	0.8
3	房地产业	13.3	3.3	1.5	20.6	3.1	1.4
4	建筑业	27.2	5.7	1.5	34.5	4.4	1.4
5	交通运输、仓储和邮政业	3.8	4.8	1.0	3.3	4.3	1.2
6	金融业	40.4	-0.3	1.0	45.9	-0.4	0.8
8	农林牧副渔	3.5	1.7	1.1	1.1	0.2	0.9
9	批发和零售业	11.6	25.5	1.2	14.2	30.6	1.2
10	水利、环境和公共设施管理业	2.3	1.0	0.6	4.6	1.2	1.0
12	文化、体育和娱乐业	4.4	2.7	0.9	6.3	0.4	0.8

续表

	行业代码及名称	2011			2014		
		$\tau_{K_{Si}}$	$\tau_{L_{Si}}$	V_{TFPR}	$\tau_{K_{Si}}$	$\tau_{L_{Si}}$	V_{TFPR}
13	信息传输、软件和信息技术服务业	26.8	16.9	1.1	18.6	3.5	1.0
14	制造业	8.0	7.6	1.1	3.4	7.8	0.9
16	综合	4.6	0.1	1.0	5.2	0.2	1.1
17	租赁和商务服务业	15.8	0.3	1.3	10.3	0.2	1.1

(1) 资本和劳动扭曲广泛存在,资本扭曲大多数更为严重。14个行业的资本扭曲因子均值全部为正,大多数行业劳动扭曲因子均值为正,这表明大多数行业均存在以较高成本使用资本和劳动的情况。此外,发现资本扭曲因子的行业均值大多数大于劳动扭曲因子的均值。

(2) 各行业资源错配情况存在显著的差异。依据资源错配理论模型,如果不存在扭曲,则行业内所有企业的企业名义生产率方差(V_{TFPR})相等;反之亦然。V_{TFPR}越大,则表明资源错配程度越严重。各行业的V_{TFPR}差异巨大,以2014年为例,最大值是最小值的1.75倍。

2) 资源错配对中国经济分行业总量TFP的影响

从测算结果(表4-28)可发现:资源错配对中国经济各行业总量TFP的影响较大,但差异显著。从资源错配对各行业总量TFP影响的整体均值来看,其影响值为243.1%;从各行业样本期内的均值来看,采矿业的资源错配程度最低,对TFP的影响仅为37.1%;而信息传输、软件和信息技术服务业是资源错配最为严重的行业,资源错配对TFP的影响高达630.9%,其次是房地产业,高达563.2%。

此外,为了减小计量误差和统计误差,表4-28还报告了以资源配置最有效的采矿业为基准,其他行业达到采矿业资源配置效率后对TFP的影响,经过修正的资源错配对各行业总量TFP影响依然巨大,平均值高达150.3%,范围为5.6%—433.2%。

表4-28 资源错配对中国经济分行业TFP的影响   单位:%

行业代码	2008	2009	2010	2011	2012	2013	2014	错配均值	均值排名	校准结果
1	26.8	37.9	39.6	42.3	44.7	33.4	34.8	37.1	14	0.0
2	93.0	107.5	85.6	120.7	47.8	50.2	130.1	90.7	11	39.1

续表

行业代码	2008	2009	2010	2011	2012	2013	2014	错配均值	均值排名	校准结果
3	934.4	838.0	548.2	523.2	369.0	408.3	321.4	563.2	2	383.8
4	53.8	98.9	181.6	324.8	194.1	224.5	362.0	205.7	7	123.0
5	202.4	216.0	199.6	318.4	342.6	384.0	392.1	293.6	4	187.1
6	20.1	37.7	36.6	38.4	41.8	60.1	78.4	44.7	13	5.6
8	61.3	99.3	81.7	185.7	167.6	354.8	134.0	154.9	8	86.0
9	94.0	261.6	947.4	484.7	411.8	770.0	870.3	548.5	3	373.1
10	30.1	11.5	83.2	45.1	302.0	51.1	175.0	99.7	10	45.7
12	25.3	20.6	15.1	39.7	178.6	50.5	106.1	62.3	12	18.4
13	221.9	409.5	593.5	774.5	921.1	940.1	556.0	630.9	1	433.2
14	195.2	270.6	238.1	272.0	290.1	277.1	212.8	250.8	6	155.9
16	33.0	121.3	68.1	89.1	119.7	443.9	133.6	144.1	9	78.1
17	102.3	115.9	74.1	365.7	323.5	578.7	378.7	277.0	5	175.0
均值	149.5	189.0	228.0	258.9	268.2	330.5	277.5	243.1		150.3

3) 资源错配对经济总量 TFP 的影响

表 4-29 的第 2 行报告了样本期内资源错配(即资本和劳动错配)对中国经济总量 TFP 的影响。从绝对值看,范围为 64.8%—116.5%,这表明中国经济的资源错配较为严重。自 2012 年中国经济正式迈入新常态以来,2012—2014 年新常态时期资源错配对经济总量 TFP 影响的平均值为 107.2%。另外,从资源错配对经济总量 TFP 的影响趋势看,2008 年后呈现增加的趋势,2012 年有所降低,2013 年又开始增加,这表明资源错配在 2008 年后开始恶化,2012 年有所改善,2013 年又开始恶化。

表 4-29　资源错配对中国经济 TFP 的影响　　　　单位:%

错配类型	2008	2009	2010	2011	2012	2013	2014
资源错配	64.8	95.3	97.6	104.6	94.9	110.2	116.5
资本错配	62.3	91.5	94.0	101.2	91.5	106.2	113.0
劳动错配	1.8	2.5	3.7	3.4	3.5	3.2	2.0

4) 单要素错配对经济总量TFP的影响

表4-29的第3行、第4行分别报告了资本错配对TFP的影响、劳动错配对TFP的影响。通过分析发现：资本错配对TFP的影响最为严重，这表明降低资本错配将是提高TFP的主要途径；此外，还发现它的趋势与资源错配对经济总量TFP的影响高度一致，可见它是样本期内形成总体趋势的主导力量。

（1）资本错配对TFP的影响。从绝对值上看，样本期内该值的范围为62.3%—113%，这表明资本有效配置后中国经济总量TFP的增长潜力巨大。从趋势上看，样本期内该值在2008年后呈现增加的趋势，直到2012年有所降低后，2013年又开始增加，表明资本错配对总量TFP的影响在2008年后有明显的增加趋势，考虑到中国经济增长动力以政府投资主导的模式尚未改变，2008年4万亿经济刺激政策的实施进一步加剧了资本错配的程度，这一结论与余泳泽、江飞涛等的研究结论一致[10,166]。他们的研究表明尽管2008年后的4万亿投资政策拉动了经济增长，但TFP在2008年至2011年呈现断崖式下降的趋势，并在2012年有所回升。然而，该研究并未指出导致这一现象的内在机制，本书的研究则对此作了补充，4万亿的投资政策正是通过资本错配这一内在机制对TFP产生了巨大的损失，并呈现出递增的趋势。此外，2013年资本错配开始恶化，可能与中国政府的反周期经济政策及经济增长动力向TFP驱动的缓慢转型相关。这一时期，中国政府为确保经济在合理期间运行，采取了一系列反周期政策，包括鼓励创新、加速市场化改革、加大环境规制力度、提高投资效率、调整产业结构等政策，这些政策的实施一定程度上促使新的增长动力开始形成，一定程度上也提高了资源配置效率，但是经济结构调整的成本是巨大的，以投资为主要增长动力这一传统的增长模式尚未根本改变。

（2）劳动错配对TFP的影响。从绝对值上看，样本期内该值的范围为1.8%—3.7%，呈现出增加、下降、增加、下降的趋势。显然，与资本错配对TFP的影响相比非常小，这表明降低资本错配将是释放行业内企业间资源配置效率红利的主要途径。

4.3.3 稳健性检验

本节做了3个稳健性检验（见表4-30）：第一，为了避免新的观测样本（新上市企业）的名义生产率出现异常值导致测算结果过大或过小，使用平衡面板数据重新测算。第二,前文使用劳动投入替代劳动力数量,这里以职工数替代劳动投入重新测算。第三,前文替代弹性 σ 设置为 3,是经验值的下限,这里设置为 4 进行重新测算。表 4-30 第 3 行报告了稳健性检验一的测算结果,显示资源错配对 TFP 的影响尽管在绝对值上有所差异(仅 2011 年差异较大),但趋势一致。表 4-30 第 4 行报告了稳健性检验二的测算结果,发现与原文测算结果相比,资源错配对 TFP 的影响绝对值大幅度增加,趋势基本一致(除 2011 年和 2012 年有所下降外)。表 4-30 第 5 行报告了稳健性检验三的测算结果。综上,本书的测算结果是稳健的,而且较为保守。

表 4-30　稳健性检验结果(2)　　　　单位:%

稳健性检验类型	2008	2009	2010	2011	2012	2013	2014
原文测算结果	64.8	95.3	97.6	104.6	94.9	110.2	116.5
平衡面板数据	65.9	85.2	116.5	164.7	81.1	107.3	123.9
员工数替代工资	186.6	265.1	265.7	248.7	225.3	249.4	274.4
替代弹性为 4	96.0	143.2	144.4	150.5	142.9	161.1	205.9

4.4　小结

本章应用第 3.2 节拓展的行业内企业间资源错配理论模型,分别以中国制造业微观数据(2004—2007 年)和中国上市公司数据(2008—2014 年)全面检验了行业内企业间的资源错配对中国制造业和中国经济总量 TFP 的影响,得到了丰富的研究结论:

一是从行业内企业间资源错配的对象上看:无论是中国制造业,还是中国经济,均存在着较为严重的行业内企业间资源错配,产出补贴普遍存在(以 2004—2007 年制造业总体平均补贴率为例,行业内产出扭曲因子为负的企业数量与行业企业总数量之比为高达 68.2%)。行业内企业间的资源错配对中国制造业和中国经济造成的 TFP 影响范围分别为:149.5%—173.9%、64.8%—116.5%。

二是从行业内企业间资源错配的趋势看:样本期内,中国制造业行业内企业间的资源错配呈现出逐年增加的趋势。2008—2014 年间中国经济的资源错配呈现出恶化、改善、恶化的趋势,特别是 2013 年中国经济资源错配开始增加的现象值得政策制定者警示。

三是从行业内企业间资源错配的类型上看,资本错配对TFP影响显著大于劳动错配、产出扭曲导致的错配、能源错配。其中,能源错配确实对中国制造业总量TFP造成了不容忽视的影响,影响范围在6.5%—8.2%之间。

四是从行业内企业间资源错配的区域差异看,区域新格局下资源错配对制造业总量TFP影响的区域差异较为显著。"四大板块"中,东部资源错配最低,其次为西部、东北、中部;如果其他地区达到东部地区的资源配置效率,则西部、东北、中部的TFP分别可再增加8.0%、15.9%、16.8%。"四个支撑带"中,资源错配最低的是21世纪海上丝绸之路经济带,其次为长江经济带、丝绸之路经济带、京津冀经济带。如果其他地区达到21世纪海上丝绸之路经济带的资源配置效率,则长江经济带、丝绸之路经济带、京津冀经济带的TFP分别可再增加6.0%、19.3%、34.5%。"四大板块"中,资本配置效率最高的是东部,其次为西部、东北、中部,这一次序与资源错配对制造业总量TFP影响的次序一致。能源错配最低的地区是中部,其次为东北、西部、东部。产出扭曲导致的错配对制造业总量TFP的影响最小的是东部,其次为西部、中部、东北。"四个支撑带"中,资本配置效率的大小顺序与资源错配对制造业总量TFP影响的次序一致。能源错配最低的地区是长江经济带,其次为21世纪海上丝绸之路经济带、丝绸之路经济带、京津冀经济带。产出扭曲导致的错配对制造业总量TFP的影响最小的是21世纪海上丝绸之路经济带,其次为长江经济带、丝绸之路经济带、京津冀经济带。

总之,本章不仅是对3.2节理论的全面应用和验证,还采用中国制造业的历史数据和中国经济的最新微观数据,全面检验了资源错配对中国制造业和中国经济总量TFP的影响,并基于区域新格局,考察了资源错配对中国制造业总量TFP影响的区域差异,拓展和补充了资源错配对中国TFP影响的实证研究,提高了研究的应用价值。这些实证检验既有助于科学判断当前中国资源错配的形势,提高研究的时效性,又避免了单一研究制造业的不足,拓展了资源错配的实证对象;既能测算资源错配对TFP影响的行业差异,又有助于对比不同要素错配对TFP影响的程度差异;既能解答区域新格局下资源错配对TFP影响的区域差异,又能以资源错配最低的区域为参照,减小计量和统计误差,校准实证结果。这些研究结论有助于科学认识和判断中国制造业和中国经济行业内企业间的资源错配,对降低行业内企业间资源错配,进而提高TFP有着重要的现实意义。

5 行业间资源错配对全要素生产率的影响:实证检验

第4章从行业内企业间资源错配的角度考察了资源错配对中国制造业和中国经济总量TFP的影响,本章将从行业间资源错配的角度考察资源错配对中国制造业和中国经济总量TFP的影响。本章基于3.3节行业间资源错配对TFP影响的理论模型,做了3个实证检验。一是以制造业为实证对象,将制造业作为由制造业分行业组成的经济总量,以2004—2007年的制造业历史数据,实证检验了制造业分行业间资源错配对制造业总量TFP造成的影响,以及行业间资本错配、劳动错配、能源错配分别对制造业总量TFP造成的影响。二是为了考察行业间资源错配对制造业总量TFP的区域差异,实证检验了中国区域经济新格局下制造业分行业间资源错配对制造业总量TFP的影响。三是为了解决研究数据陈旧的问题,选择2008—2014年中国上市公司的全部微观数据,以此作为中国经济的样本,考察了近期中国行业间资源错配的形势及其对中国经济总量TFP的影响。

5.1 行业间资源错配对中国制造业全要素生产率的影响

5.1.1 数据、变量与参数

1) 数据来源及说明

本节数据来源于2004—2007年中国工业企业微观数据库中制造业的微观数据,与4.1节的数据来源相同,在数据处理时同样剔除了不符合会计准则的数据。

2) 变量说明及参数设定

本节涉及的主要变量包括行业增加值、行业TFP、行业资本存量、行业劳动投入,除了行业TFP外,其他变量均与4.1节相同。本节参数为行业资本、劳动、能源产出弹性,这些参数采用 OP 算法[139]估算。

5.1.2 实证结果与分析

1) 行业 TFP 实证结果测算与分析

行业 TFP 的估算沿用陈永伟、胡伟民的测算思路,首先,利用微观数据估算出企业的 TFP;其次,以企业增加值占行业总增加值的比例为权数,加权得到每个制造业分行业的 TFP[53]。依据鲁晓东、连玉君对微观数据估算 TFP 方法的比较结果,本节选择 OP 算法估计企业的 TFP。他们利用 1999—2007 年中国工业企业微观数据库,分别对四种估计 TFP 的方法(最小二乘法、固定效应方法、OP 法和 LP 法)进行了比较,发现 OP 方法的结果最为可靠,该方法有效地避免了同时性偏差和样本选择偏差[167]。下面介绍本节用到的 OP 算法及相应模型。

设产出是资本、能源、劳动及企业年龄的函数,如式(5-1)所示:

$$Y_{it}=F_{it}(K_{it},E_{it},L_{it},G_{it}) \qquad (5-1)$$

其中,Y_{it}、K_{it}、E_{it}、L_{it}、G_{it} 分别表示企业 i 在 t 时刻的企业增加值、资本、能源、劳动投入和年龄,为了便于估计,设企业生产函数为柯布-道格拉斯函数形式,经过变形后得到式(5-2):

$$y_{it}=\beta_1 k_{it}+\beta_2 e_{it}+\beta_3 l_{it}+\beta_4 g_{it}+u_{it} \qquad (5-2)$$

其中,y_{it}、k_{it}、e_{it}、l_{it} 分别表示式(5-1)各变量对应的自然对数形式,u_{it} 表示误差项,包含了企业 TFP 的自然对数的信息。

同时性偏差问题是指企业在实际生产过程中会事先观测到一部分 TFP 的信息,从而改变要素投入组合,这使得误差项和回归项相关,导致经典的 OLS 估计不再适用。为此,将误差项分解为两部分,计量模型为式(5-3):

$$y_{it}=\beta_1 k_{it}+\beta_2 e_{it}+\beta_3 l_{it}+\beta_4 g_{it}+\omega_{it}+\varepsilon_{it} \qquad (5-3)$$

其中,ω_{it} 表示可观测到的 TFP,会影响到企业当期的要素投入决策;ε_{it} 代表真正的误差项,包含了不可观测的 TFP 冲击及测量误差。为了解决这一问题,OP 算法假定企业投资是不可观测生产率的函数,将企业当期投资作为不可观测生产率冲击的工具变量,从而解决了该问题。根据有关折旧率假设的文献,假设资本按照 9% 折旧率的永续盘存法的方式积累[168],则企业当期的投资 $i_{it}=K_{i,t+1}-0.91K_{i,t}$,设投资是不可观测的 TFP、资本及年龄的函数,即 $i_{it}=i(\omega_{it},$

k_{it}, g_{it}),则 $\omega_{it}=i(i_{it},k_{it},g_{it})=h(i_{it},k_{it},g_{it})$,于是可得到式(5-4)这样一个半参数回归方程,解决了同时性偏差问题。

$$y_{it}=\beta_1 k_{it}+\beta_2 e_{it}+\beta_3 l_{it}+\beta_4 g_{it}+h(i_{it},k_{it},g_{it})+\varepsilon_{it} \quad (5-4)$$

样本选择性偏差是 TFP 冲击和企业的生存概率造成的。与资本存量大的企业相比较,当 TFP 冲击时,资本存量较小的企业的退出概率会更高,因此资本存量与受到 TFP 冲击时退出市场的概率是负相关关系。针对这一问题,OP 算法通过贝尔曼方程(Bellman 方程)来解决,方程如式(5-5)所示:

$$V_{it}(K_{it},G_{it},\omega_{it})=\mathrm{Max}\Big[\varphi,\mathrm{Sup}i_{it}\geqslant 0 \prod\nolimits_{it}(K_{it},G_{it},\omega_{it})-C(i_{it})+$$
$$\rho E\{V_{i,t+1}(K_{i,t+1},G_{i,t+1},\omega_{i,t+1})|J_{it}\}\Big] \quad (5-5)$$

其中,φ 代表企业的清算价值;$\prod_{it}(.)$ 代表企业的利润函数,由企业投资、年龄及可观测到的 TFP 决定;$C(.)$ 代表企业的投资成本;ρ 是折现因子;$E(.)$ 是下一期的利润回报;J 表示当前的企业全部信息。当企业经营时的预期折现回报大于其清算价值时,企业将继续经营,否则退出。企业 TFP 大于临界 TFP 时继续经营,用 1 表示,否则退出,用 0 表示。企业未来是否投资取决于企业可观测的 TFP、资本和企业年龄。企业生产概率方程用 Probit 模型估计。

由此本书依据 OP 算法建立了如下面板模型来估计企业的 TFP:

$$\ln TFP_{ijkt}=\alpha_0+\alpha_1 \ln K_{ijkt}+\alpha_2 \ln L_{ijkt}+\alpha_3 \ln E_{ijkt}+\alpha_4 G_{ijkt}+$$
$$\sum_{t=1}^{t} v_t year_t+\sum_{k=1}^{k}\omega_k reg_k+\varepsilon_{ijkt} \quad (5-6)$$

其中,状态变量为 $\ln K$ 和 G,自由变量为 $\ln L$、$\ln E$、$year_t$、reg_k,自由变量依次为劳动投入的自然对数、能源投入的自然对数、年度虚拟变量、地区虚拟变量,控制变量为出口和所有制虚拟变量,根据企业实际经营情况生成。此外,发现样本中企业投资数据较少,因此沿用鲁晓东和连玉君发表的文献中的设置,以工业中间投入作为不可观测生产率冲击的代理变量[167]。出口为虚拟变量(1 代表企业是出口企业,0 则代表企业是非出口企业),工业企业数据库中出口交货值不为 0 是出口企业,反之则为非出口企业。所有制为 1 代表国有企业,为 0 则代表非国有企业,国家资本和法人资本不为 0 则为国有企业,反之则为非国有企业。为了使得统计口径更加科学,以 2004 年为基期,分别用企业所在地区的固定资产投资价格指数、工业品出厂价格指数、居民消费价格指数、能源动力购进价格指数对固定资产净值、工业增加值、劳动投入、能源投入进行了平减。

首先,根据式(5-6),利用STATA13.0,采用OP算法对每一个制造业分行业估算了资本、劳动和能源弹性;其次,计算出每个企业的TFP,以企业增加值占行业增加值的比重为权重计算出各行业的TFP(见表5-1)。通过分析发现:样本期内,制造业各分行业均实现了TFP的增长;行业40(通信设备、计算机及其他电子设备制造业)的TFP均值最高,这与陈永伟、胡伟民估算结果一致[53]。此外,从样本期各行业的TFP均值排名看,TFP最高的行业是最低的1.673倍,均值为1.195,这表明各行业TFP存在较为显著的差异。

表5-1 制造业各分行业 lnTFP 估算结果

行业代码及名称		2004	2005	2006	2007	均值	均值排名
13	农副食品加工业	0.718	0.958	1.202	1.510	1.097	18
14	食品制造业	0.764	1.011	1.227	1.469	1.118	14
15	饮料制造业	0.774	0.995	1.185	1.435	1.097	17
17	纺织业	0.795	1.003	1.199	1.349	1.087	21
18	纺织服装、鞋、帽制造业	0.808	1.002	1.288	1.512	1.153	10
19	皮革、毛皮、羽毛(绒)及其制品业	0.747	0.998	1.232	1.483	1.115	16
20	木材加工及木、竹、藤、棕、草制品业	0.599	0.795	1.039	1.468	0.975	28
21	家具制造业	0.695	0.859	1.124	1.317	0.999	26
22	造纸及纸制品业	0.834	1.045	1.256	1.470	1.151	12
23	印刷业和记录媒介的复制	0.847	0.968	1.167	1.364	1.087	22
24	文教体育用品制造业	0.824	0.963	1.264	1.325	1.094	19
25	石油加工、炼焦及核燃料加工业	1.362	1.469	1.619	2.005	1.614	3
26	化学原料及化学制品制造业	0.910	1.104	1.310	1.605	1.232	8
27	医药制造业	0.775	0.992	1.114	1.350	1.058	25
28	化学纤维制造业	1.034	1.433	1.708	2.087	1.566	4
29	橡胶制品业	0.953	1.117	1.307	1.641	1.255	7
30	塑料制品业	0.772	0.945	1.217	1.436	1.093	20
31	非金属矿物制品业	0.726	0.857	1.084	1.299	0.992	27
32	黑色金属冶炼及压延加工业	1.275	1.463	1.729	2.055	1.631	2
33	有色金属冶炼及压延加工业	0.785	1.004	1.638	2.078	1.376	5

续表

行业代码及名称		2004	2005	2006	2007	均值	均值排名
34	金属制品业	0.756	0.934	1.214	1.563	1.117	15
35	通用设备制造业	0.744	0.926	1.157	1.440	1.067	23
36	专用设备制造业	0.772	0.918	1.239	1.547	1.119	13
37	交通运输设备制造业	1.050	1.102	1.439	1.904	1.374	6
39	电气机械及器材制造业	0.800	0.985	1.269	1.551	1.151	11
40	通信设备、计算机及其他电子设备制造业	1.201	1.474	1.859	1.993	1.632	1
41	仪器仪表及文化、办公用机械制造业	0.775	0.988	1.337	1.512	1.153	9
42	工艺品及其他制造业	0.741	0.897	1.163	1.449	1.062	24

2) 各行业要素相对扭曲实证结果与分析

根据式(3-79)至式(3-81)可分别估算出各行业资本、能源、劳动的相对扭曲系数,这是测算行业间资源错配对TFP影响的关键。测算结果见表5-2。通过分析发现:

表5-2 制造业各分行业要素相对扭曲系数

行业代码	2004			2005			2006			2007		
	资本	劳动	能源	资本	劳动	能源	资本	劳动	能源	资本	劳动	能源
13	0.722	1.434	1.000	0.763	1.535	1.045	0.825	1.625	1.067	0.891	1.722	1.379
14	1.142	1.242	1.370	1.194	1.290	1.388	1.126	1.282	1.331	1.229	1.418	1.797
15	0.632	1.248	1.256	0.610	1.277	1.254	0.594	1.326	1.256	0.595	1.352	1.562
17	0.975	1.244	0.801	0.886	1.205	0.757	0.838	1.232	0.747	0.762	1.189	0.879
18	0.942	1.211	0.986	0.950	1.189	0.945	0.914	1.126	0.864	0.907	1.061	0.993
19	1.643	1.203	0.752	1.667	1.160	0.708	1.592	1.118	0.658	1.533	1.091	0.784
20	0.870	1.264	0.558	0.840	1.170	0.505	0.681	1.009	0.420	0.670	0.932	0.473
21	1.248	1.143	1.305	1.083	1.081	1.205	1.089	1.064	1.144	1.024	0.991	1.299
22	1.173	1.092	0.910	1.123	1.046	0.851	1.123	1.040	0.816	1.143	1.028	0.984
23	0.901	1.093	0.907	0.879	1.031	0.835	0.900	1.022	0.799	0.886	0.992	0.946
24	0.986	1.046	0.658	0.901	1.027	0.631	0.915	0.955	0.566	0.917	1.012	0.732
25	0.820	0.977	1.342	0.820	0.957	1.284	0.801	0.979	1.266	0.837	1.031	1.627

续表

行业代码	2004			2005			2006			2007		
	资本	劳动	能源	资本	劳动	能源	资本	劳动	能源	资本	劳动	能源
26	0.970	0.987	0.758	0.990	1.003	0.753	1.038	0.993	0.719	1.090	0.918	0.811
27	1.716	0.977	0.613	1.785	0.927	0.568	1.831	0.967	0.572	1.768	0.935	0.674
28	0.772	0.887	0.360	0.709	0.949	0.376	0.718	0.963	0.368	0.705	0.982	0.457
29	0.758	0.943	0.771	0.748	0.933	0.745	0.751	0.944	0.728	0.734	0.942	0.885
30	0.980	0.910	0.781	1.121	0.999	0.837	1.103	0.987	0.798	1.037	0.851	0.839
31	1.367	0.916	0.736	1.307	0.928	0.727	1.209	0.929	0.703	1.150	0.970	0.895
32	1.176	0.902	0.565	1.215	0.965	0.591	1.301	0.915	0.540	1.251	0.886	0.638
33	1.921	0.900	1.052	1.974	0.907	1.035	1.903	0.873	0.961	1.853	0.857	1.151
34	0.723	0.852	0.722	0.721	0.842	0.695	0.698	0.857	0.683	0.710	0.937	0.912
35	0.969	0.854	1.163	0.970	0.818	1.087	0.904	0.851	1.092	0.936	0.907	1.420
36	0.888	0.798	0.379	0.906	0.874	0.405	0.908	0.865	0.387	0.949	0.842	0.459
37	0.888	0.884	0.521	0.906	0.835	0.481	1.034	0.847	0.470	1.076	0.745	0.505
39	1.326	0.899	0.573	1.222	0.784	0.488	1.190	0.789	0.474	1.127	0.724	0.531
40	1.489	0.778	0.768	1.471	0.739	0.712	1.518	0.761	0.708	1.430	0.719	0.816
41	1.527	0.697	0.608	1.379	0.722	0.615	1.340	0.704	0.578	1.278	0.693	0.695
42	0.720	0.489	0.583	0.719	0.521	0.607	0.718	0.554	0.623	0.830	0.647	0.886
均值	1.080	0.995	0.814	1.066	0.990	0.790	1.056	0.985	0.762	1.047	0.978	0.930

（1）各制造业分行业相对扭曲系数绝对值及趋势。样本期内,从时间趋势看,各制造业分行业扭曲系数并未呈现出明显的共同时间趋势,这表明各行业间资源错配有着较为显著的趋势差异。从绝对值看,各行业扭曲系数各年绝对值变化并不大,这表明各行业样本期内资源错配形势变化较小。从不同类型行业间相对扭曲看,资本相对扭曲系数和劳动相对扭曲系数大多数大于能源相对扭曲系数,这表明行业间能源错配较小,而资本相对扭曲系数并非普遍比劳动相对扭曲系数大,这表明行业间资本错配和劳动错配程度因行业的不同而呈现出不同的差异。

（2）各制造业分行业的资源错配情况。从样本期内各行业资本、劳动、能源相对扭曲系数四年均值来看,没有系数为1的行业,这表明行业间的资源错配普遍存在。从资本相对扭曲系数均值看,28个分行业中有13个分行业的资本扭曲相对系数大于1,这表明:与最优行业资本配置相比,这些行业配置了过多的资本,而其他行业则配置了过少的资本;从劳动相对扭曲系数均值看,28个分行业中有11个分行业劳动扭曲相对系数大于1,这表明:与最优行业劳动配置相比,这些行业配置了过多的劳动,其他行业配置过少;从能源相对扭曲系数均值看,28个分行业中有7个行业能源扭曲相对系数大于1,这表明这些行业配置了过多的能源,其他行业配置过少。

3) 制造业分行业间资源错配对制造业总量TFP的影响

根据式(3-89)和式(3-90)可以分别测算出行业间资源错配对制造业总量TFP的影响、行业间资本(或劳动、能源)错配对经济总量TFP的影响。表5-3显示了这一结果。通过对该表的分析发现:行业间资源错配对制造业总量TFP造成的影响范围为18.60%—21.70%,即如果纠正制造业分行业间的资源错配,制造业的总量TFP可在现有的基础上增加的范围为18.60%—21.70%;行业间资本错配显著大于行业间能源错配和行业间劳动错配对制造业总量TFP的影响。行业间资本错配、行业间劳动错配、行业间能源错配对TFP造成的影响范围分别在15.55%—18.14%、1.66%—2.09%、0.66%—0.92%。这一测算结果与张佩测算的结果类似[169]。这些结果表明:制造业分行业间资源错配对制造业总量TFP的影响较大,但远小于行业内企业间资源错配对制造业总量TFP的影响;制造业分行业间能源错配对制造业总量TFP的影响有限。

表5-3 行业间的资源错配对制造业总量TFP的影响

错配类型	2004	2005	2006	2007	均值
行业间资源错配	21.70%	20.60%	19.80%	18.60%	20.18%
行业间资本错配	18.14%	17.22%	16.55%	15.55%	16.87%
行业间劳动错配	2.09%	1.87%	1.76%	1.66%	1.85%
行业间能源错配	0.92%	1.06%	0.79%	0.66%	0.86%

5.2 行业间资源错配对中国制造业全要素生产率影响的区域差异

中国地域辽阔,人口众多,而东北部、东部、中部、西部等不同区域由于自然资源、社会发展、人口基础等禀赋差异巨大,为了考察各区域行业间资源错配对TFP的影响,本节采取与4.2节类似的方法进行了测算,仍然以中国的"四大板块"和"四个支撑带"2004—2007年制造业微观数据为实证对象,实证检验和分析了制造业分行业间的资源错配对制造业总量TFP影响的区域差异。

5.2.1 数据、变量与参数

本节的数据、变量与参数设定与5.1节相同。

5.2.2 实证结果与分析

1) 制造业分行业间资源错配对"四大板块"制造业总量TFP影响的区域差异

表5-4显示了这一结果,通过分析发现:

(1) "四大板块"各自区域内制造业行业间的资源错配现象普遍存在,但差异显著。从制造业分行业间资源错配对制造业总量TFP影响的均值看,东部、中部、东北、西部行业间资源错配对TFP的影响分别为12.2%、22.9%、18.3%、15.2%,最大值是最小值的1.88倍。行业间资源错配最严重的是中部地区,其次为东北部、西部、东部。

(2) "四大板块"各自区域内行业间资源错配有下降的共同趋势,但下降幅度却不同。东部地区制造业分行业间资源错配对制造业总量TFP的影响从2004年的12.7%下降至2007年的11.6%,中部地区从2004年的25.5%下降至2007年的19.5%,东北地区从2004年的19.0%下降至2007年的17.4%,西部地区从2004年的17.1%下降至2007年的13.0%。下降幅度最大的是中部地区。

表5-4 中国制造业分行业间资源错配对"四大板块"制造业总量TFP的影响

单位:%

地区	错配类型	2004	2005	2006	2007	平均值	校准值
东部地区	资源错配	12.7	12.3	12	11.6	12.2	0
	资本错配	9.94	9.57	9.12	8.66	9.3	
	劳动错配	1.3	1.2	1.1	1.0	1.2	
	能源错配	0.6	0.7	0.5	0.6	0.6	

续表

地区	错配类型	2004	2005	2006	2007	平均值	校准值
中部地区	资源错配	25.5	24.4	22.2	19.5	22.9	9.6
	资本错配	22.2	20.9	18.9	16.4	19.6	
	劳动错配	2.5	2.2	2.0	1.9	2.2	
	能源错配	1.0	0.9	0.9	0.8	0.9	
东北地区	资源错配	19.0	18.8	18.1	17.4	18.3	5.5
	资本错配	16.3	15.5	15.7	13.7	15.3	
	劳动错配	2.5	2.4	1.6	1.2	1.9	
	能源错配	0.9	0.7	0.9	0.8	0.8	
西部地区	资源错配	17.1	15.8	14.8	13.0	15.2	2.7
	资本错配	14.4	12.9	11.8	9.8	12.2	
	劳动错配	1.5	1.4	0.6	1.5	1.3	
	能源错配	0.8	0.8	0.7	0.6	0.7	

（3）"四大板块"各区域内制造业分行业间资源错配的不同类型对制造业总量 TFP 的影响的异同点。各区域制造业分行业间资源错配对制造业总量 TFP 的影响有着较为显著的差异，共同点则是资本错配对 TFP 的影响最大，其次为劳动错配、能源错配。以资本错配为例，制造业分行业间资本错配对东部、中部、东北、西部地区制造业总量 TFP 影响的样本均值分别为 9.3%、19.6%、15.3%、12.2%，最大值是最小值的 2.11 倍。行业间的资本错配最严重的是中部，其次为东北部、西部、东部。

2）制造业分行业间资源错配对"四个支撑带"制造业总量 TFP 影响的区域差异

表 5-5 显示了中国"四个支撑带"资源错配对制造业总量 TFP 的影响，通过对实证结果的分析，可以得到下述结论：

表 5-5　中国制造业分行业间资源错配对"四个支撑带"制造业总量 TFP 的影响　单位：%

地区	错配类型	2004	2005	2006	2007	均值	校准值
长江经济带	资源错配	14.4	14.2	14.1	12.9	13.9	2.5
	资本错配	9.8	10.9	11.2	11.4	10.8	
	劳动错配	1.6	1.5	1.3	1.3	1.4	
	能源错配	0.8	0.6	0.6	0.5	0.6	

续表

地区	错配类型	2004	2005	2006	2007	均值	校准值
京津冀经济带	资源错配	22.3	21.7	21.4	20.6	21.5	9.3
	资本错配	20.1	18.6	18.5	18.3	18.9	
	劳动错配	3.6	2.7	2.6	2.1	2.8	
	能源错配	0.9	1.0	0.9	1.0	1.0	
丝绸之路经济带	资源错配	18.9	16.5	16.5	15.3	16.8	5.1
	资本错配	13.1	17.1	10.9	9.5	12.7	
	劳动错配	2.4	11.3	1.9	1.4	4.3	
	能源错配	1.1	1.0	1.0	0.8	1.0	
21世纪海上丝绸之路经济带	资源错配	11.8	11.5	11.2	8.5	11.2	0.0
	资本错配	8.9	8.5	8.3	8.1	8.5	
	劳动错配	1.4	1.4	1.2	1.1	1.3	
	能源错配	0.4	0.4	0.0	0.1	0.2	

(1)"四个支撑带"各自区域内制造业分行业间的资源错配普遍存在,但有着较为显著的差异。制造业分行业间资源错配对长江经济带、京津冀经济带、丝绸之路经济带、21世纪海上丝绸之路经济带制造业总量TFP影响的均值分别为13.9%、21.5%、16.8%、11.2%,最大值是最小值的1.92倍。行业间资源错配最严重的是京津冀经济带,其次为丝绸之路经济带、长江经济带、21世纪海上丝绸之路经济带。

(2)"四个支撑带"各自区域内制造业分行业间的资源错配形势有共同的下降趋势,但下降幅度不同。长江经济带从2004年的14.4%下降至2007年的12.9%,京津冀经济带从2004年的22.3%下降至2007年的20.6%,丝绸之路经济带从2004年的18.9%下降至2007年的15.3%,21世纪海上丝绸之路经济带从2004年的11.8%下降至2007年的8.5%。下降幅度最大的则是丝绸之路经济带。

(3)"四个支撑带"各区域内制造业分行业间资源错配的不同类型对制造业总量TFP的影响的异同点。各区域制造业分行业间资源错配对制造业总量TFP的影响有着较为显著的差异,共同点是资本错配对TFP的影响最大,其次为劳动错配、能源错配,这一结论与"四大板块"的结论一致。以资本错配为例,制造业分行业间资本错配对长江经济带、京津冀经济带、丝绸之路经济带、21世纪海上丝绸之路经济带制造业总量TFP影响的样本均值分别为10.8%、18.9%、12.7%、8.5%,最大值是最小值的2.22倍。行业间的资本配置效率从高到低依次为:21世纪海上丝绸之路经济带、长江经济带、丝绸之路经济带、京津冀经济带。

5.3 行业间资源错配对中国经济全要素生产率的影响

本节针对现有对行业间的资源错配研究不足的问题,应用3.3节行业间资源错配对TFP影响的理论模型,选择中国上市公司2008—2014年的微观数据作为中国经济的样本,假设经济体中存在行业间资本错配和行业间劳动错配,测算了中国经济中14个行业间的资源错配对经济总量TFP的影响。

5.3.1 数据、变量与参数

本节数据来源及处理与4.3节相同,变量及参数设定除了以下两点之外,其余则与5.1节相同:

1) OP算法中不可观测生产率冲击代理变量的选择与处理

本节选择投资作为不可观测生产率的代理变量,而5.1节选择中间投入,这是因为本节数据未报告上市公司的中间投入。在处理方法上对投资数据采取永续盘存法进行估算,折旧率选择0.91,估算投资数据是因为本节数据来源中的投资数据汇报较少。

2) 平减指数处理与5.1节不同

本节数据样本时间为2008—2014年,在估算企业TFP时以2008年为基期对相应变量调整(用工业品出厂价格指数对企业增加值进行平减,用消费者价格指数对劳动投入进行平减,用固定资产投资价格指数对资本投入进行平减)进行了平减。但在平减时,受《中国统计年鉴》的平减指数时间范围仅至2013年的限制,2014年的指数采取了估算的方法,以2013年和2012年的平均值估算。

5.3.2 实证结果与分析

1) 行业 TFP 的测算与分析

测算方法与 5.1 节相同,测算结果如表 5-6 所示。通过对该表的分析可以得到下述结论:从 TFP 的趋势看,各产业在 2008—2013 年大多数实现了增长,但在 2013—2014 年除了行业 2(电力、热力、燃气及水生产和供应业)、行业 5(交通运输、仓储和邮政业)、行业 6(金融业)、行业 12(文体、体育和娱乐)外,其他行业均为下降趋势。从各行业的 TFP 样本均值的差异看,最高的行业 6 是最低的行业 13 的 4.1 倍,差异较大。

表 5-6 中国经济各行业 lnTFP 估算结果

行业代码及名称		2008	2009	2010	2011	2012	2013	2014	均值	排名
1	采矿业	1.56	1.75	3.20	3.89	3.76	3.97	3.26	3.056	4
2	电力、热力、燃气及水生产和供应业	1.33	1.91	2.46	2.80	3.65	4.79	4.82	3.109	3
3	房地产业	0.64	0.80	1.05	1.43	2.09	2.56	2.20	1.539	11
4	建筑业	0.53	0.61	1.53	1.81	2.51	2.54	1.80	1.619	10
5	交通运输、仓储和邮政业	1.01	0.84	1.97	1.96	1.82	2.10	2.14	1.691	9
6	金融业	1.85	1.79	2.16	4.00	4.80	5.27	6.08	3.707	1
8	农林副牧渔	0.96	1.28	2.32	2.78	2.51	1.87	1.49	1.887	8
9	批发和零售业	0.68	0.79	1.20	1.96	1.77	1.97	1.88	1.464	12
10	水利、环境和公共设施管理业	0.46	0.64	2.11	2.64	2.22	3.68	2.57	2.046	7
12	文化、体育和娱乐业	0.29	0.37	0.59	0.86	1.23	1.90	2.37	1.087	13
13	信息传输、软件和信息技术服务业	0.77	0.68	0.72	0.89	1.01	1.14	1.11	0.903	14
14	制造业	1.16	1.40	2.07	2.82	2.37	3.10	2.80	2.246	6
16	综合	1.52	3.02	3.10	4.78	4.77	4.68	3.82	3.670	2
17	租赁和商务服务业	1.24	1.99	2.12	2.60	4.10	4.65	4.47	3.024	5

2) 各行业要素相对扭曲系数的实证结果与分析

测算方法与 5.1 节相同,测算结果如表 5-7 所示,通过对各行业资本和劳动扭曲相对系数实证结果的分析发现:

表 5-7 中国经济各行业间资本和劳动相对扭曲系数

行业代码	2008		2009		2010		2011		2012		2013		2014		均值	
	$\tau_{K_{Si}}$	$\tau_{L_{Si}}$	$\tau_{K_{Si}}$	$\tau_{L_{Si}}$	$\tau_{K_{Si}}$	$\tau_{L_{Si}}$	$\tau_{K_{Si}}$	$\tau_{L_{Si}}$	$\tau_{K_{Si}}$	$\tau_{L_{Si}}$	$\tau_{K_{Si}}$	$\tau_{L_{Si}}$	$\tau_{K_{Si}}$	$\tau_{L_{Si}}$	$\tau_{K_{Si}}$	$\tau_{L_{Si}}$
1	1.5	0.7	1.4	0.6	1.5	0.6	1.8	0.5	2.1	0.6	2.2	2.7	2.6	0.6	1.9	0.9
2	3.9	1.7	3.3	1.2	3.2	1.2	4.1	1.3	3.7	1.2	3.2	3.2	3.1	1.1	3.5	1.6
3	0.4	0.7	0.3	0.7	0.2	0.6	0.2	0.9	0.3	0.8	0.3	0.3	0.3	0.7	0.3	0.7
4	1.3	3.7	1.4	3.1	1.0	1.7	1.3	2.0	1.6	1.5	1.6	2.3	2.2	2.3	1.5	2.4
5	4.0	2.1	4.8	3.3	3.5	2.7	5.4	3.5	6.3	2.5	6.2	6.0	5.9	2.9	5.2	3.4
6	0.2	0.8	0.2	0.8	0.1	0.8	0.2	0.8	0.2	0.8	0.2	0.1	0.1	0.7	0.2	0.7
8	3.5	4.6	2.7	4.2	1.9	2.9	2.9	3.6	3.5	3.6	5.1	5.8	4.5	4.5	3.4	4.3
9	2.3	2.4	1.9	2.0	1.5	2.1	1.8	2.4	2.3	2.8	2.4	2.6	2.4	3.0	2.1	2.5
10	1.6	6.7	1.9	7.5	0.7	4.8	0.2	0.7	0.7	2.5	1.0	5.0	1.0	5.6		
12	2.5	2.6	1.9	2.3	1.4	3.3	1.7	4.6	2.5	6.5	1.9	1.7	1.6	5.7	1.9	3.8
13	10.2	2.2	11.5	2.3	11.6	2.3	13.4	2.7	13.3	2.9	11.9	11.6	10.8	4.2	11.8	4.0
14	2.2	1.6	1.9	1.8	1.5	1.6	1.9	1.8	2.1	2.3	1.9	2.4	2.4	2.9	2.0	2.0
16	1.7	0.5	0.8	0.8	0.7	1.2	0.9	1.2	1.2	1.4	1.5	1.3	1.5	0.5	1.0	0.6
17	1.2	1.5	0.7	1.1	0.7	1.6	0.8	1.9	0.8	1.6	1.6	1.6	1.0	2.5	1.0	1.7

(1) 从资本、劳动扭曲系数的绝对值看,除行业 10 和行业 17 外,其余均显著不等于 1,这表明这几年中国经济各行业间的资源错配现象是普遍存在的。

(2) 从不同的行业来看,行业 6(金融业)和行业 3(房地产业)的要素扭曲相对系数均显著小于 1,这表明这两个行业存在资源配置不足的问题,特别是这几年对房地产业的金融调控较为严厉,致使其资本配置不足比劳动配置不足更为严峻;而金融业资源配置不足的原因可能与金融业尚未进行市场化改革导致其他企业难以进入金融业相关。从样本期间各行业间资本、劳动相对扭曲因子的均值发现:与最优资源配置相比,除了房地产业和金融业外,其余的行业均配置了过多的资本。除了行业 1(采矿业)、行业 3(房地产业)、行业 6(金融业)、行业 16(综合外),其余的行业均配置了过多的劳动。

(3) 发现行业 13(信息传输、软件和信息技术服务业)的资本扭曲相对系数最高,可能是因为该行业的上市公司属于互联网板块,与其他行业相比,该行业更加容易吸引到资本,使得该行业配置了过多的资本(与最优资本配置相比)。

本节测算的结果与王林辉和袁礼的测算结果略有不同[62],其原因是:数据实证对象不同,该文献是以中观产业数据(1978—2010 年)为实证对象,而本节是以中国上市公司微观数据(2008—2014 年)为实证对象。

3) 行业间资源错配对中国经济总量TFP影响的实证结果与分析

测算方法与5.1节相同,表5-8报告了行业间资源错配、资本错配、劳动错配对中国经济总量TFP的影响结果。通过分析发现:

(1) 行业间资源错配对中国经济总量TFP的影响较大。样本期内,其影响范围为11.91%—38.76%,样本期均值为21.03%,即如果中国经济各行业间资源有效配置,则中国经济的总量TFP可在现有的基础上增加21.03%。从趋势来看,行业间资源错配呈现出先改善(2008—2013年)后恶化(2013—2014年)的趋势,这可能是因为自2008年后,产业结构调整政策取得积极成效,有利于降低行业间资源错配;2013—2014年行业间资源错配恶化的原因则需要更加深入的分析。

(2) 行业间资本错配对中国经济总量TFP的影响。样本期内,其影响范围为10.49%—34.54%,样本期均值为18.67%。从趋势来看,行业间资本与资源错配对中国经济总量TFP影响的趋势高度一致。

(3) 行业间劳动错配对中国经济总量TFP的影响。样本期内,其影响范围为1.16%—2.44%,样本期均值为1.58%。从趋势来看,行业间劳动错配呈现恶化、缓解、恶化的趋势,与行业间资本错配和资源错配对中国经济总量TFP影响的趋势不一致。这表明行业间劳动错配可能与资本错配存在不同的成因。行业间资本错配对经济总量TFP的影响远大于行业间劳动错配对经济总量TFP的影响。因此,降低行业间资本错配是降低行业间资源错配的主要途径。

表5-8 行业间资源错配对中国经济总量TFP的影响　　　　　单位:%

错配类型	2008	2009	2010	2011	2012	2013	2014	均值
行业间资源错配	38.76	35.83	19.44	14.28	13.84	11.91	13.17	21.03
行业间资本错配	34.54	31.58	17.40	12.77	12.49	10.49	11.42	18.67
行业间劳动错配	2.31	2.44	1.48	1.18	1.06	1.16	1.40	1.58

5.4 小结

本章应用第3.3节行业间资源错配理论模型,分别以中国制造业2004—2007年的微观数据和中国上市公司2008—2014年的微观数据作为中国经济的样本,全面检验了中国制造业分行业之间、中国经济各行业之间资源错配对中国制造业、中国经济总量 TFP 的影响,得到了丰富的研究结论:

一是从行业间资源错配的对象上看,无论是中国制造业,还是中国经济,均存在着较为严重的行业间资源错配。样本期内,行业间资源错配对中国制造业和中国经济总量 TFP 造成的影响范围分别为 18.60%—21.70%、11.91%—38.76%,即纠正行业间资源错配后,中国制造业和中国经济的总量 TFP 可在现有的基础上增加的百分比分别为 18.60%—21.70%、11.91%—38.76%。

二是从行业间资源错配的趋势看,样本期内,中国制造业行业间的资源错配呈现逐年下降的趋势,但下降的趋势不大。2008—2014 年间中国经济各行业间的资源错配却呈现出先改善后恶化的趋势,特别是 2014 年中国行业间资源错配的开始增加需要政策制定者引起重视。

三是从行业间资源错配不同类型对 TFP 影响的差异上看,样本期内,行业间资本错配对 TFP 造成的影响普遍大于劳动错配、能源错配对 TFP 造成的影响。例如,制造业分行业间的资本错配、行业间劳动错配对制造业总量 TFP 造成的影响范围分别为 15.55%—18.14%、1.66%—2.09%,能源错配对制造业总量 TFP 造成的影响范围为 0.66%—0.92%。行业间资源错配对中国经济总量 TFP 造成的影响范围为 11.91%—38.76%,行业间资本错配、劳动错配对中国经济总量 TFP 造成的影响范围分别为 10.49%—34.54% 和 1.16%—2.44%。

四是从行业间资源错配的区域差异看,"四大板块"中,东部地区资源配置效率最高(即资源错配程度最低),如果其他地区达到该地区的资源配置效率,则西部、东北、中部的 TFP 分别可再增加 2.7%、5.5%、9.6%。"四个支撑带"中,资源配置效率最高的是 21 世纪海上丝绸之路经济带,如果其他地区达到该地区的资源配置效率,则长江经济带、丝绸之路经济带、京津冀经济带的 TFP 分别可再增加 2.5%、5.1%、9.3%。

总之,本章的实证检验是对 3.3 节理论的全面应用和验证,实证上不仅测算了行业间能源错配对中国制造业总量 TFP 的影响,探讨了制造业分行业之间的资源错配对制造业总量 TFP 影响的区域差异,而且对近期中国经济分行业之间的资源错配进行了实证检验。这些实证检验对于认识和判断中国行业间资源错配对 TFP 的影响有着十分重要的现实意义。

6 地区间资源错配对全要素生产率的影响:实证检验

第4章、第5章应用第3章的理论模型分别检验了行业内企业间、行业间资源错配对中国制造业和中国经济总量TFP的影响。本章则应用第3章3.4节地区间的资源错配理论模型,以中国2008—2013年县域微观数据为实证对象,全面检验了地区间资源错配对中国经济总量TFP的影响。

6.1 数据、变量与参数

6.1.1 数据来源及处理

1) 数据来源

本章数据来源于《中国区域经济统计年鉴》,该数据库是一部全面、系统反映中国区域经济与社会发展状况的大型数据库,资料来源于各级政府统计年报或相关的抽样调查资料,系统收集了2000—2013年全国及其10个经济区域、31个省级行政区划单位、330多个地级行政单位及省(区、直辖市)直管市、县、区和2 000多个县级行政单位的主要社会经济统计指标。主要内容涵盖自然资源、人口与就业、国民核算、固定资产投资、财政、物价、人民生活、农业、工业、建筑业等社会经济发展的各个方面。但该数据库未包括香港、澳门特别行政区和台湾地区的数据。

2) 数据处理

本章数据主要采用2 000多个县级行政单位的主要社会经济统计指标,这些指标主要包括地区生产总值、城镇单位在岗职工人数、乡村从业人员、全社会固定资产投资、农村居民人均纯收入、城镇单位在职平均工资。但该数据库存在个别年份个别变量数据缺失的问题,为了确保数据的完整性,对数据进行了以下处理:一是沿用 HK 的设置,各省份对 $\log(TFPR_{Si}/\overline{TFPR_S})$ 和 $\log(A_{Si}/\overline{A_S})$ 的首尾各 2% 截尾。二是利用插值法对部分年度缺失的变量进行了处理,例如 2011 年、2012 年、2013 年数据库中缺失变量为地区生产总值、农村居民人均纯收入、城镇单位在职平均工资,对此以两年的移动平均数进行估算。三是剔除了样本期内上述变量均为空的样本。四是剔除了省份内样本数量过少(海南、宁夏)及严重缺失的省份(西藏和陕西),例如,陕西省全社会固定资产投资数据缺失的年份为 2007、2008、2010 三年。五是本节地区间资源错配是指省份内县域之间的资源错配,因此不对北京、天津、上海、重庆 4 个直辖市进行研究。由此最终数据样本为 23 个省份的平衡面板数据,处理完后样本数由 13 878 个变为 9 660 个。

6.1.2 变量说明及参数设定

本章的关键是计算出资本扭曲因子、劳动扭曲因子、县的实际生产率,它们的表达式分别如下,表达式中涉及的变量及参数说明见表 6-1。

$$\tau_{K_{Si}} = \alpha_S \frac{\sigma-1}{\sigma} \frac{P_{Si}Y_{Si}}{RK_{Si}} - 1 \tag{6-1}$$

$$\tau_{L_{Si}} = (1-\alpha_S) \frac{\sigma-1}{\sigma} \frac{P_{Si}Y_{Si}}{WL_{Si}} - 1 \tag{6-2}$$

$$A_{Si} = \varphi_S \frac{(P_{Si}Y_{Si})^{\frac{\sigma}{\sigma-1}}}{K_{Si}^{\alpha_S}(WL_{Si})^{1-\alpha_S}} \text{ 其中}, \varphi_S = \frac{W^{1-\alpha_S}(P_S Y_S)^{\frac{-1}{\sigma-1}}}{P_S} \tag{6-3}$$

表 6-1 第 6 章变量说明及参数设定

变量或参数	说明内容
WL_{Si}	表示县域劳动投入,以城镇人均收入与城镇就业人数的乘积与农村人均收入与农村就业人数的乘积之和计量
$P_{Si}Y_{Si}$	以数据库中县域增加值计量
K_{Si}	表示县域的资本存量,以 2008 年的县级政府全社会固定资产为基期,分别以 5% 和 9% 的平均折旧率,采取永续盘存法对各县的资本进行估算。详细说明见下文
φ_S	表示各省份增加值占总增加值的比例
R	表示无扭曲的资本租赁价格,沿用 HK 模型的设置,设定为 10%
α_S	表示省份劳动产出弹性,以省份劳动份额占省份总增加值的比例计量
σ	表示替代弹性,设定为 3,与上文类似

关于县域资本存量估算的说明。资本存量的估算一般采用永续盘存法,该方法的关键是确定平均折旧率,折旧率不同可使资本存量的估算结果差异巨大。在估算中国资本存量的时候,以往文献将折旧率设定为两种:一是5%,二是9%左右。前者如卜永祥、靳炎设定为5%,郭庆旺、贾俊雪设定为5%[170-171],后者如张军等设定为9.6%,单豪杰设定为10.96%[168,172]。本书正文中选择9%的折旧率对资本存量估算,稳健性检验中采取5%折旧率进行了检验。

6.2 实证结果与分析

6.2.1 关键变量实证结果与分析

本章的关键变量包括劳动扭曲因子 $\tau_{L_{Si}}$、资本扭曲因子 $\tau_{K_{Si}}$ 以及企业名义生产率的方差 V_{TFPR}。受篇幅限制,表6-2仅仅报告了2008年、2010年、2012年23个省份关键变量的均值、方差。

(1) 资本和劳动扭曲广泛存在,资本扭曲更为严重。通过表6-2发现23个省份内县域的资本扭曲因子和劳动扭曲因子的均值全部为正,这表明绝大多数县域存在过高使用资本和劳动的情况。此外,发现各省资本扭曲因子均值普遍显著大于劳动扭曲因子均值,这表明县域间的资本扭曲更加严重。

(2) 各省际内县域间的资源错配存在差异。通过表6-2发现各省份间企业名义生产率的方差 V_{TFPR} 的差异较为显著,2008年、2010年、2012年最大值分别是最小值的2.2倍、2.4倍、2.5倍。依据3.4节的理论,这表明各省份内县域间的资源错配存在差异。样本期内,从时间趋势看,企业名义生产率的方差 V_{TFPR} 的年度均值分别为:0.338、0.324、0.303,这表明资源错配有降低的趋势。

表6-2 第6章关键性变量实证结果

省份	2008			2010			2012		
	$\tau_{K_{Si}}$	$\tau_{L_{Si}}$	V_{TFPR}	$\tau_{K_{Si}}$	$\tau_{L_{Si}}$	V_{TFPR}	$\tau_{K_{Si}}$	$\tau_{L_{Si}}$	V_{TFPR}
河北	1.38	0.42	0.34	1.15	0.48	0.30	0.56	0.50	0.29
山西	1.70	0.52	0.41	1.77	0.53	0.36	0.83	0.49	0.34
内蒙古	1.01	0.61	0.39	1.35	0.73	0.40	0.71	0.63	0.37
辽宁	1.16	0.44	0.35	1.80	0.43	0.28	0.99	0.44	0.27

续表

省份	2008			2010			2012		
	$\tau_{K_{Si}}$	$\tau_{L_{Si}}$	V_{TFPR}	$\tau_{K_{Si}}$	$\tau_{L_{Si}}$	V_{TFPR}	$\tau_{K_{Si}}$	$\tau_{L_{Si}}$	V_{TFPR}
吉林	1.15	0.48	0.44	1.62	0.51	0.48	0.89	0.50	0.45
黑龙江	2.46	0.60	0.33	2.90	0.81	0.35	1.59	0.78	0.32
江苏	1.05	0.28	0.41	1.39	0.31	0.36	0.85	0.30	0.35
浙江	1.51	0.50	0.24	1.61	0.59	0.22	0.95	0.61	0.20
安徽	0.69	0.56	0.28	0.83	0.57	0.27	0.36	0.56	0.24
福建	0.83	0.53	0.40	1.20	0.62	0.36	0.63	0.63	0.34
江西	0.89	0.51	0.35	1.00	0.50	0.31	0.43	0.51	0.29
山东	2.97	0.52	0.35	2.41	0.51	0.27	1.46	0.51	0.23
河南	0.92	0.55	0.24	0.90	0.57	0.22	0.46	0.55	0.21
湖北	0.76	0.59	0.20	1.39	0.55	0.20	0.56	0.62	0.18
湖南	1.78	0.53	0.32	2.13	0.59	0.35	1.10	0.56	0.31
广东	2.04	0.52	0.33	2.15	0.55	0.33	1.42	0.56	0.33
广西	0.91	0.62	0.26	0.98	0.66	0.24	0.33	0.63	0.22
四川	0.84	0.52	0.36	1.01	0.60	0.35	0.38	0.56	0.35
贵州	0.97	0.44	0.27	1.35	0.45	0.25	0.32	0.55	0.20
云南	0.79	0.48	0.32	0.89	0.54	0.28	0.33	0.63	0.27
甘肃	0.29	0.67	0.36	0.57	0.75	0.37	0.01	0.66	0.36
青海	1.36	0.42	0.43	1.83	0.49	0.47	0.89	0.37	0.45
新疆	2.28	0.44	0.40	2.62	0.34	0.43	1.24	0.46	0.41

说明：$\tau_{K_{Si}}$、$\tau_{L_{Si}}$、V_{TFPR}分别依据式(6-1)、式(6-2)、式(3-99)测算。

6.2.2 地区间资源错配对省际、中国经济全要素生产率的影响

1) 县域间的资源错配对省际全要素生产率的影响

根据式(3-105)测算了省份内县域间的资源错配对各省 TFP 的影响，实证结果见表 6-3，该表同时显示了各省份资源错配程度的排序。通过对实证结果的分析，可得出如下结论：

(1) 省份内县域间存在普遍的资源错配，各省份通过地区间供给侧改革可

实现的资源配置效率红利巨大。表6-3显示各省份在样本期内地区间资源错配对TFP的影响值均为正,这表明各省份地区间资源错配普遍存在,同时验证了3.4节的理论假设。

(2)省份内县域间的资源错配存在显著的差异。从样本均值的排名看,浙江省县域间的资源配置效率最高(资源错配最低),其次为湖北省和河南省。浙江省县域间资源错配对其总量TFP的影响仅为6.6%,即纠正地区间资源错配后浙江省总量TFP可在现有基础上增长6.6%;同时,这表明与其他省份相比,浙江省县域之间的经济交流和融合情况最好,市场分割程度最低。资源错配最为严重的是吉林省,其县域间资源错配对吉林省总量TFP的影响高达38.2%,是浙江省的5.8倍。经济强省广东省内县域间的资源错配较为严重,23个省份中其资源错配排名仅为20,这表明经济强省并非地区间资源配置效率较高的省份。

表6-3 省份内县域间资源错配对各省TFP的影响　　　单位:%

省份	2008	2009	2010	2011	2012	2013	均值	均值排名	校准
河北	21.4	15.7	16.1	15.1	15.0	14.8	16.4	14	9.1
山西	19.8	16.1	15.1	13.7	13.4	13.1	15.2	12	8.0
内蒙古	21.4	21.8	24.1	21.9	21.7	20.4	21.9	18	14.3
辽宁	19.7	14.8	13.2	12.8	12.8	12.9	14.4	10	7.2
吉林	28.4	40.2	44.6	39.7	39.4	36.8	38.2	23	29.6
黑龙江	20.1	21.2	22.9	19.0	17.9	17.1	19.7	15	12.2
江苏	37.6	34.1	32.2	32.7	31.1	30.3	33.0	22	24.7
浙江	8.0	7.1	7.3	6.4	5.8	5.2	6.6	1	0.0
安徽	15.6	14.2	14.0	12.5	12.4	11.1	13.3	7	6.2
福建	24.9	21.2	21.5	19.4	18.8	17.8	20.6	17	13.1
江西	17.3	14.8	13.9	14.1	12.6	13.6	14.4	11	7.3
山东	16.9	17.8	12.4	10.5	8.5	7.2	12.2	6	5.2
河南	10.1	8.7	8.5	8.7	8.0	7.8	8.6	3	1.9
湖北	7.6	6.0	6.9	9.2	6.4	6.8	7.2	2	0.5
湖南	15.7	15.9	15.2	13.6	12.3	11.1	14.0	9	6.9

续表

省份	2008	2009	2010	2011	2012	2013	均值	均值排名	校准
广东	25.2	22.2	23.6	24.9	25.0	21.8	23.8	20	16.1
广西	11.4	8.7	9.2	8.1	8.0	7.5	8.8	4	2.0
四川	16.6	15.7	16.2	15.1	15.1	14.9	15.6	13	8.4
贵州	14.0	13.7	13.5	12.5	11.3	8.0	12.2	5	5.2
云南	15.5	13.1	13.0	13.7	14.7	13.3	13.9	8	6.8
甘肃	21.2	19.1	21.6	19.7	19.8	18.9	20.1	16	12.6
青海	28.5	31.3	36.7	24.8	24.1	23.5	28.2	21	20.2
新疆	21.6	20.3	23.4	20.9	25.1	21.1	22.1	19	14.5
均值	19.1	18.0	18.5	16.9	16.5	15.4	17.4		10.1

(3) 省份内县域间的资源错配并未呈现出明显的共同趋势。各省份县域间的资源错配均存在不同的拐点，这可能是因为国家层面的系统性资源错配因素对县域间的资源错配影响并不显著，其取决于各省内各自的资源错配因素。例如，浙江省资源错配在2010年发生变化，由原来的改善趋势开始恶化，2011年又开始改善；山西省样本期内资源错配程度一直在改善；江苏省资源错配在2011年发生变化，由原来的改善趋势开始恶化，2012年又开始改善。

(4) 各年度县域间资源错配对各省份总量TFP的影响均值整体呈现显著的下降趋势。2008—2013年分别为19.1%、18.0%、18.5%、16.9%、16.5%、15.4%（2010年略微上升），这一趋势可能暗示着地区间资源错配对中国经济总量TFP的影响逐年下降，这一推测将在下文中的测算中得到验证。

此外，为了减小计量误差和统计误差，表6-3还报告了以资源配置效率最高的浙江省为基准，其他省份达到浙江省内县域间的资源配置效率时的TFP影响均值，经过校准后，这一均值由17.4%降低为10.1%。尽管如此，地区间供给侧改革的资源配置效率红利不容忽视。

2) 地区间资源错配对中国经济总量TFP影响

根据式(3-106)测算了地区间资源错配对中国经济总量TFP的影响，图6-1和表6-4显示了这一结果。通过分析发现：

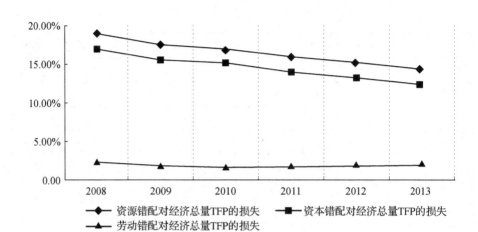

图 6-1　省份内县域间的资源错配对中国经济总量 TFP 影响趋势

表 6-4　省份内县域间的资源错配对中国经济总量 TFP 的影响　　　　单位:%

错配类型	2008	2009	2010	2011	2012	2013
资源错配	18.89	17.59	16.95	16.01	15.23	14.39
资本错配	16.78	15.65	15.13	14.03	13.30	12.49
劳动错配	2.25	1.90	1.68	1.91	1.93	2.00

样本期内,省份内县域间的资源错配对中国经济总量 TFP 的影响呈现出显著的下降趋势,从 2008 年的 18.89% 下降至 2013 年的 14.39%,这可能与当时省份内县域间的经济融合加速相关。同时,这也表明通过地区间供给侧改革可释放的资源配置效率红利巨大,纠正地区间资源错配后中国经济总量 TFP 在现有的基础上可增长的范围为:14.39%—18.89%。

3) 地区间资本、劳动错配对中国经济总量 TFP 的影响

表 6-4 还报告了地区间要素错配对中国经济总量 TFP 的影响,资本错配对 TFP 的影响呈现出明显的下降趋势,从 2008 年的 16.78% 下降至 2013 年的 12.49%,而劳动错配对 TFP 的影响却呈现出先下降后上升的趋势,拐点在 2011 年,影响范围为 1.68%—2.25%。

从上述分析发现:省份内县域间的资本错配对中国经济总量 TFP 的影响显著大于劳动错配对中国经济总量 TFP 的影响。可见,纠正地区间资本错配是降低地区间资源错配的主要途径。

6.2.3 稳健性检验

1) 稳健性检验说明

本章理论模型与3.2节行业内企业间资源错配理论模型本质上一致(行业内企业间资源错配理论模型的构建是从企业—行业—经济总量,而地区间资源错配理论模型的构建是从县域—省份—经济总量,理论框架部分有详细的说明)。4.3节的实证是以中国上市公司微观数据(作为中国经济的样本)为实证对象,测算了行业内企业间资源错配对中国经济总量TFP的影响,假设经济体中仅存在资本、劳动扭曲因子。4.3节实证检验中的稳健性检验表明:该模型的实证结果是稳健的。

因此,本章不再做关于"劳动投入由工资调整为员工数""替代弹性由3调整为4"的稳健性检验。本章的稳健性检验体现在折旧率的调整上,根据现有文献中常用折旧率5%和9%估算中国资本存量,正文选择9%折旧率对县域资本存量进行估算,稳健性检验中将选择5%折旧率对县域资本存量进行估算,在估算的数据基础上,给出了相应的实证结果。

2) 稳健性检验结果

表6-5和表6-6分别报告了省份内县域间的要素错配对各省及中国经济总量TFP的影响。

通过对表6-5的分析可发现,与表6-3相比,尽管在测算结果上有细微的差异,但是差异不大,趋势完全一致,各省的资源配置效率排名与前文保持一致。通过对表6-6的分析也可得出与表6-4类似的结论。

综上所述,本章的结论是有稳健性。

表6-5 省份内县域间的资源错配对各省TFP的影响(稳健性检验结果) 单位:%

省份	2008	2009	2010	2011	2012	2013	均值	均值排名	校准
河北	21.4	15.7	16.1	15.3	15.2	14.9	16.4	14	9.1
山西	19.8	16.5	16.1	14.6	14.0	13.9	15.8	12	8.4
内蒙古	21.4	21.6	23.6	21.4	21.5	20.2	21.6	18	13.9
辽宁	19.7	15.1	13.7	13.3	12.9	12.7	14.6	10	7.3
吉林	28.4	40.7	45.4	41.4	41.4	39.1	39.4	23	30.6

续表

省份	2008	2009	2010	2011	2012	2013	均值	均值排名	校准
黑龙江	20.1	21.4	23.4	19.9	18.6	17.9	20.2	15	12.6
江苏	37.6	33.9	31.8	32.4	31.3	30.7	33.0	22	24.5
浙江	8.0	7.1	7.3	6.5	6.1	5.5	6.8	1	0.0
安徽	15.6	14.2	14.1	12.8	12.9	11.8	13.6	7	6.4
福建	24.9	21.2	21.5	19.5	19.2	18.3	20.8	17	13.1
江西	17.3	15.1	14.4	14.7	13.3	14.7	14.9	11	7.6
山东	16.9	18.8	16.4	13.8	11.0	9.2	14.4	6	7.1
河南	10.1	8.8	8.7	8.3	8.3	8.1	8.7	3	1.9
湖北	7.6	6.0	7.1	9.5	7.1	7.3	7.4	2	0.6
湖南	15.7	16.0	15.4	14.2	13.1	12.0	14.4	9	7.2
广东	25.2	22.2	23.6	24.5	24.7	22.2	23.7	20	15.9
广西	11.4	8.8	10.1	7.6	7.4	7.8	8.9	4	2.0
四川	16.6	15.6	16.4	15.2	15.3	14.6	15.6	13	8.3
贵州	14.0	13.8	14.0	13.1	11.8	8.6	12.6	5	5.4
云南	15.5	13.5	13.1	14.0	14.9	13.5	14.1	8	6.9
甘肃	21.2	18.8	20.9	19.0	19.0	18.0	19.5	16	11.9
青海	28.5	32.1	38.3	25.8	25.2	23.3	28.9	21	20.7
新疆	21.6	20.6	24.2	21.6	21.9	20.5	21.7	19	14.0
均值	19.1	18.2	18.9	17.3	16.8	15.8	17.7		10.2

表6-6 省份内县域间的资源错配对中国经济总量TFP的影响(稳健性检验结果)

单位:%

错配类型	2008	2009	2010	2011	2012	2013
资源错配	18.89	17.76	17.62	16.57	15.81	14.98
资本错配	16.78	15.82	15.79	14.57	13.84	13.07
劳动错配	2.25	1.91	1.66	1.89	1.90	1.96

6.3 小结

本章应用3.4节地区间资源错配理论模型,以中国县域微观数据为实证对象,全面检验了地区间资源错配对各省及中国经济总量TFP的影响。实证结果表明:中国地区间资源错配普遍存在,这验证了3.4节地区间资源错配理论。从影响大小上看,地区间资源错配对中国经济总量TFP的影响在14.39%—18.89%之间,其中,地区间资本错配对TFP的影响远大于劳动错配对TFP的影响。同时,发现各省内县域间的资源错配对各省TFP的影响呈现出较为显著的差异。最后的稳健性检验表明本章的结论是稳健的。

7 资源错配影响因素分析与政策建议

第4、5、6章以中国制造业和中国经济的微观数据为实证对象,分别实证检验了行业内企业间、行业间、地区间资源错配对中国制造业、中国经济总量TFP的影响,发现纠正这三个供给主体间的资源错配后,资源配置效率红利巨大。为了揭示资源错配的成因,本章首先在现有资源错配影响因素实证研究的基础上,系统地总结和分析了资源错配的影响因素。其次,依据第4、5、6章的实证结论及资源错配的影响因素,从行业内企业间资源错配影响因素、行业间资源错配影响因素、地区间资源错配影响因素及它们的共同影响因素四个方面,提出了降低资源错配,进而提高总量TFP的政策建议。

7.1 资源错配影响因素分析

7.1.1 行业内企业间资源错配影响因素总结与分析

学者们虽然对行业内企业间资源错配影响因素做了广泛而深入的探讨,但却零散而不系统。为了更加系统地总结和分析行业内企业间资源错配的影响因素,首先,从企业特征、行业特征、地区特征三个方面总结行业内企业间的资源错配影响因素;其次,深入分析行业企业间资源错配的主要影响因素,并从其行为主体出发对资源错配的影响因素进行归类。

1) 行业内企业间资源错配影响因素总结

(1) 制造业行业内企业间资源错配影响因素——基于企业特征

基于企业特征的行业内企业间资源错配影响因素实证检验的思路如下:首先,测算企业的资源错配;其次,基于企业特征提出企业资源错配影响因素的假设;最后,建立计量模型进行实证检验。

HK从这一角度探讨资源错配影响因素,其发表的文献以企业名义生产率方差为被解释变量,以所有制(与非国有制企业相比,国有制企业能以低成本获取更多的资源,以虚拟变量计量)、企业规模(大量的基于企业规模的政策会导致资源错配,以四分位数虚拟变量计量)、企业年龄(年龄小的企业遭受了较为严重的融资约束、扩张市场更慢、获取资源更难,以四分位数虚拟变量计量)、地区(地区经济发展的不平衡可能导致资源错配情况不同,以地区代码虚拟变量计量)为解释变量,采用中国制造业1998—2005年四位数行业代码的微观数据进行了实证检验(结果见表7-1)。实证结果发现:所有制能解释中国制造业资源错配的5.25%,能解释印度制造业资源错配的0.58%;所有4个因素一起只能解释中国资源错配的10.01%,印度资源错配的4.71%;就中国而言,对资源错配的影响从大到小的因素依次为:所有制、规模、地区、年龄[16]。

表7-1 印度和中国制造业行业内企业间的资源错配影响因素(HK) 单位:%

	所有制	年龄	规模	地区	合计
印度	0.58	0.75	2.52	0.86	4.71
中国	5.25	0.98	2.21	1.57	10.01

注:影响因素解释资源错配的百分比。

紧接着,邵宜航、步晓宁、张天华以中国制造业1998—2007年二位数行业代码数据为实证对象,应用HK的理论模型,与HK采用同样的方法探讨资源错配的影响因素(实证结果见表7-2)。与HK相同的是所有制解释资源错配的百分比基本相同,不同的是这四个因素能解释中国制造业资源错配的12.78%,大于HK的解释比例;年龄和地区解释的百分比偏小,不足HK的50%;企业规模是HK测算结果的近3倍,测算结果偏大;对资源错配的影响从大到小的顺序为规模、所有制、年龄、地区,与HK的顺序不一致。该文献认为造成差异的原因可能与HK直接使用美国行业的资本和劳动份额以及所用数据时限相关。[42]

表7-2 中国制造业行业内企业间的资源错配影响因素(邵宜航、步晓宁、张天华)

单位:%

	所有制	年龄	规模	地区	合计
中国	5.01	0.46	7.12	0.19	12.78

为了引入更多的变量来检验行业内企业间资源错配影响因素与企业特征的关系,朱喜等在研究要素错配和农业TFP时,借鉴HK模型定义了每个农户

的资源错配指数,假设经济体存在资本和劳动扭曲,该指数表达式如下:

$$DI_i = (1+\tau_{K_i})^\alpha (1+\tau_{L_i})^{1-\alpha} \qquad (7-1)$$

其中,τ_{K_i}、τ_{L_i}分别为资本和劳动扭曲因子,α为农业总产出的资本产出弹性,$(1-\alpha)$则为农业总产出的劳动产出弹性[48]。企业资源错配指数的提出为引入更多的企业特征变量检验行业内企业间资源错配的影响因素奠定了基础。

李静、彭飞、毛德凤借鉴HK的理论模型,构建了资源错配指数、资本错配指数、劳动错配指数,其总体资源错配指数与式(7-1)相同。以企业资源错配指数为被解释变量,以是否为外资企业(虚拟变量,外资为1,内资为0)、政府补贴(补贴收入/工业销售产值)、出口额比重(出口交货值/工业销售产值)、企业规模(工业增加值的对数)、是否为沿海地区(虚拟变量,沿海为1,内陆则为0)、重工业(虚拟变量,重工业为1,轻工业为0)、企业年龄(2007-企业成立年份+1)为解释变量,控制变量为所有制,构建了控制地区和行业的固定效应面板模型。采用1998—2007年中国制造业微观面板数据进行了实证检验(见表7-3)。实证结果表明:外资企业的资本、劳动、总资源配置效率高于内资企业,政府补贴可降低资本、劳动及总资源错配;出口的增加则可降低劳动和总体资源错配;企业规模越大则资源错配程度越高;沿海地区的劳动和总体资源配置效率高于内陆的劳动和总体资源配置效率;重工业的劳动和总体资源配置效率低于轻工业的劳动和总体资源配置效率;企业年龄越小资源错配程度越高。[43]

表7-3 中国制造业行业内企业间的资源错配影响因素(李静、彭飞、毛德凤)

影响因素	资本错配指数	劳动错配指数	资源错配指数
外资企业	−10.13***	−2.31***	−3.13***
政府补贴	−36.49*	−6.16***	−7.82***
出口额比重	5.11	−3.02***	−2.72***
企业规模	31.30***	7.35***	7.99***
沿海地区	−3.57	−1.77***	−1.08***
重工业	1.02	0.18***	0.23**
企业年龄	−0.82***	−0.15***	−0.15***
常数项	−79.74***	−19.44***	−20.68***

说明:*、**、***分别表示10%、5%、1%的显著性水平。

与李静、彭飞、毛德凤的资源错配影响因素相比,王文、孙早、牛泽东在研究产业政策、市场竞争与行业内企业间资源错配的关系时,通过构建与式(7-1)

相同的资源错配指数引入了更多的变量。该文献以企业资源错配指数的自然对数为被解释变量,以产业政策(以补贴率和免税额比重作为代理变量)、行业竞争度(以销售收入计算的赫芬达尔指数计量)、融资约束(利息支出/负债合计)、企业家规避风险的倾向(以企业规模为代理变量,以职工人数的自然对数计量)、国有资本比重(国有资本/实收资本)、新产品比重(新产品产值/工业总产值)、出口比重(出口交货值/工业销售产值)、企业年龄(样本年份-开业年)为解释变量,构建了控制企业和年份的固定效应面板模型。以1998—2007年中国制造业微观数据为实证对象,实证结果(表7-4)表明:当产业政策促进竞争时,其会降低资源错配;产业政策的覆盖面越广,资源错配程度越低;企业贷款成本(融资约束)与资源错配程度显著正相关;企业家规避风险的倾向与资源错配程度显著负相关,表明企业家为抵御风险而降低企业规模会提高企业资源错配程度;国有资本比重与资源错配的相关性不显著,这一方面可能是国有资本比重高的企业受到更多的政府干预,更加恶化了其错配程度,另一方面国企的资源约束较小缓解了其错配程度;出口比重和新产品比重与资源错配显著负相关,表明创新型企业通过优势竞争产品扩大市场份额能获得更多资源,扩大出口会缓解企业的资源约束;企业年龄与资源错配显著负相关。[117]

表7-4 中国制造业行业内企业间的资源错配影响因素(王文、孙早、牛泽东)

影响因素	模型1	模型2	模型3	模型4	模型5	模型6
企业补贴(1)	−0.1631	−0.1715*	1.6576*			
免税额比(2)				−0.0165*	−0.0532	1.0233*
行业竞争(3)		−0.6893***	−0.4255***		−0.5236***	−0.5184***
(1)×(3)			−2.0967***			−1.5356***
融资约束	0.0226***	0.1236*	0.0375*	0.2344***	0.0634**	−0.1474*
企业家规避风险的倾向	−0.2710***	−0.1475*	−0.0621*	−0.3323*	−0.1305*	−1.635***
国有资本比重	0.4418	−0.0182	−0.0123*	0.2738	−0.0968	−0.1265
新产品比重	−0.2849	−0.2336*	−0.1159*	−0.1485*	−0.1084*	−0.0136*
出口比重	−1.352*	−0.8136***	−0.3563*	−0.9135***	−0.4571***	−0.1395***
企业年龄	−0.0086***	−0.0060*	−0.0010*	−0.0054***	−0.0012***	−0.0015*
常数项	2.7267*	1.7695***	5.1843**	4.2721*	2.1331*	1.2257*

注:*、**、***分别表示10%、5%、1%的显著性水平。

张江洋、袁晓玲在HK理论模型的基础上,针对其生产函数忽视能源要素的不足,对其拓展补充,提出了能源错配的测算方法[能源错配指数见式(7-2),能源扭曲测算表达式为式(7-3)],以2004—2007年中国制造业企业微观数据为样本对能源扭曲的影响因素进行了实证检验。他们发表的文献以能源错配指数为被解释变量,以企业规模(以年末从业人员合计计量)、企业所有制(国家资本和集体资本之和/实收资本之比)、企业年龄(当年年份减去成立时间加1)、出口强度(出口交货值总值/销售收入)、企业能源强度(企业能源投入/增加值)、企业补贴(补贴收入/销售收入)为解释变量,构建了固定效应面板模型,控制年份、行业、地区效应。该文献的实证结果(表7-5)表明:企业规模、出口强度、能源强度与能源扭曲显著负相关,所有制与能源扭曲显著正相关,能源强度政策通过所有制对能源扭曲有正向增加作用。[173]

$$D_{ijkt} = (1 + \tau_{E_{ijkt}})^{\beta_S} \tag{7-2}$$

$$\tau_{E_{Si}} = \beta_S \frac{\sigma - 1}{\sigma} \frac{P_{Si} Y_{Si}}{Q E_{Si}} - 1 \tag{7-3}$$

表7-5 中国制造业行业内企业间的能源错配影响因素(张江洋、袁晓玲)

影响因素	实证结果		稳健性检验	
	模型1	模型2	删除不显著变量	制造投入降低10%
企业规模	−0.001***	−0.001***	−0.001***	−0.001***
所有制	0.000	0.044***	0.044***	0.041***
企业年龄	0.000	0.000		0.000
出口强度	−0.001*	−0.001*	−0.001*	−0.001*
企业补贴	−0.001	−0.001		−0.001
能源强度	−0.216***	−0.216***	−0.216***	−0.196***
所有制×能源强度		0.004***	0.004***	0.003***
常数项	−1.587***	−1.588***	−1.588***	−1.343***
年份效应控制	是	是	是	是
地区效应控制	是	是	是	是
行业效应控制	是	是	是	是

注:*、**、***分别表示10%、5%、1%的显著性水平。

(2)中国制造业行业内企业间资源错配影响因素——基于行业特征

基于行业特征的行业内企业间资源错配影响因素的建模思路如下:首先,测算某一行业内企业间的资源错配;其次,基于行业特征提出行业内企业间资源错配影响因素的假设;最后,建立计量模型进行实证检验。

步晓宁以行业内名义生产率自然对数的方差为被解释变量,以行业开放度(行业出口/行业总产值)、行业国有化程度(行业国企增加值/行业总产值)为核心变量,以行业发展阶段(行业企业平均年龄)、企业平均规模(行业增加值/企业个数)、企业分布(行业企业规模方差)、行业集约化程度(行业从业人数/总从业人数)、行业研发度(新产品销售收入/行业总销售收入)为解释变量,控制了行业的个体和年份效应。采用1998—2007年中国制造业微观数据进行了实证检验。其实证结果(表7-6)表明:行业开放度与资源错配显著负相关,其机制是出口企业受到国家的信贷补贴可能较多;行业国有化程度与资源错配显著正相关;行业发展阶段与资源错配显著负相关,该文献推测其原因可能是行业越成熟,其市场化程度越高,扭曲越少,资源配置效率越高;行业企业平均规模与资源错配显著正相关,这表明资源更倾向于规模大的企业而非效率高的企业;行业企业分布与资源错配的关系并不显著;行业集约化程度与资源错配显著负相关,其机制是行业集约化程度越高,劳动集聚越高,对资本具有一定替代作用,从而缓解资源错配;行业研发度与资源错配显著负相关,其机制可能是国家给予研发企业的补贴较多。[174]

表7-6 中国制造业行业内企业间的资源错配影响因素(步晓宁)

影响因素	模型1	模型2	模型3	模型4	模型5	模型6
行业开放度	-0.11***	0.13***	-0.12***	-0.12***	-0.11***	-0.12***
行业国有化程度	0.00***	0.01***	0.02***	0.02***	0.02***	0.02***
行业发展阶段		-0.08***	-0.07**	-0.07**	-0.06**	-0.06**
行业企业平均规模			0.04***	0.03***	0.02***	0.03***
行业企业分布				-0.01	-0.02***	-0.01
行业集约化程度					-0.02***	-0.02***
行业研发度						-0.01***
常数项	-0.75***	-0.97***	-0.60***	-0.61***	-0.44***	-0.29***

注:*、**、***分别表示10%、5%、1%的显著性水平。

蒋为、张龙鹏在研究补贴差异化的行业内企业间资源错配效应时,以中国制造1998—2007年四位代码行业的微观数据为实证对象,基于行业特征,检验了行业内企业间的资源错配影响因素。该文献以行业生产率离散度(以行业内企业生产率的标准差和四分位差作为代理变量)为被解释变量,以补贴差异化的自然对数[以补贴率(补贴/工业销售产值)的标准差计量]为核心解释变量,以产品替代性、固定成本(非生产性工人人数/全部职工人数)、沉没成本(行业资本存量/行业增加值)、出口比重(出口额/工业销售产值)、所有制分布(国有企业比重=行业国有企业的数量/行业企业总数量;外商投资企业比重=行业外商投资企业的数量/行业企业总数量)、本国市场竞争(行业的赫芬达尔指数)和外国市场竞争(行业平均关税)为控制变量,建立了控制行业、年份的固定效应面板模型。该文献的实证结果(表7-7)表明:行业固定成本、行业出口比重与资源错配显著负相关;行业补贴差异化、行业产品替代性、行业沉没成本、行业国有企业比重、行业本国市场竞争、行业外国市场竞争与资源错配显著正相关;行业内外商投资企业比重与资源错配的相关性不显著,可能是因为一方面高生产率的外商投资企业拉大了行业内企业的生产率差距,另一方面外商投资企业又排挤出了低生产率企业。[133]

表7-7 中国制造业行业内企业间的资源错配影响因素(蒋为、张龙鹏)

影响因素	模型1	模型2	模型3	模型4	模型5	模型6
补贴差异化	0.011 6***	0.012 7***	0.016 2***	0.007 6***	0.008 6***	0.011 2***
产品替代性	0.010 8***	0.009 5***	0.008 1***	0.005 7***	0.004 4***	0.003 4***
固定成本	−0.082 5***	−0.103 4***	−0.096 6***	−0.058 6***	−0.077 4***	−0.073 3***
沉没成本	0.046 7***	0.049 8***	0.045 6***	0.030 6***	0.033 5***	0.030 4***
出口比重	−0.095 0***	−0.092 7***	−0.083 6***	−0.064 7***	−0.061 0***	−0.054 4***
国有企业比重		0.088 5***	0.082 5***		0.080 0***	0.075 2***
外商投资企业比重		0.037 2*	0.018 6		0.029 7***	0.016 3
本国市场竞争			0.009 1***			0.006 8***
外国市场竞争			0.089 1***			0.059 3***

注:*、**、***分别表示10%、5%、1%的显著性水平。

杨光、孙浦阳、龚刚在研究经济波动、成本约束与行业内企业间资源错配的关系时,采用中国制造业1998—2007年四位代码行业微观数据,基于行业特征检验了资本错配的影响因素。该文献以资本边际生产率的方差(资本错配的代理变量)为被解释变量,以行业生产率波动(行业生产率方差)、生产率波动与调整成本的乘积(检验调整成本是否为生产率波动性影响资本错配的传导机制)为核心解释变量,以行业沉没成本(以行业资本劳动比计量)、行业平均规模(以企业年末从业人数自然对数的均值计量)、行业工资异质性(以行业中职工平均工资计量)、行业产品替代性(广告投入/行业总增加值)、所有制(以国家资本与集体资本之和/总资本计量行业国有资本比重;以外商资本/总资本计量行业外商投资比重)为控制变量,建立了控制年份、行业、地区的固定效应面板模型。该文献实证结果(表7-8)表明:行业生产率波动、行业调整成本与行业生产率的乘积、行业沉没成本、行业产品替代性、行业国有化比例、行业外商投资比例与资本错配显著正相关;行业工资异质性、行业平均规模与行业内企业间的资本错配显著负相关。[138]

表7-8 中国制造业行业内企业间的资本错配影响因素(杨光、孙浦阳、龚刚)

影响因素	未加权			以地区企业数量加权		
	模型1	模型2	模型3	模型4	模型5	模型6
行业生产率波动(1)	0.086***	0.084***	0.084***	0.0079***	0.076***	0.076***
行业调整成本×(1)	0.008***	0.009***	0.009***	0.009***	0.011***	0.010***
行业沉没成本		0.024***	0.276***		0.020***	0.291***
行业平均规模		−0.012***	−0.020***			−0.022***
行业工资异质性			−1.019***			−1.229***
行业产品替代性			1.731***			1.331***
行业国有化比例			0.119***			0.115***
行业外商投资比例			0.159***			0.173***

注:*、**、*** 分别表示10%、5%、1%的显著性水平。

(3) 中国制造业行业内企业间资源错配影响因素——基于地区特征

基于地区特征的行业内企业间资源错配影响因素的建模思路如下:首先,测算行业内企业间的地区资源错配;其次,基于地区特征提出行业内企业间资源错配影响因素的假设;最后,建立计量模型进行实证检验。

韩剑、郑秋玲在研究政府干预如何导致地区资源错配时,采用中国制造业1998—2007年的微观数据,基于地区特征检验了资源错配的影响因素。该文献将行业内企业间的错配指数定义为实际产出与最优产生之比,以产出缺口测算资源错配,该值越大表明资源错配越严重。该文献以行业内企业间资源错配指数为被解释变量,以财政补贴(省补贴收入/省工业总产值)、劳动力流动管制(省外来人口/当地从业人数)、金融抑制(省四大国有商业银行总信贷/当期总信贷)、行政性市场进入壁垒(省国有企业总产值/当地总产值)作为政府干预的代理变量(即核心变量),以贸易开放度(省进出口贸易总额/当地GDP)、外商投资依存度(省外商投资/当地GDP)、产业结构(省工业增加值/当地GDP)为控制变量,建立省际面板固定效应模型。该文献的实证结果(表7-9)表明:地区政府财政补贴、地区金融抑制、地区行政性市场进入壁垒、地区产业结构与资源错配显著正相关;贸易开放度、外商投资依存度与资源错配显著负相关;劳动力流动管制与资源错配的关系并不显著。[44]

表7-9 中国制造业行业内企业间的资源错配影响因素(韩剑、郑秋玲)

影响因素	模型1	模型2	模型3	模型4
财政补贴	0.132 5***			
劳动力流动管制		−0.083 6		
金融抑制			0.142 8***	
行政性市场进入壁垒				0.008 9***
贸易开放度	−0.256 4***	−0.256 8***	−0.256 2***	−0.256 2***
外商投资依存度	−0.895 4	−0.883 5	−0.894 6	−0.887 9
产业结构	0.096 4**	0.089 7**	0.091 3**	0.089 7**
常数项	0.364 9***	0.382 1***	0.373 6***	0.368 5***

注:*、**、***分别表示10%、5%、1%的显著性水平。

靳来群、林金忠、丁诗诗在研究行政垄断通过所有制差异所导致的资源错配影响时,利用1998—2007年中国制造业微观数据,基于地区特征检验了行业内企业间资源错配的影响因素。该文献提出所有制差异导致的资源错配问题的根本原因在于政府行政权力与国有企业的结合所带来的行政垄断,以资源错配对TFP的影响为被解释变量;以财政补贴(地区财政补贴/地区工业增加值总额)、财政激励(地区财政支出与收入的差额/地区财政收入)、垄断势力(地区国有企业工业增加值/地区总工业增加值)、国有企业偏爱(地区国有企业补贴/地方总补贴)为核心解释变量,并以这四个指标,采取主成分分析构建了政府干预程度变量;以外商投资依存度(地区外商投资/地区GDP)、人力资本发展程度(地区科教文卫支出/地区GDP)、产业结构(地区重工业增加值/地区制造业工业增加值)、出口密度(地区制造业出口交货值/地区制造业总产值)为控制变量,构建了省际固定面板效应模型。实证结果(表7-10)表明:地区政府干预程度、财政补贴、垄断势力、国有企业偏爱与资源错配显著正相关,这些变量的值越大则资源错配越严重,这表明行政垄断是导致资源在不同所有制之间错配的根本原因;地区人力资本发展程度、出口密度与资源错配显著负相关;外商投资依存度、产业结构与资源错配的关系并不显著,可能是因为:一是自变量之间存在较强的相关性,如外商投资依存度与出口密度;二是因变量将资源错配限定在所有制差异内,有些控制变量如外商投资依存度虽可同时影响国有和非国有企业效率,但对两者之间的差异影响不显著。[46]

表7-10 中国制造业行业内企业间的资源错配影响因素(靳来群、林金忠、丁诗诗)

影响因素	模型1	模型2	模型3	模型4	模型5
政府干预程度	2.1089***				
财政补贴		9.7905***			
财政激励			−0.0061		
垄断势力				1.8654***	
国有企业偏爱					1.0702***
外商投资依存度	−0.9932	−1.7641	−0.6393	−1.6802	−1.0515
人力资本发展程度	−24.9456***	−15.7920*	−15.8808	−4.7028	−3.2950
产业结构	−0.8359	−0.7499	−1.3382*	−0.3605	−0.2309
出口密度	−5.7739*	−5.0774*	−6.1675**	−5.6490*	−6.7347**
常数项	3.4584***	3.7245***	4.3068***	2.1998***	2.5378***

注:*、**、***分别表示10%、5%、1%的显著性水平。

(4)中国制造业行业内企业间资源错配影响因素归纳

根据上述实证结果,首先,将所有资源错配的影响因素进行汇总;其次,根据汇总结果,依据变量类型进行合并,并对存在矛盾的实证结果进行了说明;最后,基于企业特征、行业特征、地区特征归纳了行业内企业间资源错配影响因素(表7-11)。关于影响因素的调整说明如下:

第一,关于企业国有比重与行业内企业间的资源错配关系为正相关的说明。王文、孙早、牛泽东基于企业特征研究资源错配影响因素时，发现企业国有比重与资源错配关系不显著[117]。然而这一结果无论是与现有的实证结果还是与经济直觉均不符合（详细分析见文献综述）。因此，该实证结果并不稳健，经济直觉和其他实证结果表明：企业国有比重与资源错配关系显著正相关。

表7-11 行业内企业间的资源错配影响因素实证结果总结

错配影响因素类型	与资源错配正相关的影响因素	与资源错配负相关的影响因素
企业特征	1. 企业国有比重； 2. 企业规模； 3. 融资约束； 4. 能源强度政策	1. 出口比重； 2. 政府补贴； 3. 新产品比重； 4. 企业家规避风险的倾向
行业特征	1. 行业补贴差异化； 2. 行业产品替代性； 3. 行业沉没成本； 4. 行业内国资比例； 5. 资本的调整成本	1. 行业竞争； 2. 行业研发度； 3. 行业出口比重
地区特征	1. 地区金融抑制； 2. 产业结构； 3. 行政性垄断	1. 地区贸易开放度； 2. 地区人力资本发展程度； 3. 地区出口密度

第二，关于行业内企业平均规模与行业内企业间的资源错配关系舍弃的说明。上升实证结果表明：行业内企业平均规模与行业内企业间的资源错配关系可能存在着更为复杂的原因，实证结果较为矛盾。例如：步晓宁的实证结果中（行业内企业平均规模与行业内企业间的资源错配正相关），其行业内企业平均规模（以行业增加值/行业内企业个数度量）对资源错配的传导机制为：企业规模大的企业更容易获取信贷资源，形成信贷过度配给；反之亦然[174]。然而，这一机制缺乏严密的逻辑推理，如果这一影响机制成立，选择行业内企业规模的离散度作为资源错配的代理变量则更加合理。而杨光、孙浦阳、龚刚的研究表明：行业内企业平均规模与行业内企业间的资源资本显著负相关，行业内企业平均规模代理变量为行业内企业年末从业人数均值，并未对其影响机制加以说明。因此，为了确保资源错配影响因素分析的可靠性，本书将行业内企业平均规模这一变量舍弃。

第三，关于变量合并的说明。关于行业间竞争度指标的说明。在行业特征与资源错配负相关的影响因素中，将行业内本国市场竞争、行业内外国市场竞争并入行业竞争指标,其原因是两者均代表行业的竞争程度,竞争程度越高,越有利于市场化配置资源,从而提高资源配置效率。因此将两者并入行业竞争度指标。关于行政垄断指标的说明。在地区特征与资源错配正相关的影响因素中,将地区政府补贴率、政府干预度、地区行政性市场进入壁垒并入行政垄断这一指标,其原因是:政府干预度变量本身就包括地区政府补贴率。例如:靳来群等的研究是以政府干预度为地区行政垄断的代理变量[46],地区行政性市场进入壁垒也是行政性垄断的表现之一。

第四,关于不同资源错配类型影响因素的说明。为了体现行业内企业间资源错配影响因素的企业特征、行业特征、地区特征,在归纳时并未对不同资源错配类型的影响因素分类说明,这一处理并不影响归纳的有效性。

第五,关于控制变量剔除的说明。考虑到控制变量对于纠正资源错配无实质意义,因此,在分析中剔除了这些变量,这些变量包括:企业年龄、是否为重工业、是否为沿海地区、是否为外商投资企业、行业发展阶段、行业劳动密集程度、行业工资异质性。

2) 行业内企业间资源错配影响因素分析

综上所述,行业内企业间的资源错配影响因素引起了越来越多学者的关注,并从企业特征、行业特征、地区特征三个方面进行了大量的实证检验,试图解开行业内企业间资源错配形成之谜:到底是什么影响因素造成了这么大的行业内企业间的资源错配? 这一问题来源于 HK 的实证结果:所有制、企业规模、企业年龄、地区等影响因素只能解释中国资源错配的 10.01%。基于此,以表 7-11 为分析对象,首先,探讨了行业内企业间资源错配的主要影响因素,试图解开资源错配对 TFP 的影响如此之大的原因;其次,从资源错配的行为主体出发,系统分析资源错配的影响因素,为有效降低行业内企业间资源错配提供政策依据。

(1) 行业内企业间资源错配的主要影响因素:资源的调整成本

资源的调整成本是造成行业内企业间资源错配的主要影响因素。Asker 和 Collard-Wexler 及 De Loecker 较早地关注了这一问题。其文献在研究要素动态投入和资源错配的关系时,发现调整成本是产业内 TFPR 波动的主要原因(TFPR 波动可度量行业内企业间资源错配,波动越大资源错配越严重)。该文献建立了时间序列上资本名义生产率(TFPR)的动态过程变化与横截面上资本边际产品收益波动的联系,通过建立包含资本调整成本的 TFPR 过程模型解释了水平和横截面上一国内产业间的静态资本边际收益产品的波动。该文献的研究结果表明:相比未来经营环境不确定性较小(意味着较低的行业 TFPR 波动,行业内企业间资源错配也较小)的行业内生产者,未来经营环境不确定性更大的行业内生产者将做出不同的投资决策,这导致了不同的资本和产出水平。同时意味着与静态意义上的资源错配相比,通过政策纠正资源错配实现的 TFP 增长空间有限,这表明 TFPR 的生成过程是外生的。如果政府政策能影响 TFPR 的生成过程,通过政策纠正资源错配则可实现的 TFP 增长空间巨大。此外,该文献还提到尽管建立了 TFPR 波动与调整成本的关系,但 TFPR 波动还会受到腐败程度的变化、自然环境的变化、产品市场竞争变化等因素的影响,这些因素则可以通过政府政策施加影响,这些因素的有利变化将会提高 TFP。[137]

紧接着,杨光、孙浦阳、龚刚在 Asker 等的基础上,以中国 1998—2007 年的工业企业微观数据为实证对象,探讨了这一问题,他们的实证结果支持 Asker 等的研究结论。该文献强调随着生产率波动的增加,行业内企业间资本边际报酬的差异也逐渐加大,主要是资源的调整成本所致,这意味着经济波动的增加会严重影响行业内企业间的资源配置。其机制是:生产率、增长率高的企业虽然投资预期很大,但是由于企业在跨期投资过程中面临不断上涨的调整成本,其投资存在上限,因此它们的资本扩张不能使资本报酬下降到行业平均水平,此时资本边际报酬的差异也就形成了资源错配。[138]

同时,这一发现也能解释经济周期与资源错配的关系,经济下行时企业经济环境则更加不确定,资源的调整成本也会增加,从而导致 TFPR 波动的增加,即资源错配的增加。

综上所述,资源调整成本的存在是造成 TFPR 波动的主要原因,而这正好解答了经济直觉上的资源错配影响因素对资源错配解释的不足,同时也解释了现有实证结果中行业内企业间资源错配对 TFP 影响过高的原因(纠正资源错配后,TFP 在现有基础上增长的百分比超过 100%)。因此,如果资源调整成本短期内保持不变,样本期内 TFP 的变化幅度就是其他资源错配影响因素造成的,而这些因素往往可通过政府政策调整得以矫正,这对于正确理解静态视角下测算的资源错配对 TFP 影响的结果有着非常积极的意义。据此,对本书的测算结果进行校准后发现:通过政府政策纠正行业内企业间的资源错配可实现的 TFP 增长潜力依然十分可观,例如 4.3.2 节行业内企业间资源错配对中国经济总量 TFP 的影响,2008—2014 年间,TFP 增长范围为 64.8%—116.5%,按照上述思路,样本期内获取的 TFP 增长潜力至少可达到 51.7%。

(2) 行业内企业间资源错配的其他影响因素分析——基于资源错配的主体

第一,基于企业特征的资源错配影响因素分析。该类影响因素反映了企业自身与资源错配的关系,一共有 8 个。其中,与资源错配正相关的因素有 4 个,负相关的因素有 4 个。一是企业主体行为资源错配影响因素(2 个),包括新产品比重、企业家规避风险的倾向。二是政府主体行为资源错配影响因素(2 个),包括能源强度政策(由政府出台制定和监督执行)、企业国有比重(这与政府的国有企业改革程度密切相关)。三是企业主体和政府主体行为相互作用的资源错配影响因素(4 个)。这些因素包括:企业规模(一方面,企业的规模由自身的 TFP 和要素投入决定;另一方面,企业的初始规模与从计划经济向市场经济过渡时的初始设定相关以及与后期的国企改革相关)、融资约束(一方面,融资约束由企业内部资金积累决定,另一方面,与政府融资政策相关)、政府补贴(政府补贴是政府的主动行为,但企业获得的补贴多少与其争取补贴的努力程度密切相关)、出口比重(与政府出口退税政策及企业出口努力程度相关)。

第二,基于行业特征的资源错配影响因素分析。该类影响因素反映了行业特征与资源错配的关系,一共有 8 个。其中,与资源错配正相关的因素有 5 个,负相关的因素共有 3 个。一是企业主体行为资源错配影响因素(4 个)。这些因素包括:行业产品替代性(与行业内企业的差异化战略相关)、行业研发度(与行业内企业的研发决策有关)、行业沉没成本(与在位企业的策略性行为相关)、资本的调整成本。二是政府主体资源错配影响因素(1 个),为行业内国资比例。三是企业主体和政府主体行为相互作用的资源错配影响因素(3 个)。这些因素包括:行业补贴差异化(政府补贴多少是政府的主动行为,但企业最终获得的补贴多少与其争取补贴的努力程度密切相关)、行业竞争(与行业内企业的竞争策略及企业数量多少相关,同时也与政府的行业规制相关)、行业出口比重(与政府出口退税政策及企业出口努力程度相关)。

第三,基于地区特征的资源错配影响因素分析。该类影响因素反映了地区特征与资源错配的关系,一共有 6 个。其中,与资源错配正相关的因素有 3 个,负相关的因素有 3 个。这些因素均为企业主体和政府主体行为相互作用的资源错配影响因素,包括:地区行政性垄断(一方面与地方政府保护本地国有企业的行为相关,另一方面与国有企业主动寻求地方政府的保护相关)、地区金融抑制(融资中政府对国有企业的隐性担保及国有企业偏向,企业也有动机寻求政府对融资的帮助)、地区产业结构(与政府的产业政策有关,也与企业家的行业选择相关)、地区贸易开放度(与政府贸易政策相关,也与企业贸易的努力程度相关)、地区出口密度、地区人力资本发展程度(与企业和政府的人力资本投入及政策相关)。

7.1.2 行业间资源错配影响因素总结与分析

1) 行业间资源错配影响因素总结

行业间资源错配影响因素的探讨,离不开 Aoki 行业间资源错配的经典理论模型[37]。现有文献研究行业间资源错配影响因素的基本思路是:首先,测算出要素相对扭曲系数,将其作为被解释变量,用以计量行业间要素资源错配的大小;其次,基于行业特征提出行业间资源错配影响的假说;最后,建立行业面板计量模型进行检验。与行业内企业间资源错配的影响因素研究文献相比较,该领域的研究文献相对较少。

(1) 行业间资源错配与行业特征

张佩采用 Aoki 的理论模型,分别以资本和劳动相对扭曲系数的自然对数为被解释变量,以行业集中度(行业前 10 家企业销售收入之和/行业总销售收入之和的自然对数)、行业国有企业比重(行业国有企业增加值总额/行业总增加值的自然对数)、中西部企业比重(行业内中西部企业增加值/全国增加值总额的自然对数)、资本份额(行业资本投入/行业增加值的自然对数)、企业进入率(行业进入的企业数量/行业总企业数量的自然对数)、企业进入退出率(与企业进入率计量方法类似)、就业创造率(行业内企业雇佣人数增加之和/行业平均雇佣人数的自然对数,表示劳动力在企业间、就业市场内外的流动规模;就业破坏率的计算方法与之相反)、就业重置率(以就业创造率和破坏率之和计量)为解释变量,利用 1998—2007 年中国工业企业微观数据四位行业代码数据,构建了控制行业的固定效应面板模型。该文献实证结果(表 7-12)表明:行业集中度与行业间资源错配显著负相关;国有企业比重与行业间资源错配显著正相关;中西部企业比重与行业间资本错配显著正相关,与行业间劳动错配关系并不显著;企业进入退出率与行业间劳动错配显著正相关,与行业间资本错配的关系不显著;就业重置率与行业间劳动错配显著正相关,这表明劳动力流动性越低,劳动投入越少。[55]

表7-12 中国制造业行业间的资源错配影响因素(张佩)

影响因素	被解释变量					
	资本相对扭曲系数			劳动相对扭曲系数		
	模型1	模型2	模型3	模型1	模型2	模型3
行业集中度	−0.042*	−0.046*	−0.125***	−0.157***	−0.156***	−0.091***
行业国有企业比重	0.057***	0.056***	0.211***	0.007	0.055***	0.115***
中西部企业比重	0.079***	0.080***	−0.003	0.005		0.140***
行业企业进入退出率	−0.007		−0.018	0.044***		0.015***
行业企业进入率	−0.010		0.033***	−0.015***	−0.017***	−0.036***
行业就业重置率	0.025		0.043**	0.034***	0.026***	0.149***
行业就业创造率	−0.081***	−0.067***	−0.174***	−0.010		−0.034**
行业资本份额	−1.909***	−1.908***	−1.408***	0.060	0.046***	−0.212***
常数项	−0.935***	−0.957***	−0.818***	0.071**	0.063***	0.202***

注:*、**、***分别表示10%、5%、1%的显著性水平。

董直庆、刘迪钥、宋伟利用1978—2010年《中国统计年鉴》和《中国劳动统计年鉴》的六大行业(农业、工业、建筑业、交通仓储及邮电业、金融保险业、房地产业)的数据,对行业间劳动错配影响因素进行了检验。该文献以行业间劳动力相对扭曲系数为被解释变量,以行业相对于整体经济的技能劳动水平(行业大学生数量/高中生及以下学历劳动者数量)、行业相对于整体经济的工资水平(行业平均工资/整体经济的平均工资)、制度(国有员工人数/行业全体员工人数)为解释变量。解释变量和被解释变量均取自然对数,通过对实证结果分析(表7-13)发现:全样本结果表明行业相对劳动技能水平、行业相对工资水平及制度与行业间劳动错配呈现显著的负相关,这表明市场化改革促使行业间劳动错配水平下降。与之类似的还有工业、房地产业、交通仓储及邮电业。但并未显著降低农业劳动力向其他行业的流动。金融保险业的被解释变量不显著是因为该行业本身是要素市场,市场化改革未发挥作用。[67]

表 7-13　中国行业间劳动错配的影响因素(董直庆、刘迪钥、宋伟)

解释变量	$\ln L$	$\ln W$	$\ln ins$	解释变量	$\ln L$	$\ln W$	$\ln ins$
全样本数据	-0.73***	-0.26***	-0.14***	建筑业	0.66	2.82***	-0.95***
农业	-1.08***	-1.78***	0.01	金融保险业	0.18	0.05	0.28
工业	-0.48***	-0.66***	-0.29***	房地产业	-0.65***	-0.15	-0.50***
交通仓储及邮电业	-0.98***	0.18	-1.37***				

注:*、**、*** 分别表示10%、5%、1%的显著性水平;$\ln L$、$\ln W$、$\ln ins$ 分别表示行业相对劳动技能水平、行业相对工资水平、制度的自然对数。

(2) 行业间资源错配影响因素归纳

综上所述,行业间资源错配影响因素归纳结果如表 7-14 所示,与总结行业内企业间资源错配影响因素的思路相同,剔除了中西部企业比重、行业资本份额、就业创造率、行业相对劳动技能水平、行业相对工资水平这5个控制变量。

表 7-14　中国行业间的资源错配影响因素归纳

行业间资源错配类型	与资源错配正相关的影响因素	与资源错配负相关的影响因素
行业间资本错配	行业企业国有比重	行业集中度
行业间劳动错配	1. 行业企业国有比重; 2. 就业重置率	1. 行业集中度; 2. 行业进入退出率; 3. 行业相对国有员工比重; 4. 行业相对劳动技能水平

2) 行业间资源错配影响因素分析

与分析行业内企业间资源错配影响因素的思路相同,下文将从行业间资源错配的主体行为进行分析,并从行业间资本错配、劳动错配两个方面进行归纳。通过分析发现:行业间资本错配的影响因素共有2个,其中正相关的有1个,负相关的有1个;行业间劳动错配的影响因素共有6个,其中正相关的有2个,负相关的有4个。

(1) 行业间资本错配影响因素分析

行业间资本错配的影响因素中,属于政府主体行为的资源错配影响因素是行业企业国有比重,这与国家国有企业改革密切相关;属于政府和企业主体行为相互作用的资源错配影响因素是行业集中度,这一方面与政府的行政性垄断相关,另一方面与行业自身发展有关。

(2) 行业间劳动错配影响因素分析

行业间劳动错配的影响因素中,属于政府主体行为的资源错配影响因素是行业企业国有比重、行业进入退出率、行业相对国有员工比重;属于政府和企业主体行为相互作用的资源错配影响因素是行业集中度(这一方面与政府的行政性垄断相关,另一方面与企业发展有关)、行业相对劳动技能水平(这一方面与政府的教育政策相关,另一方面与劳动者自身的职业及教育选择相关)、就业重置率(表示劳动力市场流动性,这不仅与政府劳动力流动管制的政策相关,而且与劳动力流动成本相关)。

(3) 行业间资本、劳动错配共同影响因素分析

行业间资本、劳动的共同影响因素包括行业企业国有比重、行业集中度两个指标,前者与行业间资源错配正相关,后者与其负相关。

7.1.3 地区间资源错配影响因素总结与分析

1) 地区间资源错配影响因素总结

通过中国市场分割的历史及现状分析发现:市场分割是地区间资源错配的集中体现。沿着这一思路,如需探讨地区间资源错配的影响因素,就必须深入分析地区间市场分割的影响因素。那么,究竟是什么因素导致了市场分割?学者们进行了大量的研究,分别提出了财政分权下的经济激励假说[175]、官员晋升激励假说[128]、国有企业隐性补贴假说[176],但尚未形成统一的结论。

依据本书的研究结论:如果地方政府不实施市场分割,则相对落后地区(资源配置效率较低)的资源会源源不断地向相对发达(资源配置效率较高)的地区流动;同时资源配置效率较高的地区会主动向资源配置效率较低的地区进行扩张。由此导致的后果是:地区间差异逐步扩大,相对落后地区的经济利益会遭受损失,不利于地方官员的晋升,也不利于社会公平和稳定。相反,如果地方政府实施市场分割则不会产生太多的成本。沿着这一思路,下文从地区间差异的成因、地方政府实施市场分割的激励机制和实施方法三个方面对地区间资源错配的影响因素进行分析。

2) 地区间资源错配影响因素分析

(1) 地区间差异的成因

中国地区间经济发展差异由两方面因素造成[177]:第一,由各个省、市、县的

地理位置、自然禀赋差异以及历史原因等造成的。例如,由于历史原因,部分地区有着较好的工业基础(如东北、长三角等地区),地区之间经济发展起点迥异;在新中国成立后的工业化早期,中国政府除了在全国建立完整的工业体系外,还要求大区或某些省份建立自己独立的工业体系,从而造成了各地工业发展的差异。第二,与中国早期的非均衡发展战略密切相关。例如邓小平在1988年提出的两个"大局"思想,加速了沿海地区的市场化进程,拉大了东西部区域经济的差异。

(2) 地方政府实施市场分割的激励机制

这与市场分割的经济激励假说和官员晋升激励假说密切相关。第一,财政分权下的经济激励。从财税体制改革看,中国20世纪80年代的分权改革,虽然有利于增加地方政府的财政收入以及增强地方经济的活力,但这一改革形成的地方保护主义却直接导致地区间的市场分割现象愈加严重。地方政府为了增加财政收入以及出于政绩需要,一方面,不顾本地资源禀赋及比较优势,热衷于投资高税收的产品以及预期收益高的大型项目,由此形成的地区间重复建设和产业结构趋同直接降低了地区间的资源配置效率;另一方面,通过行政手段、政策、规制等措施设置有形和无形的要素进入或流出壁垒,或采用不正当手段对外倾销当地产品,实现了对产品和要素市场的广泛干预。由此形成的地方经济割据直接导致了市场分割[178-179]。第二,官员晋升激励。改革开放以来,在以经济建设为核心的理念下,中国政府建立了以GDP为主要考核指标的地方政府考评体系,并将考核结果作为升迁的重要依据,而这些指标与各级政府辖区范围内企业的发展壮大密切相关。因此,各级地方政府就必然会强化资源配置的本地化和保护本地市场。

(3) 地方政府实施市场分割的方法

从企业的地方所有制看,国有企业分属不同级别政府管理(省级国企属于省级政府,地市县则分别拥有自己的国有企业),各级国企的税收则成为各级政府重要的财政收入来源。而国有企业一般都处于关系国计民生的重要行业,但由于受预算软约束、承担社会福利等因素的影响,与民营企业相比,国有企业存在低效率运营的情况。因此,地方政府通过设置进入壁垒、为当地国有企业提供低息贷款、限制外部竞争等措施保护国有企业[180],为其提供隐性补贴,由此则形成地区间市场分割。

7.2 降低资源错配进而提高全要素生产率的政策建议

第4、5、6章及7.1节对资源错配影响因素的总结与分析,为降低中国行业内企业间、行业间、地区间的资源错配提供了政策依据,通过降低供给主体之间的资源错配,释放供给侧改革效率红利的政策建议如下:

7.2.1 降低行业内企业间资源错配的政策建议

1) 坚持当前普遍存在的企业产出补贴政策,该政策一定程度上能改善企业的要素错配程度

中国仍是一个典型的转型经济体,要素(资本、劳动、能源等)市场的改革不是一蹴而就的,需要经历一个漫长的过程。这一特征使得短期内难以根本改变要素错配普遍存在的现状,尽管普遍的企业产出补贴政策不是一个最优选择,但能降低当前经济体中存在的要素错配程度,而这可能正是处于转型背景下中国政府的一个次优选择。本书的实证结果表明:无论是在"四大板块"还是"四个支撑带"中,政府对企业的产出补贴普遍存在,而这一政策则有利于缓解企业的资源约束,有利于降低资源错配程度。同时,这一政策的实施也将有利于新常态下经济结构转型以及产业结构升级。中国过去主要依靠要素投入实现经济增长的方式导致了当前经济杠杆过高、房地产业比重过大、产业发展水平附加价值较低以及环境污染严重等诸多问题,单纯依靠市场进行调整可能是一个十分漫长的过程;此外,市场失灵导致的资源错配也不可避免,这就为更好地发挥政府的作用提供了充足的政策空间。而政府作用的有效发挥离不开有效的产业补贴或限制政策,补贴政策不仅在一定程度上可改善资本、劳动等要素错配的程度,而且能吸引更多资源投入战略性新兴产业,加速经济的结构调整。

2) 实施行业内企业间资源错配的差异化和重点治理,提高资源错配治理效率

任何行业都有着自身的发展规律和轨迹,每个行业都具备鲜明的产业特征,它所面对的不同要素市场和产品市场环境必然形成不同的资源错配因素,这些不同导致各行业资源错配程度的差异,进而形成各行业错配对TFP影响的差异。因此,在治理资源错配时,从行业选择来看,首先要抓住资源错配最为严重的行业进行治理,从单要素错配看,要选择导致资源错配最严重的资本错配进行优先治理。其次,要深入分析这些行业资源错配的因素,提出差异化的

治理策略,避免一刀切的资源错配治理政策,只有这样才能提高资源配置的效率。面对这一现实情况,中国政府应首先选择资源错配最为严重的重工业进行治理,并加快资本市场改革。

3) 重视能源错配对 TFP 的负面影响,在制定能耗目标时要考虑经济承受能力

当前中国经济下行压力持续增大,多重困难和挑战相互交织。同时,中国面临的环境污染形势异常严峻,2015 年中国政府工作报告中就提出了"环境污染是民生之患、民心之痛,要铁腕治理"。政府在治理环境污染时,越来越倾向于选择能源强度这一政策工具。然而,该政策工具从长期看,虽然能够提高能源利用效率,直接降低空气污染中的排放物,并能倒逼产业结构的转型升级,但能源强度政策形成的能源错配对 TFP 的负面影响是不容忽视的。鉴于此,建议在经济增长乏力的情况下,选择较为温和的能源强度目标;当经济高速增长时,制定相对较高的能源强度目标,从而保证节能减排的可持续性以及其与经济增长的协调性。

4) 重视资源的调整成本对行业内企业间资源错配的重要影响

政府一方面要为企业提供平稳的经营环境,减少由于生产率波动而带来的资源配置效率损失;另一方面,从生产率波动形成资源错配的机制看,正是调整成本的存在使得市场在面临生产率波动时无法及时实现出清而造成资源错配,因此降低调整成本是提高中国行业内企业间资源配置效率的关键所在。

5) 要形成以降低资本错配为主,多渠道降低资源错配的长效机制

很多学者通过对中国经济增长动力的分解发现以投资驱动的经济增长模式,虽然可以短期内大幅提升经济增长率,但是面临严重的效率损失,这表明以投资等要素驱动的经济增长模式是不可持续的。为此,在全面深化改革的政策当中,要结合行业内企业间资源错配的影响因素,以降低资本错配为主,多渠道降低资源错配的长效机制,从企业特征、行业特征、地区特征三个方面同时入手降低资源错配,采取的措施包括:根据国有企业功能分类积极实施国有企业混合所有制改革,降低企业国有比重;依据市场化原则配置金融资源,降低不同所有制企业融资成本的差异;制定合理的能源强度政策;鼓励企业加强出口和新产品的研发;对面临严重要素市场错配的企业可以给予一定的补贴;降低行业内企业补贴差异化程度和行业国有资本比例;有效监管行业内不正当竞争行为,降低因不正当竞争引发的行业沉没成本的增加及行业产品替代性的增加;

提供公平、公正的市场竞争环境以及行业内企业之间的有效市场竞争;提高地区金融发展水平,缓解地区金融抑制;制定合理的产业政策,促使产业结构向高级化发展;鼓励提高地区贸易开放度和出口率;通过教育投入,提高地区人力资本水平。

7.2.2 降低行业间资源错配的政策建议

1) 制定差异化行业政策,积极引导资源流向资源配置不足的行业,从而降低行业间资源错配,提高中国经济的 TFP

一方面,要加快资本和劳动拥挤行业的兼并重组,淘汰落后产能,将这些行业的资源释放并向资源配置不足的行业进行引导;另一方面,则要加大金融市场改革,积极引导资本向资本配置不足的行业流动。

2) 合理解决房地产业和金融业资源配置不足的问题

中国当前仍处于城市化进程中,房地产业虽然存在诸多问题,但其依然是国民经济的重要行业。如果仅仅采取提高房地产业融资成本、限购等经济或行政手段,则会使得房地产业资源配置不足,造成资源在行业间的错误配置,进而对经济的 TFP 造成损失。因此,一方面尽量避免采取行政性手段抑制房地产业的发展,并严厉监管房地产业的不合理竞争;另一方面要着力培育新的经济增长点,通过产业结构升级实现资源在各产业间的合理配置。中国金融业体制机制改革尽管已经取得了一些成效,特别是互联网金融的发展、民营银行的试点使现有金融业形成了有效的竞争,但是金融业的准入限制依然十分严格,相比经济资源的最优配置,金融业存在资源配置不足的问题。因此,应更进一步推进金融业的机制体制改革,逐步放宽行业准入,推动具备条件的民间资本依法发起设立中小型银行等金融机构,成熟一家,批准一家,不设限额。从而改善金融业资源配置不足的问题,降低行业间资源错配,释放改革红利。

3) 从行业间资源错配的影响因素来看,要着力从行业间资本和劳动扭曲的共同影响因素行业国有企业比重、行业集中度两个方面制定降低行业间资源错配的政策

一是要以管资本为主,加速国有企业分类改革,积极推进混合所有制改革,逐渐降低行业国有化比重,从而降低行业间资源错配;二是针对中国行业集中度过于分散的情况,要抓住当前经济下行、产能过剩的结构调整机遇,加速行业优胜劣汰,加大异地并购,通过淘汰僵尸企业提高行业集中度,从而降低行业间

的资源错配。此外,还要通过降低就业重置率、提高行业进入退出率、增加行业相对劳动技能水平等手段降低行业间的劳动错配。

7.2.3 降低地区间资源错配的政策建议

1) 继续深化改革,从多方面纠正市场分割,降低地区间资源错配

首先,中国政府要在宏观层面建立资源配置效率较低地区与较高地区的交流合作机制。这一措施既能加速地区间经济融合,又有助于其他省份降低省份内的市场分割,从而提高各省县域间的资源配置效率。其次,从地区间资源错配的影响因素着手纠正地区间市场分割。从区域均衡发展战略上看,积极实施"四大板块"和"四个支撑带"的区域经济均衡发展战略,加强区域经济融合,降低区域经济差异;从工业布局上看,各地区要结合自身的资源禀赋,发挥比较优势,不断提高经济发展质量和效率;从地方政府考核目标上看,可适度降低 GDP 的考核,结合新常态下经济运行特征,加大环境和效率的考核,同时对县级政府实施的市场分割进行监督,并建立一定的惩罚机制,使得地区间竞争更加公平;从财税改革上看,要协调中央政府和地方政府财权和事权,并加大对落后地区的转移支付力度(研究表明转移支付有利于纠正市场分割);从所有制改革上看,要积极推进混合所有制改革,实现国有企业真正的市场主体地位,提高国有企业的效率,同时要减少地方政府对资源价格形成机制的干预,全面放开竞争性领域的商品和服务价格,放开电力、石油、天然气、交通运输、电信等领域竞争性环节价格;此外,积极实施"互联网+"战略,这将会更好地从网络经济上实现全国要素和产品市场的统一,从而改善资源错配,提高 TFP。

2) 继续深化强县扩权和省直管县改革,开展强县扩大辖区的试点工作

本书的研究表明:省份内县域间的市场分割阻碍了资源由生产率较低的县域向生产率较高的县域流动,其造成的资源错配降低了生产率较高的县域的最优经济规模。如果使生产率较高的县扩大其行政区域,那么将降低地区间资源错配,从而提高 TFP。事实上,为了改革市管县带来的诸多弊端,中国政府很早就开始探索了强县扩权(主要包括财政分权和行政分权两方面)的改革,并取得了一定的成效。因此,在现有强县扩权和省直管县的改革基础上,要积极探索开展强县扩大辖区的试点工作。如果取得较好的成效,那么可在全国范围内推广。

3) 从以往经济增长取得的成功经验来看,在今后中国经济增长方式转型中,应该继续坚持和完善现有的地区间竞争形成的增长模式,同时可容忍一定程度的地区间资源错配

为了实现经济快速增长及增强地方经济活力,中国政府实施了一系列分权式改革,这不仅有利于从计划经济向市场经济的转型,而且增强了县域间的竞争,使得经济持续高速增长得到有效保障。然而,这一分权式改革却形成了地区间竞争和地方保护,导致了地区间的市场分割,并造成了地区间的资源错配,从而对TFP造成不利影响,最终不利于中国经济快速持续增长。同时,县域间竞争的另一结果是形成了以地方政府投资为主的较为粗放的经济增长模式[从中国经济增长来源看:改革开放以来的经济增长主要依靠要素投入(特别是资本)而非TFP的提高]。因此,只要存在县域间的竞争,那么就一定会存在不同程度的地方保护,就会存在地区间的资源错配。因此,只能最大限度地降低地区间资源错配,而不能够完全将其消除。

7.2.4 从行业内企业间、行业间、地区间资源错配共同影响因素降低资源错配

行政垄断是行业内企业间、行业间、地区间资源错配的共同影响因素。行政垄断的表现形式非常丰富,包括设置市场进入退出壁垒、国有企业偏爱、管制要素市场价格、差异化市场补贴等手段,而这些手段无疑会对产品市场和要素市场造成扭曲,阻碍了市场在资源配置中有效发挥作用。那么如何纠正行政垄断?需要详细分析造成行政垄断的成因,才能提出有效的对策。中国的行政垄断是在计划经济向市场经济转型背景下产生的,与中国的分权式改革密切相关。在向市场经济转型的过程中,中国政府实施了一系列分权式改革,包括中央与地方的分权,地方政府向地方国有企业分权。然而,1994年的分税制改革本质是一次集权制改革,改革的结果使得中央掌握的财权大于其对应的事权,地方的财权难以满足地方经济建设的需要。在中央政府主要以地方GDP为主要考核指标的情况下,地方政府之间展开了激烈的竞争。为了实现地方经济利益和政治利益的最大化,地方政府形成了以投资为主实现经济增长的粗放式增长方式,过度依赖土地财政;同时地方政府主动保护当地的国有企业(一般具备较大规模,并处于国民经济的重要行业),确保国有企业的发展壮大,同时国有企业也会主动寻求地方政府的保护,由此地方政府行政权力与国有企业垄断相

结合,形成了行政垄断。因此,要继续深化国有企业改革和政治体制改革,降低政府对市场的不合理干预,使市场在资源配置中起决定性作用。只有这样,才能有效遏制行政垄断,降低资源错配,提高 TFP。

因此,要继续加大简政放权、放管结合改革力度。深化商事制度改革,进一步简化注册资本登记,逐步实现"三证合一",清理规范中介服务。制定市场准入负面清单,公布省级政府权力清单、责任清单,切实做到法定职责必须为、法无授权不可为。地方政府对应当放给市场和社会的权力,要彻底放、不截留,对上级下放的审批事项,要接得住、管得好。加强事中事后监管,健全为企业和社会服务一张网,推进社会信用体系建设,建立全国统一的社会信用代码制度和信用信息共享交换平台,依法保护企业和个人信息安全。各级政府都要建立简政放权、转变职能的有力推进机制,给企业松绑,为创业提供便利,营造公平竞争环境。所有行政审批事项都要简化程序,明确时限,用政府权力的"减法",换取市场活力的"乘法"。

7.3 小结

本章,首先,立足于如何降低行业内企业间、行业间、地区间资源错配,在现有资源错配影响因素的基础上,系统地总结和分析了资源错配的影响因素。发现行业内企业间资源错配的主要影响因素是资源的调整成本,此外还与企业特征、行业特征、地区特征密切相关;行业间资源错配的影响因素与行业特征密切相关;地区间资源错配与地区间市场分割的影响因素密切相关。这些发现为降低资源错配提供了政策依据。其次,依据第 4、5、6 章的实证结论及资源错配影响因素的总结与分析,从行业内企业间资源错配影响因素、行业间资源错配影响因素、地区间资源错配影响因素及它们的共同影响因素四个方面,提出了降低资源错配,提高 TFP 的政策建议。一是要抓住中国供给主体间资源错配共同的影响因素,着力破除行政垄断,将有利于同时降低行业内企业间、行业间、地区间资源错配,从而提高 TFP。二是要抓住中国资源错配的主要矛盾,着力降低行业内企业间资源错配,着力降低资本错配。因为与行业间、地区间资源错配对 TFP 的负面影响相比,行业内企业间资源错配的负面影响更大;与其他错配对 TFP 造成的负面影响相比,资本错配对 TFP 的负面影响更大。

8 研究结论与研究展望

8.1 研究结论

本书紧贴新常态下中国经济转型升级下的时代背景,抓住供给侧结构性改革的主要任务"矫正要素扭曲,扩大有效供给,提高供给结构适应性和灵活性,提高TFP",以中国经济增长动力向TFP驱动转变为出发点,围绕"着力提高供给侧质量和效率"的发展理念,以资源错配理论为理论基础,系统地研究了资源错配对中国TFP的影响,解答了中国通过供给侧改革纠正资源错配后的资源配置效率红利有多大这一重大现实问题,提出了降低中国资源错配,进而提高TFP的政策建议。首先,从资源错配的间接研究方法、直接研究方法以及资源错配的测算方法三个方面总结和梳理了国内外已有研究成果。这不仅为本书的研究提供了理论基础,而且指明了研究方向。其次,基于中国供给主体之间(行业内企业间、行业间、地区间)资源错配的特征事实,提出了系统分析资源错配对中国TFP影响的理论框架,并建立了相应的理论模型,对已有模型进行了拓展和补充。具体如下:一是将能源错配引入行业内企业间、行业间的资源错配理论模型,这不仅使得模型更加符合实际,而且能测算出能源错配对TFP的影响;二是抓住中国地区间市场分割的资源错配特征事实,在已有资源错配理论的研究基础上,构建了地区间资源错配理论模型,剖析了地区间资源错配对TFP的影响机制,提出了测算方法。再次,应用理论框架,以中国制造业和中国经济的微观数据为实证对象,检验了行业内企业间、行业间、地区间资源错配对中国制造业和中国经济总量TFP造成的影响,分别测算了资源错配、资本错配、劳动错配、能源错配、产出扭曲对TFP造成的影响,并基于新常态下中国经济区域新格局,探讨了行业内企业间、行业间资源错配对中国制造业总量TFP影响的空间差异。最后,基于现有资源错配直接研究法的实证结果,系统而深入地分析了行业内企业间、行业间、地区间的资源错配影响因素,揭示了资源错配的成因,这一分析将为中国降低

供给主体之间的资源错配,释放供给侧改革的资源配置效率红利提供直接的政策依据。本书的研究结论如下:

1)通过降低资源错配,释放中国供给侧改革的资源配置效率红利,进而提高TFP的潜力巨大

本书提出的理论框架全面分析了中国供给主体之间资源错配对TFP的影响机制,抓住了中国经济新常态下微观供给主体企业之间和县域之间、中观供给主体行业之间的资源错配特征事实,全面地反映了中国供给体系的资源配置情况。实证结果表明:行业内企业间、行业间、地区间资源错配均对中国TFP造成了较为严重的影响,行业内企业间资源错配在2013年、行业间资源错配在2014年开始出现恶化,行业内企业间的资源错配对TFP造成的影响最为严重,资本错配造成的TFP影响远大于能源错配、劳动错配等。以样本期内(2008—2013年)资源错配对中国经济TFP负面影响的均值为例,行业内企业间资源错配对TFP造成的影响无论是在年度影响值上还是均值上,均显著大于行业间和地区间资源错配对TFP的影响;行业间资源错配对TFP影响的均值大于地区间资源错配对TFP影响的均值。

2)行业内企业间资源错配对中国TFP影响的实证研究得出的结论

(1)行业内企业间资源错配对TFP的影响巨大。无论是中国制造业,还是中国经济,均存在着较为严重的行业内企业间资源错配,产出补贴普遍存在。行业内企业间的资源错配对中国制造业和中国经济造成的TFP影响范围分别为:149.5%—173.9%、64.8%—116.5%,即纠正行业内企业间资源错配,中国制造业和中国经济的总量TFP,在现有的基础上可分别增长149.5%—173.9%、64.8%—116.5%。

(2)中国经济中各行业内企业间资源错配差异显著。最为严重的行业是信息传输、软件和信息技术服务业,其次是房地产业。

(3)中国制造业和中国经济资源错配的趋势。2008—2014年间,中国经济的资源错配呈现出恶化、改善、恶化的趋势。2004—2007年间,中国制造业资源错配呈现恶化的趋势。

(4)不同类型行业内企业间资源错配对TFP的影响差异显著。资本错配造成的TFP影响显著大于劳动错配、产出扭曲导致的错配、能源错配。其中,能源错配对中国制造业总量TFP造成的影响不容忽视,范围为6.5%—8.2%,

即纠正行业内企业间能源错配后,中国制造业总量 TFP 在现有的基础上可再增长 6.5%—8.2%。

(5) 行业内企业间资源错配对中国制造业总量 TFP 影响的区域差异较为显著。其对重工业 TFP 的负面影响显著大于轻工业。"四大板块"中,东部资源错配最低,其次为西部、东北、中部;如果其他地区达到东部地区的资源配置效率,则西部、东北、中部的 TFP 分别可再增加 8.0%、15.9%、16.8%。"四个支撑带"中,资源错配最低的是 21 世纪海上丝绸之路经济带,其次为长江经济带、丝绸之路经济带、京津冀经济带。如果其他地区达到 21 世纪海上丝绸之路经济带的资源配置效率,则长江经济带、丝绸之路经济带、京津冀经济带的 TFP 分别可再增加 6.0%、19.4%、34.5%。"四大板块"中,资本错配最低的是东部,其次为西部、东北、中部,这一次序与资源错配对制造业总量 TFP 影响的次序一致。能源错配最低的地区是中部,其次为东北、西部、东部。产出扭曲导致的错配对制造业总量 TFP 的影响最小的是东部,其次为西部、中部、东北。"四个支撑带"中,各区域资本错配严重程度的顺序与各区域资源错配严重程度的顺序一致。能源错配程度最低的地区是长江经济带,其次为 21 世纪海上丝绸之路经济带、丝绸之路经济带、京津冀经济带。产出扭曲导致的错配对制造业总量 TFP 的影响最小的是 21 世纪海上丝绸之路经济带,其次为长江经济带、丝绸之路经济带、京津冀经济带。

3) 行业间资源错配对中国 TFP 影响的实证研究得出的结论

(1) 无论是中国制造业,还是中国经济,均存在着较为严重的行业间资源错配。样本期内,行业间资源错配对中国制造业和中国经济总量 TFP 造成的影响范围分别为 18.60%—21.70%、11.91%—38.76%,即纠正行业间资源错配后,中国制造业和中国经济的总量 TFP 在现有的基础上可分别增长 18.60%—21.70%、11.91%—38.76%。2008—2014 年间中国经济各行业间的资源错配却呈现出先改善后恶化的趋势,特别是 2014 年中国行业间资源错配的开始增加值得警示。

(2) 行业间资源错配存在行业和区域差异。与行业资源最优配置相比,房地产业和金融业存在资源配置不足的问题,前者与近几年房地产业的严厉调控有关,而后者与中国金融业市场化改革迟缓相关。"四大板块"中,东部地区资源错配程度最低,如果其他地区达到该地区的资源配置效率,则西部、东北、中部的 TFP 分别可再增加 2.7%、5.5%、9.6%。"四个支撑带"中,资源配置错配程度最低的是 21 世纪海上丝绸之路经济带,如果其他地区达到该地区的资源配置效率,则长江经济带、丝绸之路经济带、京津冀经济带的 TFP 分别可再增加 2.5%、5.1%、9.3%。

(3) 不同类型行业间资源错配对 TFP 的影响差异显著。行业间资本错配造成 TFP 影响普遍大于劳动错配、能源错配。以中国制造业为例,制造业分行业间的能源错配对 TFP 造成的影响范围为 0.66%—0.92%,行业间资本错配、行业间劳动错配对 TFP 造成的影响范围分别为 15.55%—18.14%、1.66%—2.09%。

4) 地区间资源错配对中国 TFP 影响的实证研究得出的结论

从影响大小上看,样本期内,地区间资源错配对中国经济总量 TFP 的影响范围为 14.39%—18.89%,即如果纠正地区间资源错配,中国经济总量的 TFP 在现有基础上再增长的范围为 14.39%—18.89%,资本错配对 TFP 的影响远大于劳动错配对 TFP 的影响。同时发现各省内县域间的资源错配对 TFP 的影响呈现出较为显著的差异,经济强省并非效率强省,例如县域间资源错配最低的是浙江省,而广东省错配较为严重(错配严重程度排名为 20),这表明经济强省并非县域间资源配置效率的强省。

5) 资源错配的影响因素分析得到的研究结论

(1) 从行业内企业间、行业间、地区间资源错配的共同影响因素来看,行政性垄断是三者共同的影响因素,它的增加会显著恶化资源错配进而对 TFP 造成巨大的影响。行政性垄断是政府行政权力与国有企业垄断的结合,是资源在不同所有制之间错配的根本原因。行政垄断表现为政府以直接或间接的方式对市场施加干预,从而赋予经营主体即国有企业垄断性权力。这种市场干预的主要做法包括两个方面:一是对行业准入的限制及对重要生产要素的控制;二是对金融体系的控制和对银行信贷资源配置的差别对待。从行业内企业间的资源错配影响因素看,行政性垄断正是通过所有制造成行业内企业间资源错配的重要影响因素;从行业间资源错配的影响因素看,行政性垄断本身就包括行业进入退出率这一行业间资源错配的影响因素;从地区间的资源错配的影响因素看,行政性垄断是地区间市场分割重要的方法,往往通过限制进入退出、限制异地并购等手段,保护本地市场,阻碍资源在地区间的有效配置,进而造成地区间资源错配。

（2）从行业内企业间资源错配的影响因素看：第一，资源的调整成本是行业内企业间资源错配的主要影响因素。第二，企业特征的资源错配影响因素中，与资源错配正相关的因素包括：企业国有比重、企业规模、融资约束、能源强度政策；与资源错配负相关的因素包括：企业出口比重、政府补贴、新产品比重、企业家规避风险的倾向。第三，行业特征的资源错配影响因素中，与资源错配正相关的因素包括：行业补贴差异化、行业产品替代性、行业沉没成本、行业内国资比例、资本的调整成本；与资源错配负相关的因素包括：行业竞争、行业研发度、行业出口比重。第四，地区特征的资源错配影响因素中，与资源错配正相关的因素包括：地区金融抑制、地区产业结构、地区行政性垄断；与资源错配负相关的因素包括：地区贸易开放度、地区人力资本发展程度、地区出口密度。这些影响因素中，与企业行为密切相关的包括：新产品比重、企业家规避风险的倾向、行业产品替代性、行业研发度、行业沉没成本、资本的调整成本；与政府行为密切相关的包括：能源强度政策、企业国有比重、行业内国资比例；与企业行为和政府行为相互作用的包括：企业规模、融资约束、政府补贴、出口比重、行业补贴差异化、行业竞争、行业出口比重、地区金融抑制、地区产业结构、地区行政性垄断、地区贸易开放度、地区人力资本发展程度、地区出口密度。

（3）从行业间资源错配的影响因素看，它与行业特征密切相关，通过分析发现：第一，行业间资本错配影响因素中，与其正相关的为行业企业国有比重，负相关的是行业集中度。前者是与政府行为密切相关的影响因素，后者则为政府与企业行为相互作用的影响因素。第二，行业间劳动错配的影响因素中，与其正相关的为行业企业国有比重、就业重置率；与其负相关的为行业进入退出率、行业集中度、行业相对劳动技能水平、行业相对国有员工比重。第三，行业间资本、劳动错配共同影响因素包括行业企业国有比重、行业集中度两个指标，前者是正相关，后者为负相关。

（4）从地区间资源错配的影响因素看，地区间市场分割是地区间资源错配的集中体现。地区间市场分割的影响因素事实上与中国经济增长模式有关。为了实现经济快速增长及增强地方经济活力，中国政府实施了一系列分权式改革，这不仅有利于从计划经济向市场经济转型，而且增强了县域间的竞争，使得经济持续高速增长得到有效保障。然而，这一系列分权式改革却形成了地区间竞争和地方保护，导致了地区间的市场分割，并造成了地区间的资源错配，从而对 TFP 造成影响，最终不利于中国经济快速持续增长。同时，县域间竞争的另一结果是形成了以政府投资为主导的较为粗放的经济增长模式，造成了重复建设和产能过剩。所以，只要存在县域间的竞争，那么就一定会存在不同程度的地方保护，就会存在地区间的资源错配。因此，只能最大限度地降低地区间资源错配，而不能够完全消除。

8.2　研究展望

本书虽然在理论和实证上全面考察了资源错配对中国制造业和中国经济总量 TFP 的影响及其成因，但受技术方法、数据获取限制等多个科研条件的影响，本书的研究仍存在一些不足。针对这些不足，以下三个问题仍值得深入思考，这也是未来值得研究的方向：

第一，外延型资源错配对 TFP 的影响亟须构建新的方法、获取新的数据，进行深入的探讨。本书的研究对象是内涵型资源错配对 TFP 的影响，考察了产出扭曲、资本错配、劳动错配等可观测的资源错配对 TFP 的影响。从外延型资源错配的形成原因来看(边际报酬递增、进入壁垒形成阻碍了更高生产率的潜在进入者进入行业、更有管理才能的人没有获取管理企业的机会等)，现有内涵型资源错配的研究方法不适用外延型资源错配的研究，外延型资源错配中有些是潜在的错配，本身就不会产生数据。因此，外延型资源错配是当前资源错配研究的难点。未来如在该研究领域有所突破，必将会在理论和实证上极大地推进资源错配对 TFP 影响的研究，并能与内涵型资源错配对 TFP 的影响进行对比，这又会为降低资源错配进而提高 TFP 提供新的思路。

第二，无形资源错配对 TFP 的影响还有待进一步探讨。受无形资源难以度量及相关数据难以收集的影响，本书集中探讨了有形资源错配对 TFP 的影响，尚未将资源错配的研究范畴拓展到无形资源，而无形资源的错配可能对经济的负面影响更为严重。例如，中国作为一个转型背景下的典型经济体，市场尚未在资源配置中起到决定作用，权利资源通过寻租在资源配置中仍起到了一定的作用，那么权利资源错配会对 TFP 产生多大的负面影响？诸如此类的问题值得深思。

第三，供给主体内部的资源错配可能是未来重要的研究方向。受企业内部微观数据收集的限制，本书集中探讨了中国供给主体之间(微观供给主体是企业和县域、中观行业)的资源错配对 TFP 的影响。其潜在的假设是供给主体之间由市场配置资源,各种市场扭曲因素的存在致使资源错配,从而对资源配置效率产生负面影响,最终造成 TFP 的损失。那么,在供给主体内部,资源错配会对 TFP 产生多大的影响？这是一个十分值得深入探讨的问题,这一问题存在的根本原因为组织内部是依靠行政命令或者是计划机制配置资源的,其 TFP 同样来自技术进步和资源配置效率改善两个方面。如果组织内部的计划机制失灵,将资源过多地配置给能力不足的企业员工,那么必然会形成组织内部资源配置的扭曲,从而影响 TFP。

参考文献

[1] Klenow P J, Rodriguez-Clare A. The neoclassical revival in growth economics: Has it gone too far?[J]. NBER Macroeconomics Annual, 1997, 12: 73.

[2] Hall R E, Jones C I. Why do some countries produce so much more output per worker than others?[J]. The Quarterly Journal of Economics, 1999, 114(1): 83-116.

[3] Caselli F. Accounting for cross-country income differences[M]//Handbook of Economic Growth. Amsterdam: Elsevier, 2005: 679-741.

[4] Krugman P. The myth of Asia's miracle[J]. Foreign Affairs, 1994, 73(6): 62.

[5] Young A. Gold into base metals: Productivity growth in the People's Republic of China during the reform period[J]. Journal of Political Economy, 2003, 111(6): 1220-1261.

[6] 王小鲁. 中国经济增长的可持续性与制度变革[J]. 经济研究, 2000, 35(7): 3-15, 79.

[7] 梁昭. 国家经济持续增长的主要因素分析[J]. 世界经济, 2000, 23(7): 50-56.

[8] 蔡昉, 王德文. 中国经济增长可持续性与劳动贡献[J]. 经济研究, 1999, 34(10): 62-68.

[9] 林毅夫, 苏剑. 论我国经济增长方式的转换[J]. 管理世界, 2007(11): 5-13.

[10] 余泳泽. 改革开放以来中国经济增长动力转换的时空特征[J]. 数量经济技术经济研究, 2015, 32(2): 19-34.

[11] 蔡昉. 中国经济增长如何转向全要素生产率驱动型[J]. 中国社会科学, 2013(1): 56-71.

[12] 杨汝岱. 中国制造业企业全要素生产率研究[J]. 经济研究, 2015, 50(2): 61-74.

[13] Kuijs L. China through 2020: a macroeconomic scenario[Z]. The World

Bank Working Parper, 2009.

[14] 易纲,樊纲,李岩. 关于中国经济增长与全要素生产率的理论思考[J]. 经济研究,2003(8):13-20.

[15] 刘伟,李绍荣. 所有制变化与经济增长和要素效率提升[J]. 经济研究,2001,36(1):3-9,93.

[16] Hsieh C T, Klenow P J. Misallocation and manufacturing TFP in China and India[J]. The Quarterly Journal of Economics, 2009,124(4):1403-1448.

[17] Phelps E S. Investment in humans, technological diffusion, and economic growth[M]//Studies in Macroeconomic Theory. Amsterdam: Elsevier, 1980:133-139.

[18] Aghion P, Howitt P. A model of growth through creative destruction [J]. Econometrica,1992,60(2):323.

[19] Parente S L, Prescott E C. Barriers to technology adoption and development[J]. Journal of Political Economy, 1994,102(2):298-321.

[20] Comin D, Hobijn B. An exploration of technology diffusion[J]. The American Economic Review, 2010,100 (5):2031-2059.

[21] Parente S L, Prescott E C. Monopoly rights: A barrier to riches[J]. American Economic Review, 1999,89(5):1216-1233.

[22] Parente S L, Prescott E C. Barriers to riches[M]. Cambridge: MIT Press, 2000.

[23] Schmitz J. What determines productivity? Lessons from the dramatic recovery of the U. S. and Canadian iron ore industries following their early 1980s crisis[J]. Journal of Political Economy, 2005,113(3):582-625.

[24] Bloom N, Van Reenen J. Measuring and explaining management practices across firms and countries[J]. The Quarterly Journal of Economics, 2007,122 (4):1351-1408.

[25] Bloom N, Eifert B, Mahajan A, et al. Does management matter? Evidence from India[J]. The Quarterly Journal of Economics, 2013,128(1):1-51.

[26] Atkinson S E, Halvorsen R. Parametric efficiency tests, economies of

scale, and input demand in U. S. electric power generation[J]. International Economic Review, 1984,25(3):647.

[27] Magee S P. Currency contracts, pass-through, and devaluation[J]. Brookings Papers on Economic Activity, 1973(1):303.

[28] Banerjee A V, Moll B. Why does misallocation persist? [J]. American Economic Journal: Macroeconomics, 2010,2(1):189 – 206.

[29] Restuccia D, Rogerson R. Misallocation and productivity[J]. Review of Economic Dynamics, 2013,16(1):1 – 10.

[30] Bartelsman E, Haltiwanger J, Scarpetta S. Cross-country differences in productivity: The role of allocation and selection[J]. American Economic Review, 2013,103(1):305 – 334.

[31] Brandt L, Tombe T, Zhu X D. Factor market distortions across time, space and sectors in China[J]. Review of Economic Dynamics, 2013, 16(1):39 – 58.

[32] Bollard A, Klenow P J, Sharma G. India's mysterious manufacturing miracle[J]. Review of Economic Dynamics, 2013, 16(1):59 – 85.

[33] Ziebarth N L. Are China and India backwards? Evidence from the 19th century U. S. Census of Manufactures[J]. Review of Economic Dynamics, 2013, 16(1):86 – 99.

[34] Jovanovic B. Misallocation and growth[J]. American Economic Review, 2014,104(4):1149 – 1171.

[35] Inklaar R, Lashitew A A, Timmer M P. The role of resource misallocation in cross-country differences in manufacturing productivity[J]. Macroeconomic Dynamics, 2017,21(3):733 – 756.

[36] Hosono K, Takizawa M. Misallocation and Establishment Dynamics[R]. Research Institute of Economy, Trade and Industry (RIETI), 2015.

[37] Aoki S. A simple accounting framework for the effect of resource misallocation on aggregate productivity[J]. Journal of the Japanese and International Economies, 2012,26(4):473 – 494.

[38] Duranton G, Ghani E, Goswami A G, et al. The misallocation of land and other factors of production in India[M]. Washington: The World

Bank,2015.

[39] Shenoy A. Market failures and misallocation: The costs of factor and financial market failures in rural Thailand[J]. Available at SSRN 1977919,2013.

[40] 王文.资源误配与中国工业全要素生产率研究[D].西安:西安交通大学,2013.

[41] 龚关,胡关亮.中国制造业资源配置效率与全要素生产率[J].经济研究,2013,48(4):4-15,29.

[42] 邵宜航,步晓宁,张天华.资源配置扭曲与中国工业全要素生产率:基于工业企业数据库再测算[J].中国工业经济,2013(12):39-51.

[43] 李静,彭飞,毛德凤.资源错配与中国工业企业全要素生产率[J].财贸研究,2012,23(5):46-53.

[44] 韩剑,郑秋玲.政府干预如何导致地区资源错配:基于行业内和行业间错配的分解[J].中国工业经济,2014(11):69-81.

[45] 盖庆恩,朱喜,程名望,等.要素市场扭曲、垄断势力与全要素生产率[J].经济研究,2015,50(5):61-75.

[46] 靳来群,林金忠,丁诗诗.行政垄断对所有制差异所致资源错配的影响[J].中国工业经济,2015(4):31-43.

[47] 张庆君.要素市场扭曲、跨企业资源错配与中国工业企业生产率[J].产业经济研究,2015(4):41-50.

[48] 朱喜,史清华,盖庆恩.要素配置扭曲与农业全要素生产率[J].经济研究,2011,46(5):86-98.

[49] 陈训波.资源配置、全要素生产率与农业经济增长愿景[J].改革,2012(8):82-90.

[50] 王芃,武英涛.能源产业市场扭曲与全要素生产率[J].经济研究,2014,49(6):142-155.

[51] 陈艳莹,王二龙.要素市场扭曲、双重抑制与中国生产性服务业全要素生产率:基于中介效应模型的实证研究[J].南开经济研究,2013(5):71-82.

[52] 曹东坡,王树华.要素错配与中国服务业产出损失[J].财经论丛,2014(10):10-16.

[53] 陈永伟,胡伟民.价格扭曲、要素错配和效率损失:理论和应用[J].经济学

(季刊),2011,10(3):1401-1422.

[54] 姚毓春,袁礼,董直庆. 劳动力与资本错配效应:来自十九个行业的经验证据[J]. 经济学动态,2014(6):69-77.

[55] 张佩. 中国工业部门的行业间资源错配研究[J]. 投资研究,2013,32(6):15-27.

[56] 韩国珍,李国璋. 要素错配与中国工业增长[J]. 经济问题,2015(1):69-76.

[57] Uras B R. Corporate financial structure, misallocation and total factor productivity[J]. Journal of Banking & Finance, 2014, 39:177-191.

[58] Midrigan V, Xu D. Finance and misallocation: Evidence from plant-level data[J]. American Economic Review, 2014, 104(2):422-458.

[59] Song Z M, Wu G L. Identifying capital misallocation[R]. 2015.

[60] 鲁晓东. 金融资源错配阻碍了中国的经济增长吗[J]. 金融研究,2008(4):55-68.

[61] 邵挺. 金融错配、所有制结构与资本回报率:来自1999—2007年我国工业企业的研究[J]. 金融研究,2010(9):47-63.

[62] 王林辉,袁礼. 资本错配会诱发全要素生产率损失吗[J]. 统计研究,2014,31(8):11-18.

[63] Vollrath D. The efficiency of human capital allocations in developing countries[J]. Journal of Development Economics, 2014, 108:106-118.

[64] 袁志刚,解栋栋. 中国劳动力错配对TFP的影响分析[J]. 经济研究,2011(7):4-17.

[65] 柏培文. 中国劳动要素配置扭曲程度的测量[J]. 中国工业经济,2012(10):19-31.

[66] 杨振,陈甬军. 中国制造业资源误置及福利损失测度[J]. 经济研究,2013(3):43-55.

[67] 董直庆,刘迪钥,宋伟. 劳动力错配诱发全要素生产率损失了吗?:来自中国产业层面的经验证据[J]. 上海财经大学学报(哲学社会科学版),2014,16(5):94-103.

[68] Restuccia D, Santaeulalia-Llopis R. Land misallocation and productivity[R]. University of Toronto Working Paper, 2014.

[69] Bhattacharya D, Guner N, Ventura G. Distortions, endogenous managerial skills and productivity differences[J]. Review of Economic Dynam-

ics, 2013, 16(1):11-15.

[70] Caselli F, Gennaioli N. Dynastic management[J]. Economic Inquiry, 2013,51(1):971-996.

[71] Lucas, R E. On the size distribution of business firms[J]. The Bell Journal of Economics,1978,9(2):508.

[72] Restuccia D, Rogerson R. Policy distortions and aggregate productivity with heterogeneous establishments[J]. Review of Economic Dynamics, 2008,11:707-720.

[73] Guner N, Ventura G, Xu Y. Macroeconomic implications of size-dependent policies[J]. Review of Economic Dynamics, 2008,11(4):721-744.

[74] Alcala F, Ciccone A. Trade and productivity[J]. The Quarterly Journal of Economics, 2004,119(2):613-646.

[75] Pavcnik N. Trade liberalization, exit, and productivity improvements: Evidence from Chilean plants[J]. The Review of Economic Studies, 2002,69(1): 245-276.

[76] Lileeva A, Trefler D. Improved access to foreign markets raises plant-level productivity… for some plants[J]. The Quarterly Journal of Economics, 2010,125 (3): 1051-1099.

[77] Eaton J, Kortum S. Technology, geography, and trade[J]. Econometrica, 2002,70 (5): 1741-1779.

[78] Melitz M J. The impact of trade on intra-industry reallocations and aggregate industry productivity[J]. Econometrica, 2003, 71 (6): 1695-1725.

[79] Bernard A B, Eaton J, Jensen J B, et al. Plants and productivity in international trade[J]. American Economic Review, 2003, 93(4):1268-1290.

[80] Melitz M J, Ottaviano G I P. Market size, trade, and productivity[J]. The Review of Economic Studis, 2008,75 (1):295-316.

[81] Bustos P. Trade liberalization, exports, and technology upgrading: Evidence on the impact of MERCOSUR on Argentinian firms[J]. American Economic Review, 2011,101(1):304-340.

[82] Ferreira P C, Trejos A. Gains from trade and measured total factor productivity[J]. Review of Economic Dynamics, 2011, 14(3): 496-510.

[83] Waugh M E. International trade and income differences[J]. American Economic Review, 2010,100(5): 2093-2124.

[84] Tombe T. The missing food problem: How low agricultural imports contribute to international income and productivity differences[D]. Calgary: University of Calgary, 2012.

[85] Epifani P, Gancia G. Trade, markup heterogeneity and misallocations [J]. Journal of International Economics, 2011, 83(1): 1-13.

[86] Eslava M, Haltiwanger J, Kugler A, et al. Trade and market selection: Evidence from manufacturing plants in Colombia[J]. Review of Economic Dynamics, 2013, 16 (1): 135-158.

[87] Banerjee A V, Duflo E. Chapter 7 growth theory through the lens of development economics[M]// Handbook of Economic Growth. Amsterdam: Elsevier, 2005:473-552.

[88] Banerjee A V, Duflo E, Munshi K. The (mis)allocation of capital[J]. Journal of the European Economic Association, 2003,1 (2/3): 484-494.

[89] Banerjee A, Munshi K. How efficiently is capital allocated? Evidence from the knitted garment industry in Tirupur[J]. The Review of Economic Studies, 2004,71(1):19-42.

[90] Erosa A. Financial intermediation and occupational choice in development [J]. Review of Economic Dynamics, 2001,4(2): 303-334.

[91] Amaral P S, Quintin E. Limited enforcement, financial intermediation, and economic development: A quantitative assessment[J]. International Economic Review, 2010, 51 (3):785-811.

[92] Buera F J, Kaboski J P, Shin Y. Finance and development: A tale of two sectors[J]. American Economic Review, 2011,101(5):1964-2002.

[93] Midrigan V, Xu D Y. Finance and misallocation: Evidence from plant-level data[J]. American Economic Review, 2014,104(2):422-458.

[94] Udry C. Misallocation, growth and financial market imperfections[D]. New Haven: Yale University, 2012.

[95] Gilchrist S, Sim J W. Misallocation and financial market frictions: Some direct evidence from the dispersion in borrowing costs[J]. Review of E-

conomic Dynamics, 2013, 16 (1): 159-176.

[96] Caggese A, Cunat V. Financing constraints, firm dynamics, export decisions, and aggregate productivity[J]. Review of Economic Dynamics, 2013, 16 (1): 177-193.

[97] Greenwood J, Sanchez J M, Wang C. Quantifying the impact of financial development on economic development[J]. Review of Economic Dynamics, 2013, 16 (1): 194-215.

[98] Buera F J, Shin Y. Financial frictions and the persistence of history: A quantitative exploration[J]. Journal of Political Economy, 2013, 121 (2): 221-272.

[99] Pratap S, Urrutia C. Financial frictions and total factor productivity: Accounting for the real effects of financial crises[J]. Review of Economic Dynamics, 2012, 15(3): 336-358.

[100] Sandleris G, Wright M L T. The costs of financial crises: Resource misallocation, productivity and welfare in the 2001 Argentine crisis[J]. The Scandinavian Journal of Economics, 2014, 116(1): 87-127.

[101] David J M, Hopenhayn H A, Venkateswaran V. Information, misallocation and aggregate productivity[J]. The Quarterly Journal of Economics, 2016, 131(2): 943-1005.

[102] Moll B. Productivity losses from financial frictions: Can self-financing undo capital misallocation?[J]. American Economic Review, 2014, 104 (10): 3186-3221.

[103] Ai H J, Li K, Yang F. Financial intermediation and capital misallocation[J]. Unpublished manuscript, University of Minnesota, 2015.

[104] 陈雨露,马勇. 地方政府的介入与农信社信贷资源错配[J]. 经济理论与经济管理, 2010(4): 19-24.

[105] 张佩,马弘. 借贷约束与资源错配: 来自中国的经验证据[J]. 清华大学学报(自然科学版), 2012, 52(9): 1303-1308.

[106] Wu G L. Capital misallocation in China: Financial frictions or policy distortions?[J]. Journal of Development Economics, 2018, 130: 203-223.

[107] Hopenhayn H, Rogerson R. Job turnover and policy evaluation: A gen-

eral equilibrium analysis[J]. Journal of Political Economy, 1993,101(5): 915-938.

[108] Lagos R. A model of TFP[J]. The Review of Economic Studies, 2006, 73(4): 983-1007.

[109] McKinsey Global Institute. Productivity: The Key to an accelerated development path for brazil[D]. Washington, DC: McKinsey Global Institute, 1998.

[110] Lewis W W. The Power of Productivity[M]. Chicago: University of Chicago Press, 2005.

[111] Hopenhayn H A. Firms, misallocation, and aggregate productivity: A review[J]. Annual Review of Economics, 2014,6:735-770.

[112] Gourio F, Roys N. Size-dependent regulations, firm size distribution, and reallocation[J]. Quantitative Economics, 2014,5(2):377-416.

[113] Sadeghzadeh J. Innovation subsidies: Misallocation and technology upgrade[R]. York University, Job Market Papers, 2014.

[114] Tombe T, Winter J. Environmental policy and misallocation: The productivity effect of intensity standards[J]. Journal of Environmental Economics and Management, 2015,72:137-163.

[115] Guo J T, Izumi Y, Tsai Y C. Resource misallocation and aggregate productivity under progressive taxation[J]. Journal of Macroeconomics, 2019,60:123-137.

[116] 王雅琦,李晋,韩剑. 出口退税率对分行业资源错配的实证分析[J]. 世界经济研究, 2015(4):95-103,129.

[117] 王文,孙早,牛泽东. 产业政策、市场竞争与资源错配[J]. 经济学家, 2014(9):22-32.

[118] Ordóñez L, Julio C. Informal sector, productivity, and tax collection[Z]. Munich Personal RePEc Archive, 2010.

[119] D'Erasmo P N, Moscoso Boedo H J. Financial structure, informality and development[J]. Journal of Monetary Economics, 2012,59(3):286-302.

[120] Moscoso Boedo H J, Mukoyama T. Evaluating the effects of entry reg-

ulations and firing costs on international income differences[J]. Journal of Economic Growth,2012,17(2):143-170.

[121] Barseghyan L, DiCecio R. Entry costs, industry structure, and cross-country income and TFP differences[J]. Journal of Economic Theory, 2011, 146 (5):1828-1851.

[122] Aghion P, Burgess R, Redding S J, et al. The unequal effects of liberalization: Evidence from dismantling the license raj in India[J]. American Economic Review,2008,98(4):1397-1412.

[123] D'Erasmo P N, Moscoso Boedo H J, Senkal A. Misallocation, informality, and human capital: Understanding the role of institutions[J]. Journal of Economic Dynamics and Control,2014,42:122-142.

[124] Quintin E. Contract enforcement and the size of the informal economy[J]. Economic Theory,2008,37(3):395-416.

[125] D'Erasmo P N, Moscoso Boedo H J. Financial structure, informality and development[J]. Journal of Monetary Economics,2012,59(3):286-302.

[126] Barseghyan L. Entry costs and cross-country differences in productivity and output[J]. Journal of Economic Growth,2008,13(2):145-167.

[127] Moscoso Boedo H J, Mukoyama T. Evaluating the effects of entry regulations and firing costs on international income differences[J]. Journal of Economic Growth,2012,17(2):143-170.

[128] 周黎安,赵鹰妍,李力雄. 资源错配与政治周期[J]. 金融研究,2013(3):15-29.

[129] Ramos R, García-Santana M, Asturias J. Misallocation, internal trade, and the role of transportation infrastructure[R]. 2014.

[130] 龙小宁,高翔. 交通基础设施与制造业企业生产率:来自县级高速公路和中国工业企业数据库的证据[J]. 华中师范大学学报(人文社会科学版),2014,53(5):43-52.

[131] 李世刚,尹恒. 寻租导致的人才误配置的社会成本有多大?[J]. 经济研究,2014,49(7):56-66.

[132] 陈斌开,金箫,欧阳涤非. 住房价格、资源错配与中国工业企业生产率[J]. 世界经济,2015,38(4):77-98.

[133] 蒋为,张龙鹏. 补贴差异化的资源误置效应:基于生产率分布视角[J]. 中国工业经济,2015(2):31-43.

[134] 赖德胜,纪雯雯. 人力资本配置与创新[J]. 经济学动态,2015(3):22-30.

[135] 邢天才,庞士高. 资本错配、企业规模、经济周期和资本边际生产率:基于1992—2013年我国制造业上市企业的实证研究[J]. 宏观经济研究,2015(4):48-59.

[136] 吴佐,张敏,王文. 所有制结构、研发资源错配与研发回报率的相互关系:基于2005—2007年中国工业企业的经验数据[J]. 统计与信息论坛,2014,29(2):52-57.

[137] Asker J, Collard-Wexler A, De Loecker J. Dynamic inputs and resource (mis) allocation[J]. Journal of Political Economy, 2014,122(5):1013-1063.

[138] 杨光,孙浦阳,龚刚. 经济波动、成本约束与资源配置[J]. 经济研究,2015,50(2):47-60.

[139] Olley G S, Pakes A. The dynamics of productivity in the telecommunications equipment industry[J]. Econometrica, 1996,64(6):1263.

[140] 银温泉,才婉茹. 我国地方市场分割的成因和治理[J]. 经济研究,2001,36(6):3-12,95.

[141] 陈钊,陆铭. 从分割到融合:城乡经济增长与社会和谐的政治经济学[J]. 经济研究,2008,43(1):21-32.

[142] 陆铭,冯皓. 集聚与减排:城市规模差距影响工业污染强度的经验研究[J]. 世界经济,2014,37(7):86-114.

[143] 成升魁,徐增让,沈镭. 中国省际煤炭资源流动的时空演变及驱动力[J]. 地理学报,2008,63(6):603-612.

[144] Chen G Q, Chen B. Resource analysis of the Chinese society 1980—2002 based on exergy: Part 1: Fossil fuels and energy minerals[J]. Energy Policy, 2007, 35(4): 2038-2050.

[145] Garnaut R, Song L G, Yao Y, et al. The Emerging Private Enterprise in China [M]. Canberra: The National University of Australia Press, 2001.

[146] Guariglia A, Poncet S. Could financial distortions be no impediment to economicgrowth after all? Evidence from China[J]. Journal of Comparative Economics,2008,36(4):633-657.

[147] 胡凯,吴清.省际资本流动的制度经济学分析[J].数量经济技术经济研究,2012,29(10):20-36,51.

[148] 张杰,周晓艳,李勇.要素市场扭曲抑制了中国企业R&D?[J].经济研究,2011(8):78-91.

[149] 张昊.再议国内区域市场是趋于分割还是整合:对测度方法的探讨与改进[J].财贸经济,2014(11):101-110.

[150] 陆铭,陈钊,严冀.收益递增、发展战略与区域经济的分割[J].经济研究,2004,39(1):54-63.

[151] 余东华,刘运.地方保护和市场分割的测度与辨识:基于方法论的文献综述[J].世界经济文汇,2009(1):80-93.

[152] 方军雄.市场分割与资源配置效率的损害:来自企业并购的证据[J].财经研究,2009,35(9):36-47.

[153] 金培振,张亚斌,邓孟平.区域要素市场分割与要素配置效率的时空演变及关系[J].地理研究,2015,34(5):953-966.

[154] 申广军,王雅琦.市场分割与制造业企业全要素生产率[J].南方经济,2015(4):27-42.

[155] 王磊,汪恒.市场分割与区域资源配置效率[J].商业研究,2015(6):18-25.

[156] Chen K J, Irarrazabal A A. Misallocation and the recovery of manufacturing TFP after a financial crisis[J]. SSRN Electronic Journal,2013.

[157] Caves D W, Christensen L R, Diewert W E. Multilateral comparisons of output, input, and productivity using superlative index numbers[J]. The Economic Journal,1982,92(365):73-86.

[158] 张五常.中国的经济制度[M].北京:中信出版社,2009:10-12.

[159] Cai H B, Liu Q. Competition and corporate tax avoidance:Evidence from Chinese industrial firms[J]. The Economic Journal. 2009,119(537):764-795.

[160] 余淼杰.加工贸易、企业生产率和关税减免:来自中国产品面的证据[J].

经济学(季刊),2011,10(4):1251-1280.

[161] 聂辉华,贾瑞雪. 中国制造业企业生产率与资源误置[J]. 世界经济,2011,34(7):27-42.

[162] 林毅夫. 新结构经济学:重构发展经济学的框架[J]. 经济学(季刊),2011(1):1-32.

[163] Broda C, Weinstein D E. Globalization and the gains from variety[J]. The Quarterly Journal of Economics,2006,121(2):541-585.

[164] Hendel I, Nevo A. Measuring the implications of sales and consumer inventory behavior[J]. Econometrica,2006,74(6):1637-1673.

[165] 魏后凯. 现代区域经济学[M]. 北京:经济管理出版社,2006:549-554.

[166] 江飞涛,武鹏,李晓萍. 中国工业经济增长动力机制转换[J]. 中国工业经济,2014(5):5-17.

[167] 鲁晓东,连玉君. 中国工业企业全要素生产率估计:1999—2007[J]. 经济学(季刊),2012,11(2):541-558.

[168] 张军,吴桂英,张吉鹏. 中国省际物质资本存量估算:1952—2000[J]. 经济研究,2004,39(10):35-44.

[169] 张佩. 中国的资源错配与全要素生产率[D]. 北京:清华大学,2014:70-71.

[170] 卜永祥,靳炎. 中国实际经济周期:一个基本解释和理论扩展[J]. 世界经济,2002,25(7):3-11,80.

[171] 郭庆旺,贾俊雪. 中国潜在产出与产出缺口的估算[J]. 经济研究,2004,39(5):31-39.

[172] 单豪杰. 中国资本存量K的再估算:1952—2006年[J]. 数量经济技术经济研究,2008,25(10):17-31.

[173] 张江洋,袁晓玲. 能源扭曲对全要素生产率的影响及对策研究[J]. 经济问题探索,2015(11):63-71.

[174] 步晓宁. 中国工业全要素生产率与资源配置扭曲[D]. 厦门:厦门大学,2014:105-118.

[175] 陆铭,陈钊. 分割市场的经济增长:为什么经济开放可能加剧地方保护?[J]. 经济研究,2009,44(3):42-52.

[176] 刘瑞明. 国有企业、隐性补贴与市场分割:理论与经验证据[J]. 管理世界,

2012(4):21-32.

[177] 王陆雅,齐天翔,李鲲鹏.地理环境差异、现代化进程与经济收敛[J].经济科学,2013(2):45-55.

[178] 楼继伟.解决中央与地方矛盾的关键是实行经济性分权[J].经济社会体制比较,1991(1):16-20.

[179] 魏礼群.合理划分中央与地方经济管理权限[J].经济工作通讯,1994(13):4-6.

[180] 沈立人,戴园晨.我国"诸侯经济"的形成及其弊端和根源[J].经济研究,1990,25(3):12-19,67.

致　谢

　　首先,我要衷心感谢我的博士生导师袁晓玲教授。在本书的写作过程中,袁教授给予了我无私的指导和帮助,倾注了极大的心血和精力。从选题、资料搜集到分析论证,再到修改和完善,每一个环节都离不开袁教授的悉心指导和严格把关。在此,我向袁教授表示最诚挚的敬意和衷心的感谢!

　　其次,我要感谢西安科技大学管理学院的领导和同事们。在本书的写作过程中,他们给予了我多方面的关心、支持和帮助,使我得以顺利完成这项研究。同时,我也要感谢学院图书室、资料室的工作人员,他们为我查阅资料提供了很多便利和帮助。

　　再次,我还要感谢我的家人。在本书的写作过程中,他们一直给予我精神上的鼓励和生活上的支持,使我能够全身心地投入写作中。他们的理解和支持是我完成这项研究的重要动力之一。

　　最后,我要感谢所有参考文献的作者们。他们的研究成果为本书提供了重要的参考和支持,我对他们的研究成果表示敬意和感谢!

　　再次向所有关心和支持我的人表示衷心的感谢!